U0878726

2014
中国家具年鉴

中国家具协会 编
CHINA NATIONAL FURNITURE ASSOCIATION

中国林业出版社

中国家具协会 CHINA NATIONAL FURNITURE ASSOCIATION

地址：北京市朝阳区百子湾路 16 号百子园 5C-1203 室

Add：Room 1203,Building C,No.5 Baiziyuan,No.16,Baiziwan Road,Chaoyang District,Beijing

邮编 Postcode：100124

电话 Tel：010-87766752 87766795

传真 Fax：010-87766752

E-mail：huiyuan@cnfa.com.cn

QQ:1186486096

http://www.cnfa.com.cn

图书在版编目（CIP）数据

2014中国家具年鉴 / 中 国家具协会主编. —北京：中国林业出版社, 2014.6

ISBN 978-7-5038-7532-8

Ⅰ. ① 2… Ⅱ. ① 中… Ⅲ. ①家具工业—中国—2014—年鉴 Ⅳ. ①F426.88

中国版本图书馆CIP数据核字 (2014) 第126943号

出版发行： 中国林业出版社（100009 北京西城区德内大街刘海胡同7号）
电话：（010）83224477
http://lycb.forestry.gov.cn

制　　版： 北京美光设计制版有限公司

印　　刷： 北京华联印刷有限公司

版　　次： 2014年 6 月第 1 版

印　　次： 2014年 6 月第 1 次印刷

开　　本： 787mm × 1092mm　1/16

印　　张： 20.75

字　　数： 452千字

定　　价： 230.00元

未经许可，不得以任何方式复制或抄袭本书之部分或全部内容。

版权所有　侵权必究

《2014 中国家具年鉴》
编 委 会

主　　任： 朱长岭

副 主 任： 刘金良　张冰冰　陈宝光

主　　编： 朱长岭

编　　委： 于秀苏　徐关荣　高秀芝　曹选利　李凤捷　池秋燕
赵　云　祖树武　刘福章　周柱山　赵国奇　张　萍
冯建华　蒋鸿源　赵卓华　林　萍　何炳进　牛广霞
唐吉玉　秦志江　王　克　刘显明　侯克鹏　王学茂
陈豫黔　席　辉　靳喜凤　白晓燕　徐彦英　谢文桥
刘发刚

责任编辑： 吴国栋

编　　辑： 潘晓霞　王蕃　郝媛媛　王益德

美　　编： 郝媛媛

目录 CONTENTS

目录 CONTENTS

特载文章

FEATURED ARTICLES

中国家具协会第五届四次理事会 2013 年度工作报告

中国家具协会理事长　朱长岭

（2013 年 12 月 13 日）

尊敬的各位领导，各位行业同仁：

大家好！

党的十八届三中全会顺利召开了，对我国政治经济改革提出了新的发展目标，这是全行业在党的十八大后遇到的又一大好机遇。今天，我们在这里召开中国家具协会第五届四次理事会，意义深远。

十八大后，全国经济形势和家具行业发展状况发生了许多新变化，多数企业在变化中通过转型升级，产品附加值有所提升、原创设计更受重视，实现了质的飞跃。中国家具协会严格按照国务院、民政部等政府部门的要求，在协会工作模式创新、服务意识提升等方面开展更为全面的工作，取得了比较好的效果。

今年是中国家具协会成立 25 周年，我们高兴地看到，伴随着家具行业的不断发展壮大，中国家具协会也在不断成长，不断进步。我们努力提升业务水平，尽力为会员单位及行业提供更好的服务，在行业内发挥更多的作用。

下面，我将向大会作中国家具协会第五届理事会 2013 年度工作报告，总结中国家具协会第五届理事会当选三年来家具行业的情况，以及协会工作取得的新进展，请各位代表予以审议。

一、近三年中国家具行业发展情况

（一）行业发展基本情况

1. 产业规模扩大，效益提高

近三年来，家具行业为适应国家经济结构调整带来的变化，在宏观经济增速放缓的情况下，加快推进转型升级，努力提质增效，积极寻求整体发展的平衡。伴随着国内经济基本实现平稳着陆，家具行业也进入了平稳增长阶段。

2011 年，家具行业规模以上企业完成主营业务收入 4992.3 亿元，产量 69648.79 万件，累计利润 289.42 亿元，出口 388.82 亿美元，进口 22.58 亿美元；2012 年，规模以上企业主营业务收入 5438.9 亿元，产量 65444.34 万件，累计利润 344.66亿元，出口 499.6 亿美元，进口 23.34 亿美元。

2013 年以来，政府运用刺激政策、行政手段对宏观经济发展的人为干预逐步减少，简政放权、扩大“营改增”试点范围、改善小微企业生存环境等政策措施不断释放着改革创新的红利，为家具行业平稳运行注入了新的活力。

2013 年前三季度，规模以上企业完成主营业务收入 4509.26 亿元，产量 46605.64 万件，累计利润 241.53 亿元。家具行业的利润增速超过主营业务收入增速，固定资产投资保持了 25.4% 的增长，亏损额增速收窄，经济运行质量进一步提升。

分地区看，2013 年前三季度国内主营业务收入前十位的地区为：广东省、山东省、浙江省、河南省、辽宁省、四川省、福建省、上海市、江苏省、湖南省。其中广东省占比达到了全国的 20.74%，是占比最大的省份。前十名的地区中，辽宁省增速最快，上海市主营业务收入出现了负增长。值得注意的是，2013 年，珠三角地区生产经营出现了恢复性增长，反映出该地区在加快转型升级步伐后，取得了很好的成效，逐步适应了行业变化的节奏。以四川为代表的西部地区，保持了快速发展。受益于国家城镇化建设对中西部地区的深度挖掘，预计中西部地区仍有很大的发展空间。

累计利润前十位的地区为：山东省、河南省、广东省、上海市、浙江省、四川省、辽宁省、福建省、河北省、湖南省。山东省累计利润总额占比最大，湖南、浙江、河北利润增速较快，均超过了 30% 增长。

分行业来看，木质家具制造业占全行业主营业务收入比重较大，占比达到 63.83%，但增速不高，竹、藤家具制造业的累计主营业务增速最快，增速达到 40.4%。由于全球木材资源的短缺及低碳环保意识的增强，木质家具制造业需要加快转型，不断适应国内外生产消费新趋势，通过减少物耗、提升工艺、增强文化内涵，突破当前遇到的困难，争取更好地发展。

木质家具制造业累计利润占全行业的比重最大，高达 62.04%，但增速依然较慢，竹、藤家具制造业同比增速达到了 74.22%，是效益增长较快的行业。

2. 生产技术取得进步

中国家具业的持续发展与生产技术的不断创新是分不开的。在人们对家具产品要求越来越高的今天，家具生产企业不断推出各种新材质、新工艺、新技术并广泛应用到家具生产中。不仅如此，家具的发展还带动了家具原辅材料和木工机械领域生产技术的创新和发展，从客观上促进了家具及家具周边产业的整体进步和发展，加速了产业升级。另一方面，在人们越来越追求个性化的今天，传统的家具无法满足人们的某种特殊需求，因此，定制家具近几年越来越受到消费者的青睐，成为了新发展方向。没有生产技术的进步，就无法实现大规模定制家具的批量化生产。

3. 产业集群快速发展

家具产业集群集中了国内家具生产的主要力量，成为行业发展的主流。当前，珠江三角洲、长江三角洲、环渤海、东北、西部五大板块已形成以生产、流通、出口及专业性为特征的家具产业集群。

从 2003 年开始，中国家具协会积极推进产业集群的工作。经过多年培育，产业集群由自然集聚转向有效聚集，集聚效应逐步释放。近两年来，家具新兴产业园区受到了地方政府的重视，总体规模增长明显。截至 2013 年 8 月，中国家具协会授予及共建的家具产业集群 34 个。产业集群内企业自主研发能力的加强和自主品牌的培育，将产业集群由低成本型向创新型升级，实现产业集群的可持续性发展，为集群在市场竞争中形成竞争优势提供保证。

中国家具协会－产业集群一览表

序号	时间	名称	所在地
1	2003 年 3 月	中国红木家具生产专业镇	广东省中山市大涌镇
2	2003 年 8 月	中国椅业之乡	浙江省湖州市安吉县
3	2004 年 3 月	中国家具商贸之都	广东省佛山市顺德乐从镇
4	2004 年 8 月	中国桌椅之乡	山东省德州市宁津县
5	2004 年 9 月	中国家具出口第一镇	广东省东莞市大岭山镇
6	2005 年 7 月	中国西部家具商贸之都	四川省成都市武侯区
7	2005 年 8 月	中国家具制造重镇	广东省顺德龙江镇
8	2005 年 8 月	中国家具材料之都	广东省顺德龙江镇
9	2005 年 9 月	中国金属玻璃家具产业基地	河北省廊坊市胜芳镇
10	2006 年 12 月	中国实木家具产业基地	辽宁省庄河市
11	2007 年 3 月	中国北方家具商贸之都	河北省廊坊市香河县
12	2007 年 5 月	中国欧式古典家具生产基地	浙江省台州市玉环县
13	2008 年 1 月	中国传统家具专业镇	广东省台山市大江镇
14	2008 年 5 月	中国古典家具名镇	广东省中山市三乡镇
15	2009 年 6 月	中国东部家具商贸之都	江苏省苏州相成区蠡口镇
16	2009 年 12 月	中国民族木雕家具产业基地	云南省大理市剑川县
17	2010 年 4 月	中国板式家具产业基地	四川省崇州市
18	2011 年 4 月	中国出口沙发产业基地	浙江省海宁市
19	2011 年 6 月	中国中部家具产业基地	江西省南康市
20	2011 年 7 月	中国古典家具文化产业基地	山东省滨州市阳信县

（续表）

序号	时间	名称	所在地
21	2011年7月	中国北方家具出口产业基地	山东省胶州市杜村镇
22	2011年7月	中国华中家具产业园	湖北省潜江市
23	2011年7月	中国家具彰武新型产业园区	辽宁省阜新市彰武县
24	2012年4月	中国金属家具产业基地	江西省樟树市
25	2012年4月	中国办公家具产业基地	浙江省杭州市
26	2012年10月	中国浴柜之乡	浙江省杭州市萧山区党山镇
27	2012年11月	中国苏作红木家具名镇 - 海虞	江苏省常熟市海虞镇
28	2012年11月	中国苏作红木家具名镇 - 碧溪	江苏省常熟市碧溪镇
29	2012年12月	中国家具红安新兴产业园	湖北省黄冈市红安县
30	2012年12月	中国西南家具产业基地	四川省成都市新都区
31	2013年4月	中国（瑞丽）红木家具产业基地	云南省瑞丽市
32	2013年4月	中国仙作红木家具产业基地	福建省莆田市仙游县
33	2013年8月	中国红木（雕刻）家具之都	浙江省东阳市
34	2013年8月	中国东部家具产业基地	江苏省南通市海安县

4. 全国展会健康发展

展会作为促进家具行业发展的有效平台，越来越受到行业的认可。9月的上海展凭借超大展出规模、较高的管理服务水平和业内外良好口碑，有着很好的展出效果，成为国内最大的国际性家具展会，2011年，上海展展览面积达到了60万平方米，到2013年，突破了75万平方米。无论是展会规模、参展企业数量、展品质量、观展人数等硬性标准，还是展会服务、展览模式创新等软性标准，上海展经历了从量变到质变的转型升级过程，是家具展会发展的旗帜。

3月份的广东、东莞、深圳三大展会定位清晰准确，受众群体差异化，吸引了不同需求的人群参展；7月的成都展成为中西部地区全年最重要的展会，从展商参展质量提升到观展人群结构的丰富，都体现了中西部地区家具行业快速发展的状况；青岛展、沈阳展、苏州展等区域性展会也在很大程度上为各地方家具企业营销推广、交流学习提供了广阔的平台，有效地带动了地方产业的发展，实现了经济效益和社会效益的双丰收。

从近年的家具展会的具体服务来看，在强化交易功能的基础上，产品展示功能、流行趋势发布功能、品牌宣传功能也大大提升，成为企业占领市场制高点不可或缺的阵地。

5. 行业标准实施受关注

近年来，为了适应新材料、新工艺、新技术应用和产品在质量、安全、环保方面的要求，家具行业标准化在有关部门的支持下，标准制定、修订速度明显加快，标准化体系不断完善。据统计，目前我国已发布家具标准121项，其中国家标准60项，行业标准61项。2013年3月1日，实施新标准8项；7月22日国家工业和信息化部发布行业标准32项，12月1日起实施。

从去年8月起实施的《儿童家具通用技术条件》受到了行业及社会的关注，该标准是国内首个儿童家具强制性国家标准，从目前标准执行的情况看，还有待加强和完善。另外，今年2月1日起实施的红木“新国标”《红木家具通用技术条件》也是行业内的关注焦点，此项标准的实施，对红木家具生产和工艺的规范具有重要的作用。

标准化体系的不断完善，对提升产品质量和技术水平、节能环保、规范经营行为、促进品牌建设、强化市场监管起到了积极的作用，带动了产业升级。

（二）家具行业发展新特点

1. 流通市场大发展、渠道多元化，电商成为热点

2011年初，我国家具流通市场面积为5000万平方米，近三年国内家具市场规模不断扩大，全国范围内家具产业园快速建设。2013年，我国家具流通市场面积已超过7000万平方米。

在流通卖场大发展的同时，我国家具流通渠道多元化格局逐步成型，除代理商、批发商、零售商以外，还有国际品牌专卖店、家具超市、综合性居室用品店、连锁店、自营店、旗舰店、网络销售等多种渠道并存，不同的流通渠道各具特色。

特别需要提出的是，从2011年开始家具电商进入了快速发展期。曲美、全友、顾家、尚品宅配、芝华仕等国内知名家具企业纷纷触网，电子商务、线上线下相结合以及纯线上销售的模式逐渐被更多的企业和消费者所认可。今年以来家具电商爆发式发展，成为了行业内最热门的话题之一。双十一天猫活动期间，林氏木业、全友、顾家、芝华仕、雅兰、穗宝等家具品牌参与线上销售活动业绩突出，林氏木业及全友家居更是销售过亿，为家具类产品网上销售做出了最好的榜样。

2. 出口格局发生变化

当前，在国际贸易保护主义抬头的背景下，一些发达国家出台了制造业回归、出口倍增等发展战略，多国大幅提高对我国家具商品的准入门槛，制约了我国家具出口增长的步伐。同时，受国内生产要素成本上涨、人民币升值、融资成本激增等因素影响，家具出口的综合成本不断攀升，部分订单流失，部分产能向越南、马来西亚等东南亚国家转移。一些东南亚国家凭借丰富的木材资源和廉价的劳动力，通过引进外资和自我积累，逐渐发展为具有一定竞争力的家具生产国和出口国。但是，伴随我国开拓新兴市场及自贸区建设步伐加快，家具出口市场多元结构有所优化，对国际传统市场的依赖逐渐降低，新兴市场成为出口贸易的增长点。我国家具对东盟的出口占比已连续五年超过日本，2013年前三季度占比达到11.48%。

前三季度，我国对美国、欧盟、日本三大市场累计出口家具200.39亿美元，同比下降0.41%，占家具行业出口总值的52.56%，比上年有所回落；家具出口至自贸区和金砖国家（除中国外）等新兴市场的整体增速较快，对东盟出口增速为25.23%，中国—秘鲁、中国—冰岛、中国-港澳等自贸区出口增速大幅提高。

从前三季度的家具出口运行特征来看，月度出口值增速急速回落，并且自5月起已连续5个月出现负增长。可以从中得到以下启示：第一，外贸市场不确定性增加，增速放缓或将

成为一种常态；第二，可开发的新增市场容量减少，未来国际市场竞争更加激烈；第三，传统竞争优势受到更多挑战，转变外贸发展方式的任务显得更加急迫。

3. 行业融合逐步深入

近几年来，受到生活方式、消费理念、市场导向、上下游配套关系等诸多因素影响，家具行业与相关产业相互渗透、交叉和重组，行业融合有深入发展趋势。

首先，家具与建材、室内装饰、家电等相关行业相融合，形成了“大家居”概念，消费者选购产品时不仅仅选择一件产品，而是接受“整体”家装设计方案，并配合选购适当的家电、家饰产品。从行业融合的角度观察，“整体”的概念比较突出地表现在功能的融合上，并得到了新技术的支撑，如嵌入式技术的推广与应用。

其次，家具行业也与上下游行业之间不断融合渗透。目前，家具产业集群建设正朝着这种模式发展。这种行业的融合，打破了传统的产业概念，形成了新的“家具产业”的概念。这种融合涉及房地产、皮革、纺织、五金、玻璃、塑料、聚氨酯等众多行业。由于家具产品市场需求大，对相关产业的拉动作用十分明显。

4. 产学研一体化进程加快

目前我国有涉及家具类、设计类专业较多的高等院校，为家具行业输送了大量的人才，如南京林业大学、北京林业大学、中南林业科技大学、中央美术学院、广州美术学院等。近两年来，高等院校注重与企业及行业沟通联系，逐步将理论知识与社会实践相结合，形成了“产学研一体化”发展。有的院校参与企业新产品开发设计，并成功将产品推向了市场，也有院校组建了自己的团队，创造了自有品牌。今年的上海展上，广州美术学院家具研究院就与家具厂商合作，推出了自己的家具品牌“先生活”，这是院校与家具企业合作，实现产学研结合的重要举措。这带动了院校师生共同参与行业生产与销售各个环节，实现了教育实践目的及良好的经济效益。家具行业通过“产学研一体化”，将使各个环节紧密相接，能够迅速提升科技成果的转化率。

5. 产品设计受到空前重视

虽然目前家具行业仍然存在个性化产品较少、产品同质化严重的问题，但是产品设计和研发已经受到了越来越多的企业重视。一些大型企业已经组建了数十人甚至上百人的设计团队，致力于产品的设计及创新。同时，由一些专业设计人员、院校教授教师组成的设计公司、设计研发院业务也越来越繁忙，反映出行业对家具产品的原创设计更为重视。

2012 年，中国家具企业首次携原创设计产品，集体亮相米兰家具展；2013 年，20 多个家具品牌再度走出国门，向世界展示中国设计，提升了中国家具行业的整体形象。

另外，一些行业协会、媒体、政府组织的设计赛事也陆续进行，鼓励更多的设计师及设计作品参与其中，推动了行业原创设计的进步。上海展、深圳展在展会期间单独设立设计场馆，极大地促进了原创设计的发展。

二、第五届理事会当选三年来协会工作情况

中国家具协会第五届理事会当选三年来，按照中央经济工作的总体任务和要求，在贯彻落实党的各项方针政策的前提下，积极推进行业转型升级，优化产业结构。同时，协会自身服务水平不断提高，国际地位不断提升，行业

凝聚力不断增强。

1. 组织机构科学合理，管理制度更加完善

中国家具协会第五届理事会当选后，对协会组织机构进行了调整。设置会员部、信息部、培训部、财务部、办公室五个职能部门。各部门坚持服务于政府、服务于行业、服务于企业的原则，积极努力开展各项工作。新的部门划分理清了各部门的职责和工作内容，发挥了员工的优势和主观能动性，各部门在相对独立的情况下又互相配合，进一步提高了协会工作效率，增强了协会凝聚力。

另外，中国家具协会内部规章制度得到了进一步健全和完善，先后制定并实施了《印章管理办法》、《档案管理办法》、《证书管理规定》、《办公用品购置和领用办法》、《考勤和休假制度》等制度，进一步规范了协会各项工作，并提高了工作效率。

2. 梯队建设逐步健全、人员配备更为充实

中国家具协会一向重视人才梯队建设。根据实际工作情况，协会于 2011 年聘任了两位同志为中国家具协会副秘书长，进一步完善了人才梯队的建设。另外，2011 年以来协会先后招聘了 7 名年轻的工作人员，全部为大学本科及以上学历，其中包括研究生及海外留学归国人员。新员工的加入为协会增添了活力，使协会人员构成更加充实。目前协会在职工作人员中，本科以上学历占 74%，硕士以上学历占 13%，拥有高级职称 5 人，拥有中级职称 10 人，现已形成以理事长、副理事长、秘书长、副秘书长、部门主任、工作人员为架构的人才梯队。协会将更加注重对年轻一代的培养，加强对员工专业知识及工作能力的培训，在行业中树立良好的专业形象。

3. 会员组织发展壮大

2011 年以来，协会加强了会员管理，完善了会员信息，建立了会员数据库，与会员企业联系更为紧密。同时，协会努力拓展会员企业队伍，壮大会员组织。

从 2011 年至今，中国家具协会新增会员单位 234 家，会员规模进一步扩大，现有会员总数已达 6430 家。现在，不仅是家具领域内的企业，一些家具周边如原辅材料、木工机械等领域的公司，甚至研究机构或个人也积极申请入会，协会会员不仅在数量上有所增加，所涵盖的领域也更为广泛，更加专业。

目前，中国约有 60000 多家家具企业，虽然协会会员只覆盖了全行业的十分之一左右，但这些企业基本包括了国内主要大型家具企业，会员单位的年产值占全行业年产值已达到 60% 以上。作为协会，我们希望能够为更多企业服务，让更多的业内企业加入我们的大家庭，感受我们专业、及时、全面的服务。

4. 专业委员会工作不断拓展

近三年，中国家具协会各专业委员会根据行业发展的情况，积极开展活动——与企业座谈交流经验、宣贯行业标准、组织设计评比，取得了很好的效果。一些专委会进行了换届，选举和聘任了各自的主任、副主任、秘书长及副秘书长。

2013 年，中国家具协会在已有 14 个专业委员会的基础上，新成立了中国家具协会市场委员会。这是第五届理事会就任以来成立的第一个专业委员会，将进一步提高家具市场的整体管理水平和服务水平，推动家具市场健康有序发展。

5. 加强调查研究，召开各类会议

今年以来，伴随全国经济增速趋缓，家具行业的增速也放缓，针对这种情况中国家具协会加强了行业的调查研究，在全国各地有针对性地召开各类行业会议，共同商议行业面临的机遇挑战和应对方针。

中国家具协会2013年分别举办了全国家具板材联动会、中国传统家具精英大会、中国家具营销大会、设计大会、制造大会、木材研讨及贸易洽谈会、2013中国居家产业发展与变革高峰论坛、中国家具产业发展（成都）论坛、中外企业对接会，以及全国性的家具行业、子行业、上下游行业的交流洽谈会议等。这些会议汇聚了国内外行业从业者、专家和媒体代表，搭建了广阔的交流平台，促进了家具业同上下游产业链的对接，为行业间的协同共赢起到了广泛的促进作用。

特别说明的是，2013年5月召开的弹簧床垫企业质量调查发布会，公布了中国家具协会主导调查的全国12个省市的弹簧床垫产品质量的调查结果，维护了床垫行业的声誉，促进行业自律和有序发展。

6. 加强标准化工作，促进行业进步

中国家具协会在2013年加强了标准化工作的重视程度，为完善家具标准体系作出了努力。中国家具协会联合全国家具标准化委员会和全国家具标准化中心召开了全国家具标准研讨审查会，复审修订了标龄五年以上的25项旧标准，审议通过了《家具中有害物质检测方法　总则》、《家具中挥发性有机物释放量的测定　排放试验室法》、《吧椅》三项新标准的送审稿，补足了现有家具标准体系中的一些内容，使之更为完善。

我们还召开了全国家具行业标准化工作会暨全国家具标委会一届五次会议，动员了更多的家具企业参与到家具标准化工作中来，为家具标准化工作引入了新生的、广泛的力量，也为家具标准化工作的继续完善铺平了道路。

7. 积极培育建设产业集群

十八大后中国家具协会在积极培育建设产业集群的工作过程中将国家的政策精神深入贯彻执行，对各个区域进行了深入考察，科学规划布局，促进资源的合理利用，避免恶性竞争。

2013年中国家具协会通过了云南省瑞丽市、福建省仙游县、浙江省东阳市、江苏省海安县四处的产业集群申报。瑞丽市具有区位优势和政府大力的政策扶持，红木家具行业发展潜力巨大；仙游县凭借传统木雕技艺基础和文化积累，风格独特的“仙作”古典家具工艺也已经得到广泛的认可；东阳市的传统木雕产业融合和长三角地区的资源、经济、交通、人才、信息等多方位优势，形成了较为健全的产业链；海安县凭借当地水陆交通的优势和政府对产业基地的正确引导，家具产业也拥有了一定的规模和较大的辐射面。

中国家具协会通过积极培育建设新生的产业集群，充分调动协会力量，为这些地区指明了适应全新市场环境的发展之路，是对产业分布的科学规划，同时也是对政府职能工作的承接。

8. 加强设计工作，促进产品更新

中国家具协会同大岭山人民政府联合主办的2012—2013“大岭山”金斧奖中国家具设计大赛在今年圆满结束，大赛的一百余件作品实物在今年九月份的上海展上得以亮相。同广东省家具协会共同主办的龙家具创意设计大赛也于今年九月落幕。两大赛事的获奖作品都得到了业内人士的高度赞誉。

协会通过举办设计赛事，号召了院校师生的广泛参与，为中国家具行业的设计队伍培育了鲜活的新生力量，已从业的设计师们通过大

赛相互交流切磋，共同为中国家具设计力量的提高做出了努力。促进中国家具设计水准的提升，根据中国特色、民族特色，结合市场需求和国际趋势，实现设计的个性化和工业化相结合，是中国家具协会在设计工作上的主要目标，也是协会凝聚行业设计力量，增强协会影响力和竞争力的重要手段。

9. 积极组织展会工作，参与展会活动

展会工作是中国家具协会工作的重点，也是协会正常运转的重要手段，协会通过展会工作为会员搭建平台，服务企业，促进了行业交流与发展。

今年我们除了主办上海的中国国际家具展览会及广州家具展以外，还在北京举办了中国古典家具精品品鉴会，集中展示了中国红木家具的顶尖品牌和产品，为红木爱好者和专业卖家提供了一场盛宴。

我们还同河北省家具协会、香河县政府共同举办了第二届中国香河国际家居文化节，扩大了香河家具面向全国、走向世界的窗口。

此外，今年的成都家具展得到了中国家具协会的大力支持。作为西部地区的重要展会，成都展有效帮助四川企业实现了腾飞。

除了办好自己的展览，我们也对各地举办的其他优秀展会给予了支持，倡导举办能为企业带来商机的、富有成效的展会，强调避免定位雷同、浪费资源的展会。

10. 提供信息服务、培训服务

三年来，协会通讯质量得到提高，网站改版后投入使用，每年三月份在东莞举办的信息发布会，信息服务得到了会员的广泛认可。初步建立了在全行业开展职业技能培训的组织框架，负责国家人力资源和社会保障部设立的“特有工种职业技能鉴定站”的具体工作。设立三年来，已经在全国建立了25个分站，20个培训基地。同时，我们完成了《家具设计师》职业培训教材的初步编著，全年共计完成了五百余人的职业考核培训工作，为行业输送了专业的设计师、营销师和营业员。

今年11月初协会举办的全国家具行业协会工作人员研修班，邀请了民政部和国务院发展研究中心专家以及北京林业大学的教授，为全国地方协会的工作人员进行了培训，学习了党的十八大、十八届三中全会关于行业组织改革的政策精神，努力提升各协会的服务水平和业务能力。

11. 与政府部门、社会媒体紧密联系与合作

三年来，中国家具协会与政府机关、上级主管单位密切联系，积极参与各项研究报告、调研报告的撰写。我们完成了工信部《家具行业产品质量安全研究》报告，通过了工信部的验收；完成了国家发改委关于《家具行业“走出去”现状与政策研究》的报告。同时，上报给上级单位中国轻工业联合会《家具行业反倾销案例》、《家具行业转型升级步伐加快》、《家具行业多方向产业转移，新城镇化助推行业发展》、《中国家具出口面临的问题》、《国外技术贸易壁垒对中国家具出口的影响》、《家具行业产业转移趋势分析》等专题文章，一些文章被上报给中央办公厅、国务院办公厅等政府单位，成为政府部门掌握行业真实情况的重要信息参考。

今年，协会会见了吉林省四平市、黑龙江省牡丹江市、辽宁省阜新市等地区的政府代表，协会与各地政府代表对各地家具行业的发展进行了深入的沟通和交流，为他们提出来促进当地家具行业发展的意见和建议。与国家财经周刊、新京报、今日家具中文版、中国政府采购报、

世界家苑杂志等权威媒体建立了联系，进一步拓展了协会在国内外的宣传窗口。

12. 国际交流更加密切深入

近几年，中国家具协会加强了国际交流工作，多次带领企业出席各种家具产业会议、参观国际家具展、参加国际标准化组织家具标委会年会。成功举办了2012年世界家具大会，并与国际知名行业调研机构共同出版世界家具展望报告。

2013年中国家具协会受邀访问了意大利，参加了在意大利召开的2013年世界家具展望新闻发布会，与其他十四国的家具行业协会、政府机构代表共同分享了各国的家具产业发展报告，参观了米兰国际家具展、并与各国代表进行了交流；组织代表团参观了俄罗斯家具展，并对俄罗斯、芬兰两国的家具市场进行了深入考察；接见了巴西林业机构政府代表，对欧盟木材法案和国内家具木材使用进行了交流；出席了在英国召开的欧盟木材法案研讨会，同与会的各国代表进行了交流研讨；与瑞典木业协会联合举办了瑞典·中国木材研讨及贸易洽谈会，增加了国际交流的手段。

此外，2013年中国家具协会加入了亚洲家具联合会，这将深化协会同亚洲各国家具行业协会的联系，是协会加强国际交流的又一举措。

13. 协会开展评估工作，争取国家认定

中国家具协会今年开展了民政部组织的社会组织评估工作。协会领导带领各部门负责人对协会自身建设、工作开展、行业引导等方面材料进行了认真细致的整理。这项工作也得到了中国轻工业联合会领导的关心和支持。评估专家组已经对协会的各方面情况进行了考评，具体结果也正在审议中。作为全国性行业协会，中国家具协会通过自身努力，将力争评上5A级协会，为协会今后的工作做好全面准备。

三、2014年中国家具协会工作计划

党的十八大后，中国家具协会认真贯彻会议精神，根据《国务院机构改革和职能转变方案》要求，努力承接政府职能，发挥协会作用，树立了行业协会一业多会的竞争意识，为企业和行业服务。2014年，中国家具协会将在新形势下进一步提高工作能力和服务水平，扩大影响力，增强凝聚力。

1. 认真贯彻十八届三中全会精神

协会将认真贯彻学习十八届三中全会通过的《中共中央关于全面深化改革若干重大问题的决定》，深刻理解党和国家全面深化改革的意义和指导思想，把握行业在改革中的发展步伐，全面提升行业整体发展水平；响应国家关于生态文明建设的号召，参与到环境保护与治理工作中去；学习政府职能转变新思路，更多地发挥行业协会在市场经济中的作用；加强与行业的交流及合作，全面提升协会的服务能力和服务水平。

2. 引导行业发展新方向

2014年，中国家具协会将依照党和国家对行业协会的新要求，将新政策、新方针向行业准确、快速地传达。促进高等院校与行业企业的交流对接，加快产学研结合步伐，推进行业工业化与信息化融合的进度；鼓励企业应用先进的生产经营理念，应对当前发展遇到的机遇与困难；凝聚各省市协会的力量，增强各协会的活力，在行业中发挥更多的作用；推动行业诚信体系建设，发挥行业监督管理职能；联合协会合作媒体，传达行业正面的声音，及时通报行业重要事件进展情况。

3. 加强与政府部门交流与合作

2013 年 9 月，国务院发布了《国务院办公厅关于政府向社会力量购买服务的指导意见》，鼓励各级行政机关、事业单位可向社会组织、企业机构等社会力量购买服务，这是政府积极引导发展社会组织，充分发挥社会组织积极作用的关键之举。2014 年，中国家具协会将抓住机遇，主动与各级政府机构联系，加强交流，争取在政府报告、调研活动、分析考察活动中承担更多的工作，发挥中国家具协会的桥梁作用，并取得更好的经济效益。

4. 争取在国际标准化组织中的话语权

中国家具行业是一个常青行业，创建切合实际、完备合理的国家标准体系是保证家具市场规范有序、家具行业健康发展的必要前提。协会作为行业的代表，必须在国际标准化组织中争取话语权，共建行业规范，共谋行业发展。2014 年国际家具标准化组织（ISO/TC136）年会将在中国召开，我们要争取办好这次年会，并努力将部分中国标准纳入国际标准，在国际的标准化方面做出贡献，将中国的国家标准，变成国际认定实施的统一标准。

5. 继续搞好家具展会

明年，中国家具协会将继续努力办好春季的广东家具展和秋季的上海家具展。同时，继续支持各省市举办的具有特色及影响力的家具展会。引导各类展会主办方不断提升展会服务水平，提高展会的展出效果，更好地发挥展会经济的作用。

6. 搞好行业培训，争取更多进展

接下来的一年中，协会在培训工作方面将加大投入、创新方法，动员组织多机构协作共同办好多种行业培训，努力在行业新材料的应用，新工艺、新技术的普及，新管理营销方法的推广，新政策法规的宣贯，新流行设计趋势的发布等方面开展更为专业、切实有效的培训，充分结合行业情况，增强培训工作的实际效果。

7. 深入调研、说清行业，启动企业直报系统

为了进一步加强说清行业的能力，明年协会将继续深入开展行业调研工作。同时，更广泛地收集全国各地的基础数据，更加准确地了解行业真实发展情况。另外，协会将启动会员企业直报系统，将直报数据转化为适合使用参考的行业数据，并可以适时公布。真正做到数据来源于企业，反馈给企业，在一定范围内保证数据的真实性和时效性。

8. 组织大型专题会议

协会在 2014 年将争取组织更多的大型专题会议。从过去的工作中，我们总结到，大型专题会议是汇聚行业人才、讨论时事要点、研究趋势潮流、商讨发展对策的一个重要平台。协会在 2014 年的工作中，将重点组织大型的专业性强、覆盖面广的专题会议，服务行业、服务企业、服务政府，促进行业交流和产业融合，在协会的本职工作上做得更好。

结束语

2013 年是中国家具协会第五届理事会工作的第三年，我们在服务政府、行业、企业方面作出了许多努力，我们紧紧围绕国家方针政策开展各项工作，不断拓展协会工作领域，创新服务方式，争取帮助企业克服当前困难，争取更大进步。今后，中国家具协会将继续提升服务水平，适应党的十八届三中全会带来的全国经济发展新局面，加快引导行业朝着正确的道路发展，争取实现更高的目标！

年度纪事

ANNUAL CHRONICLE

中国家具协会及家具行业2013年度纪事

全国家具板材联动对接会暨巴迈隆刨花板开业庆典在河北召开

由中国家具协会原辅材料专业委员会主办、衡水巴迈隆木业有限公司承办的全国家具板材联动对接会暨巴迈隆刨花板开业庆典于2013年1月12日在河北省衡水市召开。本次会议对了解家具及板材行业发展趋势、加强行业上下游紧密合作，促进互利共赢、加大新型高端人造板材的推广等都起到了积极的作用。会后，各省市家具协会的代表、家具行业专家、企业代表和板材行业专家近200人参观了巴迈隆刨花板工厂生产线及刨花板展厅。

2013年家具行业“中级营销师”职业资格认证培训班成功举办五期

中国家具行业“中级营销师”国家职业资格认证培训班是目前中国家具行业最权威、最专业，也是家具行业异常稀缺的中高端培训，为中国家具行业中高层营销管理者指明新的发展方向。2013年，“中级营销师”培训班，1月、5月、11月在北京，7月在广州，8月在成都共成功举办五期，累计150余名企业营销负责人获得了由中国人力资源和社会保障部颁发的“营销师”2级职业资格证书，得到了全国家具制造企业、销售企业、行业协会等组织单位的大力好评。

■ 全国家具板材联动对接会暨巴迈隆刨花板开业庆典在河北召开

■ 家具行业“中级营销师”职业资格认证培训班成功举办五期

▪2013 年中国家具协会行业信息发布会成功举办

▪第 31 届中国（广州）国际家具博览会在广州举办

中国家具协会传统家具专业委员会 2013 年主席团工作会议

2013 年 3 月 11 日，中国家具协会传统家具专业委员会 2013 年主席团工作会议在浙江龙游“年年红紫檀国学文化博览园”顺利召开。中国家具协会副理事长陈宝光、秘书长姜恒夫、副秘书长邓雪松，以及元亨利董事长杨波、伍氏兴隆董事长伍炳亮、三福古典家具董事长黄福华、友联红木董事长戴家林、年年红董事长金樟溪等主席团成员出席了会议。与会代表围绕加强传统家具行业文化宣传力度，扩大中国家具协会组织规模与社会影响力，引导红木家具企业精品化方向等各方面问题，展开积极讨论，纷纷建言献策，并通过了一系列重要决议。

2013 年中国家具协会行业信息发布会成功举办

2013 年 3 月 16 日，中国家具协会与国际名家具（东莞）展览会联合举办 2013 年中国家具协会行业信息发布会。会上，中国家具协会理事长朱长岭介绍说，中国家具协会同意大利米兰轻工信息中心（CSIL）进行合作，掌握了 30 多个国家的进出口数据。从数据中了解到，中国家具的出口额占世界总出口额的 36%，家具产值占世界总产值的 28%，说明中国家具在十年快速发展期间取得了很大的成就。

第 31 届中国（广州）国际家具博览会在广州举办

被誉为“品牌第一阵营”的中国（广州）国际家具博览会于 2013 年 3 月 18—21 日和 3 月 27—30 日分两期在广州广交会展馆圆满举办。本届（第 31 届）展会规模宏大，展出总面积达 68 万平方米；展品种类齐全，客商云集，展会首日到会国内专业观众 39253 人，同比增长 9%；境外专业观众 9207 人，同比增长 6%：共计 48460 人，同比增长 8.5%。中国（广州）国际家具博览会创办 15 年来，始终致力于打造最具价值的家具行业贸易平台。展会汇集了国际前沿和中国本土家具及室内设计群体，贯穿家具行业链条的上下游产业，全景呈现行业最新发展趋势。

▪第二届“床垫与健康睡眠”高峰论坛隆重举行

▪全国家具标准研讨审查会在贵阳召开

第二届“床垫与健康睡眠”高峰论坛隆重举行

2013年3月21日由中国家具协会主办，贵州大自然科技有限公司承办的第二届“床垫与健康睡眠”高峰论坛在贵阳市南天酒店隆重召开。本次论坛云集了业内数十位专家学者及媒体代表，中国家具协会副理事长刘金良、全国儿童睡眠医学协作组组长首都医科大学博士生导师刘玺诚、贵州大自然科技有公司总经理李渝黔、第三军医大学生理教研室主任兼中国睡眠研究会常务理事胡志安、中国睡眠研究会理事兼中国睡眠研究会睡眠障碍专业委员会常务理事张洁教授等先后发表了自己的见解。本次论坛为广大市民奉上了一场健康睡眠的盛宴。

全国家具标准研讨审查会在贵阳召开

2013年3月21—22日，全国家具标准研讨审查会在贵阳市召开。本次会议由全国家具标准化技术委员会、全国家具标准化中心主办，贵州大自然科技有限公司、深圳市计量质量检测研究院、常州市产品质量监督检验所承办。会上，专家代表们对家具标委会归口管理的标龄5年以上（2008年及以前）的25项家具标准进行了复审；对2013年第一批申请立项的国家标准及行业标准计划项目进行了研讨，提出了修改意见和下一步工作计划；对《家具中有害物质检测方法 总则》、《家具中挥发性有机物释放量的测定排放试验室法》、《吧椅》3项家具标准送审稿，以及《编制说明》、《征求意见汇总处理表》进行了审议。

中国家具协会受邀访问意大利并与意大利米兰轻工信息中心（CSIL）建立合作关系

2013年4月9日，受意大利家具协会会长罗伯特·斯耐德罗（Robert Snaidero）邀请，中国家具协会理事长朱长岭访问意大利，并与斯耐德罗先生和米兰国际家具展览会总裁克劳迪奥·勒提（Claudio Luti）进行了会晤。双方就双边贸易关系、合作机制以及有关知识产权保护等问题进行了深入的沟通并达成共识。

4月10日，中国家具协会受邀参加了由CSIL组织的2013年世界家具展望新闻发布会，与其他

14个国家的家具行业协会、政府机构代表共同发布了各国家具产业发展报告。会后，中国家具协会与意大利米兰轻工业信息中心进行了会晤，讨论了2012年《世界家具展望》的编撰修订情况，以及2013年具体合作事宜。中国家具协会与CSIL的合作，加深了中国对全球家具行业的了解，使协会的信息工作朝着国际化发展迈出了重要的一步。

第二届“中国香河国际家居文化节”圆满召开

2013年4月28日至5月3日，由中国家具协会、河北省家具协会、香河国际家具城共同举办的第二届“中国香河国际家居文化节”在河北省香河县隆重召开。中国轻工业联合会会长步正发，中国家具协会理事长朱长岭等领导出席文化节开幕式。此次家居文化节汇集了

▪第二届“中国香河国际家居文化节”圆满召开

▪中国家具行业弹簧床垫企业质量调查发布会在北京举行

国内外7000余家参展品牌，集中展示了10万余种家具新品，共吸引了3万余名采购商、经销商和消费者。文化节期间，同时召开了一系列会议：28日，中国家具协会在香河第一城会议中心召开了中国家具协会行业工作座谈会和香河家居产业国际推介会；29日上、下午分别举办了香河家具产业招商会和中国家具协会信息工作和媒体交流会。

中国家具行业弹簧床垫企业质量调查发布会在北京举行

2013年5月16日，中国家具行业弹簧床垫企业质量调查发布会在中国家具协会举行，北京多家报刊网络媒体记者参加了本次会议。中国家具协会软垫家具专业委员会秘书长杨磊通报了此次床垫质量状况调查的详细情况。QB/T1952.2－2011《软体家具 弹簧软床垫》标准于2011年12月由工信部批准颁布，2012年4月正式实施。为了了解会员企业掌握执行标准的情况，2012年5月，中国家具协会发布了《关于对弹簧软床垫企业开展质量状况调查的通知》，委托国家家具质量监督检验中心上海站来负责本次活动的检测工作并进行行业调查，企业会员自愿报名进行质量抽检。此次共抽检了24家企业的27件样品。参检企业覆盖上海、北京、重庆、四川、广东、湖南、河北、福建、安徽、浙江、江苏、陕西12个省市。

中国家具协会软垫家具专业委员会第二十三届年会在成都召开

2013年5月25日，中国家具协会软垫家具专业委员会第二十三届年会在成都召开。会

■ 中国家具协会软垫家具专业委员会第二十三届年会在成都召开

■ 全国家具行业标准化工作会暨全国家具标准化技术委员会一届五次会议在绍兴召开

上，中国家具协会理事长朱长岭作了重要讲话，对软垫家具专委会23年来的工作给予了充分的肯定和高度赞扬。中国家具协会副理事长兼秘书长、软垫专委会执行主席张冰冰就上一年度国内外行业交流、标准化、品牌培育、风险意识、自身建设等方面的工作进行了总结，提出了下一年度的计划；并对2012年中国家具协会组织的“弹簧软床垫生产企业质量状况调查”活动作了分析说明。本次会议正式发布《中国家具协会软垫家具专业委员会诚信品牌企业对全社会的品质承诺宣言》，首批加盟单位有25家，其他会员企业也纷纷表示愿意加入。

全国家具行业标准化工作会暨全国家具标准化技术委员会一届五次会议在绍兴召开

2013年6月27日，由中国家具协会、全国家具标准化技术委员会（以下简称家具标委会）主办、喜临门家具股份有限公司承办的“全国家具行业标准化工作会暨全国家具标委会一届五次会议”在浙江绍兴市隆重召开。大会宣读了《关于表彰2012年度全国家具标准化先进集体的决定》、《关于表彰2012年度全国家具标准化先进工作者的决定》，对上一年度为我国家具标准化事业作出突出贡献的23家单位和20名个人进行了表彰。会议听取了全国家具标委会秘书长罗菊芬作的《全国家具标准化技术委员会2012年度财务报告》并审议通过了《全国家具标准化技术委员会人员调整名单》。

■ 中国家具产业发展（成都）论坛在成都举办

中国家具产业发展（成都）论坛在成都举办

2013年7月2日，为期五天的第七届八益国际家居文化艺术节暨红色文化体验周正式开幕。中国家具协会理事长朱长岭，四川省文联党组副书记、副主席李兵等领导出席了开幕式。7月2日下午，召开了以“中国梦·居家梦”为主题的“2013中国居家产业发展与变革高峰论坛”。

7月3日，召开了中国家具产业发展（成都）论坛。本次论坛由中国家具协会、成都市人民政府主办，四川省家具行业商会、成都新东方展览有限公司承办。中国家具协会理事长朱长岭、国务院发展研究中心市场经济研究所所长任兴洲等领导出席了本次论坛。论坛全面分析了当前全国家具行业发展形势，研究了西部家具行业发展方向，为企业和市场的转型升级提出了建议，同时为促进家具行业稳定健康的发展指明了方向。

首届当代中国红木家具文化周在京成功举办

2013年7月12—15日，由中国家具协会主办的“首届当代中国红木家具文化周”在北京举行。7月12—14日，以“中国红木家具精品品鉴会”为主体的品鉴活动在北京中国国际展览中心3号馆举行。这是2013年中国国际轻工消费品展览会家具展厅的重要活动。在品鉴会中，“伍氏兴隆”、“元亨利”、“友联祥利”、“航管”等红木家具领军企业分别举办了各自的精品品鉴活动。

7月12日下午，“中国传统家具精英大会”在北京昆仑饭店举行。会上，中国传统家具设计大师、工艺大师评定工作正式启动。同时，大会特别安排“反思当代红木家具产生文化”主题论坛活动。对话环节后，“金斧奖”中国传统家具设计制作大赛颁奖仪式正式举行。经过专家评委公平、公开、公正的评选，共选出神品奖作品3件，逸品奖作品6件，精品奖作品12件。

中国家具协会市场委员会成立大会在北京召开

2013年7月18日，中国家具协会市场委员会成立大会在北京召开。商务部流通业发展司副巡视员王选庆，中国家具协会理事长朱长岭等领导出席了大会。大会宣读了《中国家具协会市场委员会工作条例（草案）》，选举中国家具协会理事长朱长岭担任中国家具协会市场委员会（以下简称委员会）主任，中国家具协会副理事长兼秘书长张冰冰担任委员会秘书长，北京居然之家投资控股集团有限公司总裁汪林朋担任委员会执行主席，吉盛伟邦家具集团、北京居然之家投资控股集团有限公司、红星美凯龙家居集团股份有限公司等19家单位为主席团成员单位，香港金马凯旋集团、武汉欧亚达家居集团有限公司、月星集团有限公司、成都八益家具股份有限公司、陕西明珠家居产业有限公司、喜盈门国

首届当代中国红木家具文化周在京成功举办

中国家具协会市场委员会成立大会在北京召开

■ 中国家具协会理事长朱长岭拜访李瑞环

■ 2012-2013“大岭山杯”金斧奖中国家具设计大赛复赛圆满闭幕

■ 全国红木家具经销商大会在东阳召开

际商业连锁企业、北京集美家居市场集团有限公司等 156 家单位为会员单位。

中国家具协会理事长朱长岭拜访李瑞环

2013 年 8 月 20 日，中国家具协会理事长朱长岭前往北戴河拜访了十四届、十五届中共中央政治局常委，第八届、第九届全国政协主席李瑞环。唐山市汇丰实业集团有限公司董事长管保顺一同前往拜访。李瑞环首先肯定了中国家具行业当前所取得的进步，他认为当前中国的家具市场上出现了许多优秀的家具产品，这是令人振奋鼓舞的事情，希望家具企业再接再厉，争取更大的进步。说到中国家具的未来发展方向，李瑞环提出中国的家具设计要朝着系列化方向发展，书房、客厅、卧室的家具要互相呼应，互相配合，体现出与室内装饰配套整体的感觉与效果。

全国红木家具经销商大会在东阳召开

2013 年 9 月 9—11 日，第五届全国红木家具经销商大会暨华东地区红木家具采购交易会在浙江东阳红木家具市场正式召开。大会由中国家具协会传统家具专业委员会、浙江省家具行业协会、浙江东阳市人民政府主办，东阳市红木家具行业协会、东阳红木家具市场承办。来自全国 30 个省市区顶级红木家具经销商、国内著名红木家具品牌企业代表、新闻媒体等 1500 余人参加。大会以“文化传承、追求卓越、合作共赢”为宗旨，以“创新、合作、诚信、梦想”为主题，在促进行业良性发展、整合产业资源的同时，让“东作”文化进一步深入人心。

2012-2013“大岭山杯”金斧奖中国家具设计大赛复赛圆满闭幕

2013 年 9 月 11—15 日，2012—2013“大岭

■第十九届中国国际家具展览会圆满召开

■2013 年度中国家具协会沙发专业委员会年会在山东临沂召开

山杯”金斧奖中国家具设计大赛复赛实物作品展在上海中国国际家具展览会上成功举办，并于 11 日上午在展会现场举行了开幕仪式。13 日下午，大赛颁奖仪式在中国国际家具展览会上隆重举行。中国家具协会设计工作委员会的专业评委严格执行大奖赛章程和评选标准，共评出金奖 2 名、银奖 4 名、铜奖 6 名及优秀奖 20 名，共计 32 件作品，专业组和院校组各占 50%，另外还在院校组中评选出 4 名优秀组织奖。本届作品无论在数量还是质量上都达到历史新高。

第十九届中国国际家具展览会圆满召开

2013 年 9 月 11—15 日，由中国家具协会、上海博华国际展览有限公司共同主办的第十九届中国国际家具展在沪盛大举行。此次展会展出规模达 75 万平方米，观展人数再创新高，展会前三天观展的海外买家就达到了 12000 多人，比去年增加约 10%。今年的展会汇聚了海内外 20 多个国家的 3000 家家具企业。本届展会同期举办了“2013 中国家具营销大会”、“2013 中国家具设计大会”以及“2013 中国家具制造大会”三场主题会议。这三场主题大会让上海展在发挥传统展会作用的同时，还为大家带来了一场场思想盛宴。今后的展会将不仅是商品交易的媒介，还将成为学术交流、经验分享、了解行业最新动态的综合性平台。

2013 年度中国家具协会沙发专业委员会年会在山东临沂召开

2013 年 9 月 23 日，由中国家具协会沙发专业委员会主办，联邦家私集团有限公司承办的 2013 年度中国家具协会沙发专业委员会年会在山东临沂召开。此次年会吸引了来自 80 多家沙发制造、原辅材料生产、家具流通企业的 160 多名代表，《真情 · 家具 TIME》、腾讯网、凤凰网等 10 多家媒体单位参与报道。沙发年会同期举办了沙发原辅材料环保主题材料展、贸易交流。会后，与会嘉宾和参会企业一同考察临沂经济技术开发区并参观了联邦家私集团北方总部。

中国家具西南高峰论坛在成都召开

2013 年 9 月 30 日下午，继首届中国西南家居博览会开幕式之后，中国家具西南高峰论坛在成都隆重举行。论坛由中国家具协会主办，中国家具协会理事长朱长岭、副理事长陈宝光，国务院发展研究中心市场研究所所长任兴洲、亚洲家具联合会会长林作新等嘉宾出席了论坛。任兴洲所长就《当前形势及需要关注的突出问题》一题发表讲话，林作新会长围绕《家具业的转型升级》一题为大家作了分析。随后，浙江省家具协会会长蒋鸿源，运时通董事长陈燕木，蓝天木业公司董事长刘学春，帝标家居董事长郑红鑫，新都区人民政府副区长冯静，居然之家副总经理任成，名汉唐董事长卢涛，欧品家居董事长蒋学顺，中国西南家居博览会执委会主席谭武，家和家园董事长李晓军，纷纷发表高见，在成都上演一场思想盛宴。

中国家具协会参加欧盟木材法规及其在家具进口领域实施和执行研讨会

受英国皇家国际事务研究所、查塔姆研究所的邀请，中国家具协会理事长朱长岭于2013年10月22—24日赴英国参加欧盟木材法规及其在家具进口领域实施和执行研讨会。欧盟木材法规是一个强制性法规，已于2013年3月开始在欧盟生效，并对经营者和贸易商实施。朱长岭理事长通过参加此次研讨会，一方面更加全面、真实地了解这一法规的具体规定及实际实施情况，并将最新的信息传达给国内家具行业；另一方面和各方与会代表共同探讨了中国在适用这一法规上取得的经验和遇到的问题。

2013中国居家产业发展论坛暨八益国际家居博览城室内设计大赛新闻发布会在成都召开

2013年10月29日，由中国家具协会主办，四川省家具行业商会、八益国际家居博览城承办的2013中国居家产业发展论坛暨八益国际家居博览城室内设计大赛新闻发布会在成都举行。中国家具协会、四川省家具行业商会、四川省工商联家居装饰业商会等行业协会负责人，知名设计机构、家具卖场、软装企业、家居消费者代表，以及各大主流媒体记者近200人出席了本次盛会。论坛以“居家中国 · 成就梦想 · 整合产业 · 提增行业”为主题，全方位、多角度解读了当前家具市场营销、家居卖场经营和居家服务中存在的诸多问题和症结，共同探讨了家居业革新发展之路。

■ 中国家具西南高峰论坛在成都召开

■ 2013中国居家产业发展论坛暨八益国际家居博览城室内设计大赛新闻发布会在成都召开

民政部社会组织评估专家对中国家具协会进行实地考察

2013年全国家具行业协会工作人员研修班在京成功举办

民政部社会组织评估专家对中国家具协会进行实地考察

2013年11月6日，民政部社会组织评估专家组到中国家具协会实地考察，专家组由国家民间组织管理局副局长廖鸿带领十名评估专家组成，对中国家具协会进行社会组织评估工作。中国轻工业联合会副会长杜同和、会员部主任吴秋林、会员部副主任严平、资财司主任杜先平到中国家具协会对评估工作表示了关心和支持。中国家具协会理事长朱长岭向专家组汇报了协会的基本情况和工作开展，国家民间组织管理局副局长廖鸿对中国家具协会引领行业发展给予了充分的肯定，中国轻工业联合会副会长杜同和对中国家具协会成立以来的工作开展和自身建设表示了认同和鼓励。考评结束后，专家组对中国家具协会准备的详尽的评估资料表示了肯定，互相交流了考评意见并对中国家具协会的考评做出了总结。

2013“境”国际家具展在清华大学举行

2013年11月9日，2013“境”国际家具展暨家具设计学术论坛在北京清华大学举行。本次展览由中国家具协会、中国工业设计协会、清华大学美术学院共同主办，以“境”为主题，邀请国内近四十位前沿设计师、十余所专业院校的家具实物作品参加展览，并同时举办研讨会，探讨与中国家具设计相关的话题，为家具设计界的同仁们提供一个展示交流的平台。

2013年全国家具行业协会工作人员研修班在京成功举办

11月13—14日，2013年全国家具行业协会工作人员研修班在北京成功举办，民政部民间组织管理局副局长廖鸿、国务院发展研究中心市场经济研究所所长任兴洲、北京林业大学教授张亚池、中国轻工业联合会会员部副主任严平，中国家具协会理事长朱长岭、副理事长刘金良、副理事长兼秘书长张冰冰、副理事长陈宝光等领导以及全国各地家具协会的负责人和中国家具协会工作人员共计60余人出席了本次研习班。廖鸿副局长就“社团组织发展管理及改革展望”为所有培训人员带来精彩课程；张亚池教授以“当代家具文化探析”为题，为代表们讲解现代家具的文化特征；朱长岭理事长以“中国家具行业现状概述”为题进行了论述；任兴洲所长就“我国当前的宏观经济形势”进行了解读分析。

首届中国家具出口高峰论坛在义乌举行

2013年11月20日，由中国家具协会主办、中国义乌国际家具展承办的“2013中国家具出口高峰论坛”在义乌举行。此次论坛是中国出口家具业界的专业峰会，与会代表共同分析家具出口形势与政策，探析怎样利用义乌的国际平台，让我国家具企业能借船出海。论坛现场，中国义乌国际家具展在现场举行了签约仪式。来自沙特阿拉伯的外商代表还在论坛上代表义乌常驻外商进行了发言，表达了对义乌家具出口业快速发展的期望。

2013中国家具协会设计工作委员会年会暨《创新驱动·设计领先》论坛在广东乐从顺利召开

由中国家具协会主办、中国家具协会设计工作委员会承办、佛山市顺德区乐从镇家具城商会协办的2013中国家具协会设计工作委员会年会暨《创新驱动·设计领先》论坛于2013年11月28日在广东省佛山市顺德区乐从镇顺利召开。本次会议参会人员共计150余人，分年会和论坛两个阶段。年会阶段上，中国家具协会理事长朱长岭，中国家具协会设计工作委员会副主任委员、南京林业大学家具与工业设计学院院长吴智慧先后发言。在第二阶段论坛上，深圳家具研发院院长许柏鸣、曲美家具设计总监袁媛、圣豪庭创始人张博航、华日家具常务副总裁修军、顾家家居设计总监冯元峰、明珠家具副总经理兼研发部总监罗奎、八益家具副总裁吴永刚七位代表围绕“生产型企业创新引领探讨”这一大主题进行了精彩的发言。广东省家具协会会长王克进行了大会总结。

“中瑞木业日”暨“瑞典·中国·木材研讨及贸易洽谈会”在上海召开

2013年12月10日，由中国家具协会、瑞典木业协会及中国木材与木制品流通协会共同举办的“中瑞木业日”暨“瑞典·中国·木材研讨及贸易洽谈会”在上海召开。本次“中瑞木业日”涉及内容覆盖完整产业链，研讨会分为“材质”与“设计”两部分：“材质”板块由来自瑞典的木材行业专业人士针对瑞典木材行业和产品特色进行深度介绍，“设计”板

▪ 2013中国家具协会设计工作委员会年会暨《创新驱动·设计领先》论坛在广东乐从顺利召开

▪ “中瑞木业日”暨“瑞典·中国·木材研讨及贸易洽谈会”在上海召开

块邀请了中国著名家具设计师朱小杰、曲美家具创始人赵瑞海先生、松堡王国创始人郭向阳先生、AWAWA 联合创始人 Roberto Davolio 与 Marc Brulhart 等专家发表了主题演讲。上海交通大学宣湟博士也到场和与会者分享了由上海交通大学范文兵教授策划的即将与瑞典木业协会联合举办的设计工作坊及竞赛计划。

▪ 2013 年全国家具协会会长、秘书长工作会议在上海和深圳召开

▪ 第三届中国家具产业集群工作会议在深圳召开

2013 年全国家具协会会长、秘书长工作会议在上海和深圳召开

全国家具协会会长、秘书长工作会议分别于 2013 年 9 月 10 日和 2013 年 12 月 12 日在上海和深圳召开。会上，朱长岭理事长首先对中国家具协会 2013 年以来的工作情况作了汇报，各地家具协会的会长、秘书长逐一发言、交换意见、总结经验，各省市家具协会通过本次会议进一步团结协作，共同为行业的整体提升献计献策。

第三届中国家具产业集群工作会议在深圳召开

2013 年 12 月 12 日，第三届中国家具产业集群工作会议在深圳召开，本次会议由中国家具协会主办，深圳市家具行业协会及深圳市左右家私有限公司承办。深圳市家具行业协会会长、深圳市左右家私有限公司总裁黄华坤首先致辞。随后，中国家具协会理事长朱长岭作《中国家具产业集群工作报告》。南康家具行业发展领导小组副组长叶伦汉、彰武县常务副县长杨敏忠、湖北家具产业园副总裁李子琦、仙游县副县长陈育、海安县政协副县长、老坝港滨海新区党工委书记丁峰、成都家具产业园管委会副主任曾纲、华中家具产业园副董事长胡晓寒先后针对各自地区的产业集群工作与参会嘉宾作了经验交流。

2013 中国家具行业年会暨中国家具协会第五届四次理事会盛大召开

2013 年 12 月 13 日，中国家具行业年会暨中国家具协会第五届四次理事会在深圳召开。大会由中国家具协会主办，深圳市家具行业协会及深圳市左右家私有限公司承办。各家具企业、省市协会、产业集群、地方政府代表等 700 余名行业代表出席。深圳家协会长黄华坤致辞后，中国家具协会理事长朱长岭作了 2013 年度工作报告。

■ 2013 中国家具行业年会暨中国家具协会第五届四次理事会盛大召开

之后，中国家具协会与瑞丽市人民政府签署了共建红木家具产业基地的协议；与辽宁省家具协会、上海博华国际展览有限公司就 2014 年共同主办沈阳家具展进行了三方签约；对中国家具协会理事、常务理事、副理事长、特邀常务理事单位进行了增补；表彰了中国家具行业 2013 年度“优秀协会”、“优秀企业”、“优秀家具市场”及“优秀产业集群”。随后，深圳家协执行会长侯克鹏、广东家协会长王克、居然之家副总裁任成、华日董事长周旭恩、宜华木业 CEO 刘壮、斯可馨董事长胡卫东、上海博华创始人王明亮分别进行了发言。本次会议对推进中国家具行业整体发展起到了有力作用。

国内外行业新闻
国内篇

- 11 月 10 日，北京家具行业协会与北京林业大学举行了“北京家具产学研联盟”合作签约仪式。双方将根据行业发展需要和学校教学科研特点，进行深度合作。

- 1 月 12 日，海尔与美乐乐联手，成立海尔美乐乐家居广场，为消费者提供集家装设计、家居体验、配送安装于一体的一站式家居购物体验。

- 2 月 1 日，GB28010 – 2011《红木家具通用技术条件》正式实施。新国标规定红木家具产品应具有产品保证文件，包括产品使用说明书、红木家具产品质量明示卡、产品合格证。

- 2 月，中央国家机关政府采购中心组织召开“2014 年度中央国家机关办公家具定点供应商合同授予仪式暨工作会”。这标志着 60 家中标家具供应商正式“上岗”。与往年相比，2014 年国家采购中心家具项目在抽取机制、摆样述标、履约管理等方面展开工作。

- 3 月 19—22 日，第 28 届深圳国际家具展成功举办，据不完全统计，本届展会吸引来自全国各地参展商超 500 家，参观人数超 10 万人次，其中专业观展人数占比超过 80%。

- 3 月 19 日，“2013 看山东”新闻发布会借深圳国际家具展开幕之机，在深圳会展中心隆重举行。发布会着眼于山东家具业的未来发展，旨在给山东企业打造一个优质的宣传推广平台。

- 3 月 19 日，由中国医师协会主办、国内第一家床垫上市企业喜临门家具股份有限公司承办的“2013 世界睡眠日暨中国睡眠指数”发布会在北京举行，会上公布了“2013 喜临门中国家具睡眠指数报告”。

- 3 月 20 日，第 29 届国际名家具（东莞）展览会及同期举办的名家具机械材料展、名家具家居饰品展圆满召开。本届展会共 12 个展馆、26 万平方米，共 915 家参展商参加了展会。

- 3 月 20—22 日，中国中部第三届暨南康第八届家具博览会在南康宏泰家具产业交易市场隆重举办。本次展会主展位 600 余个，展览面积达 3 万平方米。

- 3 月 31 日，由中国定制家具行业领跑者尚品宅配发起的“爱尚计划”公益活动在北京正式启动。中国家具协会理事长朱长岭、副理事长兼秘书长张冰冰、中国室内装饰协会秘书长张丽出席了此次活动。

- 4 月 12 日，浙江省慈善总会第三届理事会第三次会议在杭州召开。会上，圣奥集团向浙江省慈善总会捐赠留本冠名基金5000万元，主要用于助老项目。

- 4 月 15—17 日，第十届哈尔滨国际家具暨木工机械展览会在哈尔滨举办。本次展会面积近 10 万平方米，同比增长 20%；参展企业 350 多家，同比增长 25%。
- 4 月 19—21 日，第十届青岛国际家具及木工机械展览会在青岛举办。展会规模达 11 万平方米，青岛展以打造中国最大实木家具展示平台为目标。
- 5 月 7 日，共青团广东省家具行业工作委员会年会暨米兰家具设计报告会在广州召开。来自广东家具行业的 300 名团员代表共同回顾过去，展望未来。
- 5 月 16 日，北京家具协会组织召开《中小企业国际市场开拓资金》申报辅导会，进一步贯彻落实《北京市中小企业国际市场开拓资金管理办法实施细则》的文件精神。
- 6 月 12 日，新修订的《濒危野生动植物种国际贸易公约》（以下简称《公约》）附录 II 新添内容生效，这意味着受《公约》贸易管制的 5 种红木树种增加到了 7 种，新增加的两种分别是俗称大红酸枝的交趾黄檀和中美洲黄檀。
- 6 月 19 日，包括家得宝、居然之家、美克美家在内的三大家居巨头企业集体入驻天猫，同时在天猫试水电商，这次家居业的集体动作也是继国美、屈臣氏、银泰百货、麦德龙、乐购入驻天猫后又一集体举动。
- 6 月 26 日，北京市商务委发布《2013 年北京市家具以旧换新实施办法》，新一轮家具以旧换新于 7 月 1 日正式实施。与 2012 年首次试点相比，2013 年的以旧换新活动时间长、宣传力度加大、参与企业多，各家居卖场均取得了逐月递增的销售业绩。
- 7 月 20 日，由广东省家具协会主办、扬州红星美凯龙承办、江苏省家具协会协办的“2013 年广东产品巡回展·广东家居（扬州）精品展”在扬州举办。
- 8 月初，在重庆市民建和云南红河政府的牵头和支持下，玮兰公司与红河县政府签订 HONY 山棕基地建设意向书，随后双方还达成了建设玮兰方寸品牌红米生产基地的意向协议。
- 8 月 5 日，曲美家具“‘旧’爱地球·绿碳行动”新闻发布会在北京举行，中国家具协会副理事长兼秘书长张冰冰出席了活动。
- 8 月 13 日，香河县人民政府、香江集团、阿里巴巴三方签署合作协议，中国北方最大的家居电商平台进入了具体实施阶段。
- 8 月 22 日，广东省家具行业推进信息化工作小组启动仪式在广州举行，广东省家具行业将搭建信息化公共服务平台，促进信息化和工业化融合，推动行业的转型升级。
- 8 月末，中国高端家居品牌 CAMERICH（锐驰）在洛杉矶开店，店址比邻比弗利大道与西好莱坞，位于众多国际一线家居品牌云集的 Robertson 大街。
- 8 月 29 日，经过 2 年筹建的南康“全国实木家具知名品牌创建示范区”通过国家质检总局专家组验收，此示范区为全国首批 12 家知名品牌创建示范区之一，也是江西省首个知名品牌创建示范区。
- 9 月 6 日，左右家私工业园落成庆典暨幸福大使杨澜签约仪式在深圳左右家私隆重举行。中国家具协会理事长朱长岭、副理事长兼秘书长张冰冰出席此次活动。
- 9 月 7—10 日，第 32 届中国（广州）国际家具博览会联合国际家居饰品、家纺布艺展览会，在广交会琶洲展馆顺利举办，搭建家具及家居装饰的“一站式”综合平台。

- 9月9日，在韩国家具协会会长裴贞立的带领下，包括五金、办公家具、实木家具、床垫等与家具相关的韩国企业董事长及总经理一行8人，来到位于西安市西北家具工业园的源木艺术家居生产基地参观访问，现场签署了合作协议。
- 截至9月10日，国内家居行业15家上市企业年中报中，排除非主营业务带来的利润增长因素，索菲亚衣柜的营收同比增幅和净利润同比增幅均为11家企业之首。
- 9月17日，中国家居品牌联盟百强企业整体入驻郑州金马凯旋家居CBD签约盛典在郑州举行，中国家具协会副理事兼秘书长张冰冰等行业代表出席。
- 9月24日，由山东省家具协会和深圳市家具行业协会共同组织的“深圳饰品软装企业走进山洞”系列商务活动在济南启动，活动以“设计创造价值”为主题，23家企业代表参加。
- 9月29日，以梁志天、林学明、沈立东、梁建国、戴昆等为首的中国室内设计顶级名家汇集北京工人体育场，携手红星美凯龙举办系列活动。
- 10月，国家质检总局、国家标准委批准发布35项国家标准，其中包括6项家具力学性能试验系列标准，涉及桌类、椅凳类、柜类、单层床等家具的强度、耐久性和稳定性。新修订的标准将在2014年5月正式实施。
- 10月6日，由辽宁省家具协会主办、沈阳市家具产业协会承办的首届中国·沈阳红木家具根雕艺术及现代经典家具博览会在沈阳成功举办。
- 10月18—21日，第十二届西安国际家具博览会在西安举办，近700家厂家参展，现场成交量近1.5亿元人民币，成为陕西区域最具影响力的贸易型家具展会。
- 10月28日，广东中山大涌镇启动“中国(大涌)红木文化博览城”的新文化产业项目。该项目规划用地面积300亩，总建筑面积为80万平方米，总投资48亿元，共分两期开发建设，计划在2015年投入使用。
- 11月7日，由四川省家具进出口商会联合高等院校合力打造的“家具专业人才选育计划”正式启动，该计划是全国首个由家具行业商协会牵头打造的家具专业人才培训平台。
- 11月14日，由全国家具标准化技术委员会、全国家具标准化中心主办的家具标准审定会在佛山市顺德区召开，国标《塑料家具通用技术条件》等5项家具标准通过专家核定。
- 11月17日，由浙商名家居品牌联盟和居然之家共同组织的合作恳谈会在宁波举行，双方将广泛合作，全面提升浙江家具品牌市场占有率和美誉度。
- 11月18—22日，乐从家具城商会前往俄罗斯参加第25届莫斯科MEBEL国际家具展，顺德家具品牌展馆面积达300平方米。
- 11月22日，中国红木家具文化研究院在常熟市海虞镇揭牌成立，我国著名明清家具文化研究学者、教授濮安国担任首任院长。当天，面积近3000平方米的当代苏作红木家具展示馆开馆。
- 11月，佛山首个家居电商公共服务平台“中国家具之都网”在乐从顺联家具城启动上线。借此平台，乐从当地1万余家传统家具商户有望率先实现线下线上融合发展。
- 12月，国际物联网贸易与应用促进协会（IIPA）发布了《2013年度中国智能家居行业研究报告》。报告显示，未来三年，中国智能家居市场增速不断提升，到2016年预计可达29.17%，市场需求将迎来快速增长期，报告同时预测2017年中国智能家居行业市场规模将达80亿元。

- 12月1日，由商务部提出并归口的《绿色板材采购规范》(SB/T11012—2013)正式实施。标准中对绿色板材及无甲醛胶黏剂生产的板材进行了定义，并为符合《规范》要求的板材产品，加贴绿色家居建材3G环保标志。

- 12月1日，由云南省林业厅主导、云南省家居行业协会组织实施的大型林产业云南家居家具文化商业中心项目在昆明国际会展中心举行揭牌仪式。

- 12月3日，第4届“家居生活”中东（迪拜）中国家居品牌博览会在阿联酋迪拜的国际展览中心举行，来自中国广东、浙江、江苏和上海等省市近400家企业的超1.5万种家居生活类产品集中展示。

- 12月6日，“广东省家具行业水性木器涂料体验展示中心”揭牌仪式在顺德家具研究开发院举行，目前该中心已有12家国内知名涂料企业入驻。

- 12月6日，华日家具股份有限公司获得国家级企业技术中心认定，成为继联邦、明珠之后获得此殊荣的第三家家具制造企业。

- 12月9日，东鹏控股正式在香港挂牌上市。（2013年3月，在证监会首次公开的发行股票申报企业情况文件中，家居行业排队上市的企业包括红星美凯龙、曲美、东易日盛、好莱客等10余家知名企业，此轮申请上市被称为集体“上市热潮”。）

- 12月16日，由广东省家居业联合会、广东省家具商会、广东省家具产业研究院等共同主办的“改革与创新·第十届中国家居业发展高峰论坛暨2013广东家居业年会”在东莞厚街举行。

- 12月16日，喜临门公司就青少年与儿童家居的品牌经营和产品设计合作等事宜分别与华特迪士尼公司、艾影（上海）商贸有限公司签订协议，授权喜临门公司使用迪士尼动漫形象用于相关产品的生产与销售。

- 12月21日，以建材企业为主的冠军联盟宣布进驻广州维家思广场，冠军联盟首家020一体店开业，成为国内首个强势进军家居卖场的建材联盟。

- 12月27日，国家质检总局公布了61批次儿童家具产品质量，有33批次产品不符合标准。主要涉及家具边缘及尖端不合格、没有警示标识等问题。

- 12月，东盟家具行业协会和中国重庆家具商会在越南胡志明市正式签订协议，东盟家具博览会正式落户重庆，并将成为“渝洽会”重要活动之一。

- 12月，中国东莞(家具)知识产权快速维权中心获得国家知识产权局批复成立，将落户东莞厚街镇，预计2014年上半年开门受理业务。该中心为国内第三家、家具行业首家知识产权快速维护中心。

国内外行业新闻 国际篇

- 2013年3月3日开始，欧盟（EU）全面实施禁止进口用非法砍伐木材生产的家具和其他木制品的规定。

- 印尼贸易部出口发展局负责人表示，随着包括木制品、金属制品、藤制品、塑料制品和竹制品在内的家具生产增长持续好转，2013年国际市场需求回升，各类家具已成为印尼的出口优势产品之一。

- 世界著名汽车公司——奔驰公司首次将其旗下的家具产品亮相第31届中国(广州)国际家具博览会。其家具外形简约、大量采用汽车的原材料，在现场奔驰汽车的映衬下显得别具一格。

- 2013年，中国市场对北美木材的需求量增大，同时北美木材价格也有较大幅度上涨，市场上出现供不应求的状况。

- 根据美国绿色建筑委员会（USGBC）新推出的Pilot Credit 80认证体系——环保室内装饰和家具认证，申请LEED认证（该委员会推出的LEED绿色建筑评级体系）的建筑师、设计师、工厂经理和商业领导如今可能获得指定级别的家具产品信用认证。

- 全球风能和太阳能公司Mainstream Renewable Power已经与家具零售商宜家达成协议，将其在建的7.65兆瓦风力发电厂Carrickeeny Wind Farm出售给宜家。项目已经开始建设，预计将在2014年初开始投入使用。

- 非洲媒体“Allafrica”8月13日的报道称，坦桑尼亚政府近期决定，为了扶持本国小型企业并推动经济发展，政府部门将从本国家具制造商中购买其所需的全部家具。

- 8至9月，已在OTCBB上市的诺华家具（STVS）表示，公司已向纳斯达克市场正式递交转板申请（诺华家具公司是国内家具行业赴美上市的第一家公司）。

- 从商务部获悉，日本将连续第3年成为泰国最大的家具出口市场，2013年泰国家具及组件对日本出口增幅与2012年的1.5%持平，这归功于泰国家具行业在过去一段时期的积极调整。

- 英国工业联合会（Confederation of British Industry，简称CBI）指出，由于英国房地产市场的恢复对其他经济部门的影响，家具和地毯销售正强劲增长。

- 英国家具行业研究协会（简称FIRA）在2010年与香港中华厂商联合会工业发展基金有限公司（CMA检测）共同合资设立的FIRA-CMA检测服务中心（FIRA-CMA Testing Services）2013年顺利通过香港地区

的年度审核。

- 11月，加州通过了新家具和其他产品阻燃剂标准，该标准将允许生产商停止使用化学阻燃剂。加州是唯一一个对家用家具实行强制阻燃剂标准的州，而该标准实际上已经成为其他州的参考标准。

- 来自英国查切斯特学院（Chichester College）的家具学生乔治·卡洛（George Callow），赢得了在德国莱比锡举行的2013年第42届世界技能大赛家具制造类的金奖，同时还与英国另外33个学生一起，荣获了英国国家队的“最佳国家奖”（Best of Nation）。

- 2014年，东盟家具委员会（ASEAN Furniture Inds. Council，简称AFIC）将组织主题为“优秀的东南亚设计始于这里——6个城市，2个星期，同一个设计的目标”（Great ASEAN Design Starts Here - Six cities. Two weeks. One destination for design）的巡回贸易展，以促进东南亚地区的家具贸易发展。

- 意大利米兰轻工业信息中心（CSIL）在《2014年世界家具前景》中对世界70个主要国家的家具贸易进行了详细的分析。根据该报告的摘要内容显示，这70个国家在2013至2014年的家具贸易指标已经超过了2008年经济衰退前的顶峰数值——1170亿美元。2014年全球家具贸易预计将达1280亿，较2013年1240亿美元的全球家具贸易总额，涨幅有望达到3.2%。

统计篇

STATISTICAL DATA

全国数据

2013 年家具行业规模以上企业主营业务收入表

行业名称	2013 年主营业务收入（万元）	2012 年主营业务收入（万元）	增速（%）
家具制造业	64627522.8	56539628.4	14.30
其中：木质家具制造业	41184835.5	35599900.3	15.69
竹、藤家具制造业	1136491.4	756523.6	50.23
金属家具制造业	12709044.1	11596741.0	9.59
塑料家具制造业	955871.0	778553.2	22.78
其他家具制造业	8641280.8	7807910.3	10.67

数据来源：中国轻工业信息中心。

统计范围：规模以上（即年主营业务收入 2000 万元及以上）全部工业法人企业。

2013 年家具行业规模以上企业出口交货值表

行业名称	2013 年出口交货值（万元）	2012 年出口交货值（万元）	增速（%）
家具制造业	15180435.3	14195054.0	6.94
其中：木质家具制造业	7632558.4	7069269.3	7.97
竹、藤家具制造业	296004.2	146475.2	102.08
金属家具制造业	4087126.5	3918096.2	4.31
塑料家具制造业	483105.8	397885.0	21.42
其他家具制造业	2681640.4	2663328.3	0.69

数据来源：中国轻工业信息中心。

统计范围：规模以上（即年主营业务收入 2000 万元及以上）全部工业法人企业。

2013 年主要家具产品产量表

产品名称	2013 年产量（件）	2012 年产量（件）	增速（%）
家 具	651617828	675235496	-3.50
其中：木质家具	236463490	258303954	-8.46
金属家具	322710939	322057231	0.20
软体家具	42616989	42577999	0.09

地区数据

2013 年各地区家具行业规模以上企业主营业务收入表

地区名	汇总企业单位数（个）	2013 年主营业务收入（万元）	2012 年主营业务收入（万元）	增速（%）
全 国	4716	64627522.8	56539628.4	14.30
北京市	66	687904.7	640091.3	7.47
天津市	70	871881.0	760361.2	14.67
河北省	125	2018027.9	1811586.0	11.40
山西省	5	58766.7	18871.8	211.40
内蒙古自治区	10	213663.1	193130.5	10.63
辽宁省	174	4000591.3	3571642.3	12.01
吉林省	60	1055407.3	904207.3	16.72
黑龙江省	61	675620.7	590672.7	14.38
上海市	168	2640435.2	2621763.6	0.71
江苏省	229	2482885.7	2186020.7	13.58
浙江省	639	6853995.1	6208889.2	10.39
安徽省	192	1905927.6	1556597.9	22.44
福建省	295	3332201.5	2888769.4	15.35
江西省	103	1303860.4	1173840.7	11.08
山东省	528	8208078.9	7239828.0	13.37
河南省	294	4733372.1	4047754.8	16.94
湖北省	93	1102452.4	820302.0	34.40
湖南省	126	2273304.5	1887343.2	20.45
广东省	1089	14047544.9	12165148.4	15.47
广西壮族自治区	45	997776.4	867263.1	15.05
海南省	3	13855.4	15239.0	-9.08
重庆市	49	899875.4	650673.5	38.30
四川省	246	3872251.6	3412598.8	13.47
贵州省	14	127037.5	89791.8	41.48

（续表）

地区名	汇总企业单位数（个）	2013 年主营业务收入（万元）	2012 年主营业务收入（万元）	增速（%）
云南省	3	10033.0	8414.7	19.23
陕西省	18	158069.2	117885.3	34.09
甘肃省	3	6447.5	5840.1	10.40
青海省	1	8965.0	4222.0	112.34
宁夏回族自治区	1	36946.9	24469.5	50.99
新疆维吾尔自治区	6	30343.9	56409.6	-46.21

数据来源：中国轻工业信息中心。

统计范围：规模以上（即年主营业务收入 2000 万元及以上）全部工业法人企业。

2013 年各地区家具产量表

地区名	2013 年产量（件）	2012 年产量（件）	增速（%）
全 国	651617828	675235496	-3.50
北京市	6904760	7286114	-5.23
天津市	9404992	8570909	9.73
河北省	9778970	8500399	15.04
山西省	37792	31213	21.08
内蒙古自治区	873164	957986	-8.85
辽宁省	16537328	17118416	-3.39
吉林省	2920923	3313377	-11.84
黑龙江省	3077892	2795044	10.12
上海市	22481493	24059274	-6.56
江苏省	12864855	13632231	-5.63
浙江省	188086141	187180661	0.48
安徽省	6927647	5769191	20.08
福建省	108765370	112099923	-2.97
江西省	11941805	14366137	-16.88
山东省	43227458	66948508	-35.43
河南省	46338939	39829826	16.34

（续表）

地区名	2013年产量（件）	2012年产量（件）	增速（%）
湖北省	4124625	3151991	30.86
湖南省	6957157	5802346	19.90
广东省	123307468	130850888	-5.76
广西壮族自治区	4927606	4428501	11.27
海南省	74701	81275	-8.09
重庆市	5734092	3945581	45.33
四川省	14186805	12603619	12.56
贵州省	832469	357856	132.63
云南省	64153	127430	-49.66
陕西省	759742	685586	10.82
甘肃省	61573	61861	-0.47
宁夏回族自治区	148033	92489	60.05
新疆维吾尔自治区	269875	586864	-54.01

数据来源：中国轻工业信息中心。

2013年全国各地区家具进口情况

地区名	2013年进口值（美元）	2012年进口值（美元）	增速（%）
全 国	2569819051	2333780383	10.11
上海	758549532	704840599	7.62
广东	361495495	334104697	8.20
北京	296244166	234027787	26.59
江苏	187955233	158406266	18.65
辽宁	176829102	165715806	6.71
福建	156802353	185611076	-15.52
吉林	145506301	140383619	3.65
天津	107718807	123101364	-12.50
浙江	98649927	70714430	39.50
山东	55884477	42608957	31.16
广西	49764162	29397762	69.28

（续表）

地区名	2013 年进口值（美元）	2012 年进口值（美元）	增速（%）
湖北	45012322	44515834	1.12
四川	39080999	37100441	5.34
重庆	28870825	16376951	76.29
安徽	17311765	3641617	375.39
云南	8641948	6078844	42.16
湖南	8335614	4512517	84.72
河北	7307373	9620159	-24.04
海南	5596635	10792656	-48.14
黑龙江	4601749	580118	693.24
陕西	4289934	1265772	238.92
河南	2958202	2250889	31.42
江西	968725	532629	81.88
山西	436635	4462223	-90.21
宁夏	309590	142450	117.33
内蒙古	236477	990814	-76.13
新疆	161272	1029952	-84.34
贵州	141025	863061	-83.66
西藏	124011	110837	11.89
青海	34395	256	13335.55

2013 年全国各地区家具出口情况

地区名	2013 年出口值（美元）	2012 年出口值（美元）	增速（%）
全 国	53101134691	49953230852	6.30
广东	25347770131	22036247477	15.03
浙江	9116944262	8424580921	8.22
江苏	3442239280	3819182448	-9.87
福建	2921943758	3424112513	-14.67

（续表）

地区名	2013年出口值（美元）	2012年出口值（美元）	增速（%）
上海	2846199372	2826122189	0.71
山东	2352706502	1944570024	20.99
江西	1165015887	991394435	17.51
河北	867780377	720565322	20.43
辽宁	758020418	824626046	-8.08
安徽	742589406	772281764	-3.84
河南	646417355	497907260	29.83
天津	543324542	543043898	0.05
重庆	403075214	1252372349	-67.82
湖南	291612491	181965033	60.26
四川	245834795	251599274	-2.29
黑龙江	205048825	206043322	-0.48
北京	194092770	227459662	-14.67
云南	155793059	38112886	308.77
新疆	154870605	187142856	-17.24
湖北	145018335	130843548	10.83
贵州	131452206	69368857	89.50
陕西	121629806	160140262	-24.05
广西	93342797	58325002	60.04
海南	68928229	48939576	40.84
吉林	63191206	76674280	-17.58
西藏	20922799	23396091	-10.57
内蒙古	16981979	15884558	6.91
甘肃	15417911	86013738	-82.08
山西	15077126	91902957	-83.59
宁夏	7783928	15079861	-48.38
青海	109320	7332443	-98.51

2013 年家具商品进口量值表

商品编码	进口商品名称	计量码	计量单位	2013 年进口量	2013 年进口值（美元）	2012 年进口量	2012 年进口值（美元）	进口量增速（%）	进口值增速（%）
	家　具				2569819051		2333780383		10.11
94011000	飞机用坐具	01	个	10056	145286673	14094	147044952	-28.65	-1.20
94012010	皮革或再生皮革制面的机动车辆用坐具	01	个	9168	5070906	5821	4591843	57.50	10.43
94012090	非皮革或再生皮革制面的机动车辆用坐具	01	个	332193	63309557	326189	63907862	1.84	-0.94
94013000	可调高度的转动坐具	01	个	204401	18426640	121620	14897782	68.07	23.69
94014010	皮革或再生皮革制面的能作床用的两用椅（但庭园坐具或野营设备除外）	01	个	36	47636	79	122358	-54.43	-61.07
94014090	非皮革或再生皮革制面的能作床用的两用椅（但庭园坐具或野营设备除外）	01	个	16907	1219091	4008	331861	321.83	267.35
94015100	竹制或藤制的坐具	01	个	111125	1582048	98239	1542085	13.12	2.59
94015900	柳条及类似材料制的坐具	01	个	13995	245463	18027	286466	-22.37	-14.31
94016110	皮革或再生皮革制面带软垫的木框架坐具	01	个	67798	46711748	89197	48602223	-23.99	-3.89
94016190	非皮革或再生皮革制面带软垫的木框架坐具	01	个	209120	56021175	189565	58445635	10.32	-4.15
94016900	其他木框架坐具	01	个	1255308	93748914	810509	43528845	54.88	115.37

（续表）

商品编码	进口商品名称	计量码	计量单位	2013 年进口量	2013 年进口值（美元）	2012 年进口量	2012 年进口值（美元）	进口量增速（%）	进口值增速（%）
94017110	皮革或再生皮革制面带软垫的金属框架坐具	01	个	36599	11592880	26674	11687762	37.21	-0.81
94017190	非皮革或再生皮革制面带软垫的金属框架坐具	01	个	193862	21240333	128021	14540499	51.43	46.08
94017900	其他金属框架坐具	01	个	881081	11363644	589403	8925119	49.49	27.32
94018010	石制的坐具	01	个	153	208868	513	76166	-70.18	174.23
94018090	其他未列名坐具	01	个	517763	38546050	331608	21344882	56.14	80.59
94019011	机动车辆用座椅调角器	01	套	16044034	103057774	12880374	91684288	24.56	12.41
94019019	机动车辆用坐具的其他零件	09	千克	120134771	815268941	108239652	788262371	10.99	3.43
94019090	非机动车辆用坐具的零件	09	千克	23576006	141452086	26570444	164029938	-11.27	-13.76
94021010	理发用椅及其零件	01	个	777	663326	424	700554	83.25	-5.31
94021090	牙科用椅及其零件；理发用椅的类似椅及其零件	01	个	3683	4811682	3057	3031586	20.48	58.72
94029000	其他医用家具及其零件（如手术台、检查台、带机械装置的病床等）	01	件	82234	117125307	33465	115207201	145.73	1.66
94031000	办公室用金属家具	01	件	68788	14993060	65991	13951468	4.24	7.47
94032000	其他金属家具	01	件	501572	61559145	491972	58858017	1.95	4.59
94033000	办公室用木家具	01	件	320363	25184183	267759	23184873	19.65	8.62
94034000	厨房用木家具	01	件	453641	112014830	476513	102658120	-4.80	9.11

（续表）

商品编码	进口商品名称	计量码	计量单位	2013 年进口量	2013 年进口值（美元）	2012 年进口量	2012 年进口值（美元）	进口量增速（%）	进口值增速（%）
94035010	卧室用红木家具	01	件	30745	8976856	18441	5073888	66.72	76.92
94035091	卧室用漆木家具	01	件	894	411464	273	97430	227.47	322.32
94035099	卧室用其他木家具	01	件	678632	93543500	566748	81540025	19.74	14.72
94036010	其他红木家具	01	件	128123	16211619	58590	11291911	118.68	43.57
94036091	其他漆木家具	01	件	1657	14467208	566	267475	192.76	5308.81
94036099	其他木家具	01	件	4238279	240612832	3885685	221359180	9.07	8.70
94037000	塑料家具	01	件	509169	9173894	562635	8153814	-9.50	12.51
94038100	竹制或藤制家具	01	件	17063	383981	8098	244851	110.71	56.82
94038910	柳条及类似材料制家具	01	件	463	26924	242	14459	91.32	86.21
39263000	塑料制家具、车厢或类似品的附件	09	千克	4600089	83820244	2635672	55447986	74.53	51.17
94038920	石制家具	01	件	1595	3340396	1611	2012816	-0.99	65.96
94038990	其他材料制家具	01	件	190481	48711842	186776	24365667	1.98	99.92
94039000	家具的零件	09	千克	41833043	125758721	40303628	114711072	3.79	9.63
94041000	弹簧床垫	01	个	304257	13627610	21549	7755053	1311.93	75.73

数据来源：中国轻工业信息中心。

2013 年家具商品出口量值表

商品编码	出口商品名称	计量码	计量单位	2013 年出口量	2013 年出口值（美元）	2012 年出口量	2012 年出口值（美元）	出口量增速（%）	出口值增速（%）
	家　具				53101134691		49953230852		6.30
94011000	飞机用坐具	01	个	10296	100749089	11339	103747480	-9.20	-2.89
94012010	皮革或再生皮革制面的机动车辆用坐具	01	个	105946	13133451	82498	4586403	28.42	186.36
94012090	非皮革或再生皮革制面的机动车辆用坐具	01	个	2378183	126443194	2364561	118468752	0.58	6.73
94013000	可调高度的转动坐具	01	个	50177653	1965159062	49751264	1856771333	0.86	5.84
94014010	皮革或再生皮革制面的能作床用的两用椅（但庭园坐具或野营设备除外）	01	个	161670	31682985	288713	62467865	-44.00	-49.28
94014090	非皮革或再生皮革制面的能作床用的两用椅（但庭园坐具或野营设备除外）	01	个	3776695	480787875	3608843	473204264	4.65	1.60
94015100	竹制或藤制的坐具	01	个	590357	9940878	345682	14960349	70.78	-33.55
94015900	柳条及类似材料制的坐具	01	个	86735	1041297	96253	2820041	-9.89	-63.08
94016110	皮革或再生皮革制面带软垫的木框架坐具	01	个	19403568	2970804448	19911232	2925892233	-2.55	1.53
94016190	非皮革或再生皮革制面带软垫的木框架坐具	01	个	44228177	3375799412	41500016	2859281912	6.57	18.06
94016900	其他木框架坐具	01	个	26103426	714545436	25730905	634695077	1.45	12.58

（续表）

商品编码	出口商品名称	计量码	计量单位	2013年出口量	2013年出口值（美元）	2012年出口量	2012年出口值（美元）	出口量增速（%）	出口值增速（%）
94017110	皮革或再生皮革制面带软垫的金属框架坐具	01	个	17854750	742306877	15121981	640456337	18.07	15.90
94017190	非皮革或再生皮革制面带软垫的金属框架坐具	01	个	111080968	5200686325	110143453	5351823187	0.85	-2.82
94017900	其他金属框架坐具	01	个	205154207	3205976128	202939653	3154325243	1.09	1.64
94018010	石制的坐具	01	个	43536	7799844	48213	5588384	-9.70	39.57
94018090	其他未列名坐具	01	个	82811155	1105394228	80775415	875981962	2.52	26.19
94019011	机动车辆用座椅调角器	01	套	16672774	103201669	14088179	81467521	18.35	26.68
94019019	机动车辆用坐具的其他零件	09	千克	106825592	1017180725	99565851	934827363	7.29	8.81
94019090	非机动车辆用坐具的零件	09	千克	433663020	1782643294	419691684	1698479958	3.33	4.96
94021010	理发用椅及其零件	01	个	723041	96178746	722139	76272454	0.12	26.10
94021090	牙科用椅及其零件；理发用椅的类似椅及其零件	01	个	189046	26467207	40711	22226828	364.36	19.08
94029000	其他医用家具及其零件（如手术台、检查台、带机械装置的病床等）	01	件	3164035	474777236	2809695	435357642	12.61	9.05
94031000	办公室用金属家具	01	件	8449031	496767195	9049512	452904099	-6.64	9.68
94032000	其他金属家具	01	件	264525551	7916647378	257027958	7555905453	2.92	4.77
94033000	办公室用木家具	01	件	15869095	892476148	15652315	853847377	1.38	4.52
94034000	厨房用木家具	01	件	20424348	1039102639	18317573	888984424	11.50	16.89

（续表）

商品编码	出口商品名称	计量码	计量单位	2013年出口量	2013年出口值（美元）	2012年出口量	2012年出口值（美元）	出口量增速（%）	出口值增速（%）
94035010	卧室用红木家具	01	件	789	290712	1581	798737	-50.09	-63.60
94035091	卧室用漆木家具	01	件	5065	571353	8516	1126026	-40.52	-49.26
94035099	卧室用其他木家具	01	件	27584477	3059228664	29780392	3016524768	-7.37	1.42
94036010	其他红木家具	01	件	11529	4211092	14524	3937828	-20.62	6.94
94036091	其他漆木家具	01	件	19109	1639233	29557	1912987	-35.35	-14.31
94036099	其他木家具	01	件	133755651	7382101186	135991274	7143964294	-1.64	3.33
94037000	塑料家具	01	件	32519482	792401355	32177702	736257830	1.06	7.63
94038100	竹制或藤制家具	01	件	3163771	50151854	2008610	38908912	57.51	28.90
94038910	柳条及类似材料制家具	01	件	621221	12252728	296247	8291212	109.70	47.78
39263000	塑料制家具、车厢或类似品的附件	09	千克	49616740	310768557	47160874	248144405	5.21	25.24
94038920	石制家具	01	件	778424	164308186	947552	178448100	-17.85	-7.92
94038990	其他材料制家具	01	件	32621822	2131736486	34756564	2129683971	-6.14	0.10
94039000	家具的零件	09	千克	1162188042	4926603336	1078474268	4005781171	7.76	22.99
94041000	弹簧床垫	01	个	5112527	367177183	5445451	354106670	-6.11	3.69

数据来源：中国轻工业信息中心。

2013 年家具商品进口各国家（地区）情况

国家（地区）名称	2013 年进口值（美元）	2012 年进口值（美元）	增速（%）
贸易国合计	2569819051	2333780383	10.11
亚洲	992144670	889428642	11.55
孟加拉国	2553786	1785203	43.05
文莱		30922	-100.00
缅甸	143198	373719	-61.68
柬埔寨	1096430	602203	82.07
塞浦路斯	85	585	-85.47
朝鲜	2198	1300	69.08
中国香港	3227550	2710833	19.06
印度	12466963	12636966	-1.35
印度尼西亚	32524007	30136648	7.92
伊朗	31741	4253	646.32
以色列	1363624	1036240	31.59
日本	260622388	328337676	-20.62
约旦	1104	274	302.92
科威特		1853	-100.00
老挝	3417662	2017415	69.41
黎巴嫩	38078	13012	192.64
澳门	44891	903	4871.32
马来西亚	27089610	20557007	31.78
蒙古	224		
尼泊尔	141998	121206	17.15
阿曼	405	26900	-98.49
巴基斯坦	96376	77461	24.42
菲律宾	6904286	9523746	-27.50
卡塔尔		10410	-100.00
沙特阿拉伯	19132	14617	30.89

（续表）

国家（地区）名称	2013 年进口值（美元）	2012 年进口值（美元）	增速（%）
新加坡	2983437	4036157	-26.08
韩国	266960159	189306666	41.02
斯里兰卡	106156	5020	2014.66
叙利亚		360	-100.00
泰国	35514193	34570932	2.73
土耳其	2542380	1253817	102.77
阿拉伯联合酋长国	43939	85609	-48.67
越南	150889705	76823983	96.41
中华人民共和国	87606587	88170825	-0.64
中国台湾	93710542	85152306	10.05
东帝汶	691		
哈萨克斯坦		90	-100.00
土库曼斯坦		730	-100.00
乌兹别克斯坦	1145	795	44.03
非洲	**687402**	**625779**	**9.85**
博茨瓦那		2190	-100.00
喀麦隆	900		
埃及	300686	149996	100.46
埃塞俄比亚	19	947	-97.99
科特迪瓦共和国		97	-100.00
肯尼亚	620	22705	-97.27
利比里亚	50		
马达加斯加	19952		
摩洛哥	13388	15929	-15.95
莫桑比克	39940	12965	208.06
尼日尔		4180	-100.00
尼日利亚	162	8314	-98.05

（续表）

国家（地区）名称	2013 年进口值（美元）	2012 年进口值（美元）	增速（%）
塞内加尔	102		
塞拉利昂		8084	-100.00
南非	288793	274320	5.28
坦桑尼亚	2318	206	1025.24
多哥	11277		
突尼斯	6145	125371	-95.10
赞比亚		417	-100.00
津巴布韦	3050	58	5158.62
欧洲	**1317642571**	**1176126385**	**12.03**
比利时	8553862	4748537	80.14
丹麦	7599691	6586722	15.38
英国	70278563	57839924	21.51
德国	555481176	464325314	19.63
法国	93956833	122776536	-23.47
爱尔兰	798684	1339947	-40.39
意大利	222326777	186228973	19.38
卢森堡	17344	5689	204.87
荷兰	3341292	2890705	15.59
希腊	65353	118459	-44.83
葡萄牙	18115810	13916663	30.17
西班牙	12064611	9187761	31.31
阿尔巴尼亚	19747	19119	3.28
奥地利	23276623	25917911	-10.19
保加利亚	5564007	2913098	91.00
芬兰	3172652	2378793	33.37
直布罗陀	32		
匈牙利	25058885	24408396	2.67

（续表）

国家（地区）名称	2013 年进口值（美元）	2012 年进口值（美元）	增速（%）
冰岛	72	3294	-97.81
列支敦士登	4031		
摩纳哥	260		
挪威	5375494	5334155	0.77
波兰	104243862	88018867	18.43
罗马尼亚	7315555	8992103	-18.64
圣马力诺	54372		
瑞典	30458370	33265336	-8.44
瑞士	6031492	5228347	15.36
爱沙尼亚	4735011	1997629	137.03
拉脱维亚	2864217	2514536	13.91
立陶宛	19765224	20215680	-2.23
白俄罗斯	11320	1349	739.14
摩尔多瓦	1370		
俄罗斯联邦	4743051	4713054	0.64
乌克兰	11309	10461	8.11
斯洛文尼亚共和国	5324366	9201522	-42.14
克罗地亚共和国	1232006	1525243	-19.23
捷克共和国	48994272	47433859	3.29
斯洛伐克共和国	24611050	20281768	21.35
波斯尼亚－黑塞哥维那共和国	1953611	1614733	20.99
塞尔维亚	220314	171902	28.16
拉丁美洲	**14122342**	**17849205**	**-20.88**
阿根廷	2631	10874	-75.80
巴西	4194600	1357961	208.89
智利	8612	16269	-47.06

（续表）

国家（地区）名称	2013 年进口值（美元）	2012 年进口值（美元）	增速（%）
哥伦比亚	36339	50171	-27.57
哥斯达黎加	13372		
古巴	8469	18182	-53.42
危地马拉	925		
海地	167		
洪都拉斯	85497	19154	346.37
墨西哥	9769692	16373002	-40.33
巴拿马	1803	278	548.56
秘鲁	103		
乌拉圭		7	-100.00
委内瑞拉	132	3307	-96.01
北美洲	**240042957**	**245171382**	**-2.09**
加拿大	25977609	26467361	-1.85
美国	214065348	218704021	-2.12
大洋洲	**5153277**	**4436645**	**16.15**
澳大利亚	4110909	3663054	12.23
斐济	40	1140	-96.49
新西兰	1041848	772451	34.88
密克罗尼西亚联邦	480		
国别（地区）不详	25832	142345	-81.85

数据来源：中国轻工业信息中心。

2013 年家具商品出口各国家（地区）情况

国家（地区）名称	2013 年出口值（美元）	2012 年出口值（美元）	增速（%）
贸易国合计	53101134691	49953230852	6.30
亚洲	18315558300	14829385770	23.51
阿富汗	1233391	1082700	13.92
巴林	63423717	99862740	-36.49
孟加拉国	60244800	38742177	55.50
不丹	1036480	1159321	-10.60
文莱	385441721	512017183	-24.72
缅甸	51949806	74417750	-30.19
柬埔寨	27004902	50579656	-46.61
塞浦路斯	19890930	19780220	0.56
朝鲜	21604576	19177836	12.65
中国香港	1775238578	889164831	99.65
印度	744336178	641665506	16.00
印度尼西亚	776278036	528957000	46.76
伊朗	329441644	156235340	110.86
伊拉克	100326713	88033509	13.96
以色列	266981266	247332766	7.94
日本	2832693725	2771109223	2.22
约旦	138663523	106194098	30.58
科威特	129343264	107666272	20.13
老挝	15928385	43824964	-63.65
黎巴嫩	121108540	87180348	38.92
澳门	93690659	72809316	28.68
马来西亚	2452345459	1739912095	40.95
马尔代夫	3488578	4653483	-25.03
蒙古	25633774	26869100	-4.60
尼泊尔	3496000	3127835	11.77

（续表）

国家（地区）名称	2013 年出口值（美元）	2012 年出口值（美元）	增速（%）
阿曼	177746698	215508780	-17.52
巴基斯坦	39288783	26911092	45.99
巴勒斯坦	2722417	1261703	115.77
菲律宾	231395233	181809043	27.27
卡塔尔	124494219	87741004	41.89
沙特阿拉伯	1254062722	1258665175	-0.37
新加坡	1667889592	1216959803	37.05
韩国	1079447397	843858449	27.92
斯里兰卡	39904827	38148999	4.60
叙利亚	9157122	6775237	35.16
泰国	585756272	431885404	35.63
土耳其	201410706	186606814	7.93
阿拉伯联合酋长国	1635867995	1241468682	31.77
也门共和国	73075841	94270009	-22.48
越南	289250392	255759144	13.09
中国台湾	309563867	263646596	17.42
东帝汶	1634701	1934025	-15.48
哈萨克斯坦	85657455	79212798	8.14
吉尔吉斯斯坦	17351716	26095346	-33.51
塔吉克斯坦	17513250	11072428	58.17
土库曼斯坦	6094034	5062184	20.38
乌兹别克斯坦	25448416	23177786	9.80
非洲	**2709550104**	**2825607577**	**-4.11**
阿尔及利亚	97596440	96678317	0.95
安哥拉	145594898	172287069	-15.49
贝宁	95131049	71379186	33.28
博茨瓦那	5278258	5499994	-4.03

（续表）

国家（地区）名称	2013 年出口值（美元）	2012 年出口值（美元）	增速（%）
布隆迪	6247674	3209735	94.65
喀麦隆	39832216	16746440	137.85
加那利群岛	39842	72502	-45.05
佛得角	4046008	5270940	-23.24
中非		266197	-100.00
塞卜泰（休达）	9936		
乍得	3176246	535553	493.08
科摩罗	1953316	1037700	88.24
刚果（布）	7278073	8178802	-11.01
吉布提	56615564	48396890	16.98
埃及	91424064	123960368	-26.25
赤道几内亚	7552736	6806813	10.96
埃塞俄比亚	5185347	3460625	49.84
加蓬	8407841	31058507	-72.93
冈比亚	1123447	3024600	-62.86
加纳	81937086	260411662	-68.54
几内亚	43124410	31179632	38.31
几内亚（比绍）	533612	339504	57.17
科特迪瓦共和国	9791135	9859252	-0.69
肯尼亚	73817089	88682695	-16.76
利比里亚	2749618	3531478	-22.14
利比亚	111789336	129797127	-13.87
马达加斯加	6756265	3974628	69.98
马拉维	28304960	39187403	-27.77
马里	4684595	11529277	-59.37
毛里塔尼亚	3467945	3978711	-12.84
毛里求斯	31078178	32761913	-5.14

（续表）

国家（地区）名称	2013 年出口值（美元）	2012 年出口值（美元）	增速（%）
摩洛哥	224907070	183650729	22.46
莫桑比克	30878684	27082602	14.02
纳米比亚	20005757	13722603	45.79
尼日尔	2252100	1017434	121.35
尼日利亚	154613205	106874793	44.67
留尼汪	13622543	12756487	6.79
卢旺达	3628768	1095412	231.27
圣多美和普林西比	6168	6282	-1.81
塞内加尔	18400149	27104555	-32.11
塞舌尔	744435	1632881	-54.41
塞拉利昂	1076593	976988	10.20
索马里	3640352	2625691	38.64
南非	834517831	751059539	11.11
西撒哈拉		252	-100.00
苏丹	94425257	89534703	5.46
坦桑尼亚	65306683	30919708	111.21
多哥	134453260	255344700	-47.34
突尼斯	30586507	44296884	-30.95
乌干达	46090389	22015700	109.35
布基纳法索	1165351	542641	114.76
刚果（金）	12245259	7554823	62.09
赞比亚	11196559	22780129	-50.85
津巴布韦	3764476	3818170	-1.41
莱索托	1462781	737504	98.34
梅利利亚	85367	309480	-72.42
斯威士兰	114845	86811	32.29
厄立特里亚	159998	434115	-63.14

（续表）

国家（地区）名称	2013 年出口值（美元）	2012 年出口值（美元）	增速（%）
马约特岛	25231387	4117423	512.80
南苏丹	417359	363434	14.84
非洲其他国家（地区）	23787	41584	-42.80
欧洲	**10813769419**	**11327696009**	**-4.54**
比利时	473319494	513596609	-7.84
丹麦	266331638	279604197	-4.75
英国	2307616091	2428653545	-4.98
德国	1923487530	2018625563	-4.71
法国	1166483819	1311293653	-11.04
爱尔兰	58155211	68027789	-14.51
意大利	586350299	536084020	9.38
卢森堡	1938762	12632499	-84.65
荷兰	994233499	1027663915	-3.25
希腊	96692486	134190942	-27.94
葡萄牙	49417214	63802407	-22.55
西班牙	613372071	628141310	-2.35
阿尔巴尼亚	9596527	22021439	-56.42
安道尔	8747	3478297	-99.75
奥地利	39143923	48136940	-18.68
保加利亚	23569143	32559273	-27.61
芬兰	92890918	105785386	-12.19
直布罗陀		102631	-100.00
匈牙利	10742409	11881092	-9.58
冰岛	4467803	2734284	63.40
列支敦士登	148773	401276	-62.93
马耳他	265204592	185021139	43.34
摩纳哥	1642729	13015059	-87.38

（续表）

国家（地区）名称	2013 年出口值（美元）	2012 年出口值（美元）	增速（%）
挪威	129793461	134143683	-3.24
波兰	380159815	436310561	-12.87
罗马尼亚	52059370	66114157	-21.26
瑞典	366681708	324161120	13.12
瑞士	47651404	63731491	-25.23
爱沙尼亚	23212629	38105967	-39.08
拉脱维亚	42965930	40680347	5.62
立陶宛	34953951	44698971	-21.80
格鲁吉亚	31221660	31578609	-1.13
亚美尼亚	5945022	6126999	-2.97
阿塞拜疆	20709298	17028595	21.61
白俄罗斯	2699728	2086207	29.41
摩尔多瓦	1479508	3762334	-60.68
俄罗斯联邦	452945481	405004210	11.84
乌克兰	98839216	100816596	-1.96
斯洛文尼亚共和国	30755494	30189610	1.87
克罗地亚共和国	27099948	30286171	-10.52
捷克共和国	53098064	78352504	-32.23
斯洛伐克共和国	17932425	16240726	10.42
前南斯拉夫马其顿共和国	521088	216345	140.86
波斯尼亚－黑塞哥维那共和国	805138	919939	-12.48
法罗群岛		240	-100.00
塞尔维亚	5059706	7303042	-30.72
黑山	2365697	2384320	-0.78
拉丁美洲	**2480044516**	**3143932712**	**-21.12**
安提瓜和巴布达	231677	223897	3.47

（续表）

国家（地区）名称	2013 年出口值（美元）	2012 年出口值（美元）	增速（%）
阿根廷	103692933	87040550	19.13
阿鲁巴岛	2693272	407342	561.18
巴哈马	16157354	28551796	-43.41
巴巴多斯	1202474	8093191	-85.14
伯利兹	437465	973287	-55.05
玻利维亚	3567999	3312128	7.73
巴西	363093255	514038055	-29.36
开曼群岛	133587	131790	1.36
智利	233493249	297934478	-21.63
哥伦比亚	113912490	109320245	4.20
多米尼克	761266	1198757	-36.50
哥斯达黎加	21285472	20626478	3.19
古巴	21843555	44680747	-51.11
库腊索岛	473534	435304	8.78
多米尼加共和国	21140940	21419458	-1.30
厄瓜多尔	46173010	36054228	28.07
法属圭亚那	1438901	747050	92.61
格林纳达	685226	2106684	-67.47
瓜德罗普岛	1827851	1676133	9.05
危地马拉	14220552	14914462	-4.65
圭亚那	4633883	8803774	-47.36
海地	4437939	5741391	-22.70
洪都拉斯	66294115	86712563	-23.55
牙买加	56249090	84679900	-33.57
马提尼克岛	1258360	1417896	-11.25
墨西哥	451320577	402658965	12.09
尼加拉瓜	2256171	5140078	-56.11

（续表）

国家（地区）名称	2013 年出口值（美元）	2012 年出口值（美元）	增速（%）
巴拿马	543648193	949879950	-42.77
巴拉圭	4461595	28639238	-84.42
秘鲁	143492436	73985558	93.95
波多黎各	50788266	47351919	7.26
圣卢西亚	637713	3651722	-82.54
圣马丁岛	43880	62431	-29.71
圣文森特和格林纳丁斯	108585	100910	7.61
萨尔瓦多	7245288	13256627	-45.35
苏里南	8924753	11509217	-22.46
特立尼达和多巴哥	9824521	9328640	5.32
特克斯和凯科斯群岛	23628	16100	46.76
乌拉圭	72583026	86206311	-15.80
委内瑞拉	82583110	129671023	-36.31
英属维尔京群岛	51788	73991	-30.01
圣其茨和尼维斯	140194	122824	14.14
荷属安地列斯群岛	570328	1000858	-43.02
拉丁美洲其他国家（地区）	1015	34766	-97.08
北美洲	**16600141381**	**15656611039**	**6.03**
加拿大	1698325340	1754657433	-3.21
美国	14901681634	13901872969	7.19
格陵兰		24677	-100.00
百慕大群岛	134407	55960	140.18
大洋洲	**2182070971**	**2169997745**	**0.56**
澳大利亚	1932604652	1936781496	-0.22
库克群岛	78109	2231363	-96.50
斐济	3492303	2329764	49.90
盖比群岛		28470	-100.00

（续表）

国家（地区）名称	2013 年出口值（美元）	2012 年出口值（美元）	增速（%）
瑙鲁		4105	-100.00
新喀里多尼亚	7500789	5542718	35.33
瓦努阿图	442665	624095	-29.07
新西兰	222016607	194428790	14.19
诺福克岛	30051		
巴布亚新几内亚	10394014	8549594	21.57
社会群岛	328896	166344	97.72
所罗门群岛	190613	192366	-0.91
汤加	676221	997121	-32.18
萨摩亚	601715	4379013	-86.26
基里巴斯	43510	2623293	-98.34
图瓦卢	26683	8239593	-99.68
密克罗尼西亚联邦	53687	12687	323.17
马绍尔群岛共和国	134902	33694	300.37
帕劳共和国	168747	80530	109.55
法属波利尼西亚	3221922	2533382	27.18
瓦利斯和浮图纳	16103		
大洋洲其他国家（地区）	48782	219327	-77.76

数据来源：中国轻工业信息中心。

全国篇

NATIONAL REPORT

2013年家具行业经济运行分析及2014年预测

中国家具协会　中国轻工业联合会

进入2013年后，家具行业面临的政策环境和外部条件发生了显著的变化，为了给经济转型升级创造条件，国家主动调整了宏观经济增速预期，给行业经济运行增加了不确定性。这种不确定性的主要影响因素是：宏观经济调整的时间节奏、宏观经济调整的幅度以及调整后的宏观经济增速合理区间的社会认同度。由此，行业进入了新一轮的转型调整期。

政策环境和外部条件变化的主要表现是：国家主动放缓了宏观经济增速预期，减少了刺激经济的手段和过度的人为干预，以便更好地发挥市场的调节作用；将“提质增效”作为经济工作目标，将转变经济增长方式摆在更加突出的位置；把改善民生作为经济工作的着力点和落脚点，释放改革红利，增加有效的市场需求。

纵观全年的运行情况，以下两个因素对家具行业发展起到了至关重要的作用：一是，国内居民消费持续扩大，在一定程度上弥补了投资拉动和国际市场需求的不足；二是，开拓国际新兴市场的努力取得了新的成效，新兴市场和自贸区贸易规模扩大，对出口的拉动作用显著。这种市场结构的变化，适应了宏观经济调整带来的机遇和挑战，反映了“扩内需、调结构、转方式”的内在要求。

2013年是全面深化改革的一年。党的十八届三中全会通过了《全面深化改革的若干重大问题的决定》，对深化改革的若干重大问题作了全面阐述，制定了深化改革的路线图，明确了任务目标。中央经济工作会议强调，要坚持稳中求进、改革创新的总基调，将转变经济增长方式摆在更加突出位置。

一、经济运行分析

2013年，家具行业为了较好地适应宏观经济调整带来的变化，在宏观经济增速放缓、国际市场需求不足的情况下，加快推进产业转型升级，较好地实现了发展速度与发展质量的统一。随着宏观经济调整的基本到位，调整压力得到有效释放，家具行业的经济运行质量全面回升，经济总量保持了较快的增长。

中轻家具景气指数是依托于中国轻工业经济运行及预测预警系统，以国家统计局、海关总署的动态数据为基础，利用一系列经济指标建立的统计分析模型，可反映家具行业经济运行状态，以供参考决策。

中国轻工业信息中心发布2013年12月

中轻家具景气指数。12 月，中轻家具景气指数为 95.15，其中：主营业务收入景气指数为 94.48，出口景气指数为 104.33，资产景气指数为 102.55，利润景气指数为 87.73（图 1）。

从中轻家具景气指数的全年走势来看，处于在“稳定”区间内的100基准线以下平缓运行。2 月 96.05 为全年最高值，3—6 月逐月微幅走低，7—9 月缓步回升，11 月暂时回落，12 月比 11 月回升了 0.10 个百分点（图 2）。

12 月，山西保持“过热”，由于青海、甘肃加入该区间，使得所属地区增至 3 个，占全国地区总数(下同)的 9.68%；随着河北、宁夏与云南从“稳定”转变为“渐冷”后，处于“稳定”区间的地区减少为 11 个，占全国的 35.48%；处于“渐冷”区间的地区虽然有上述 3 个地区加入，但同时因吉林和海南转变为“过冷”，导致该区间只有 4 个地区，占全国的 12.90%；有 12 个地区属于“过冷”区间，占全国的 38.71%，其中有 7 个地区低于 70（图 3）。

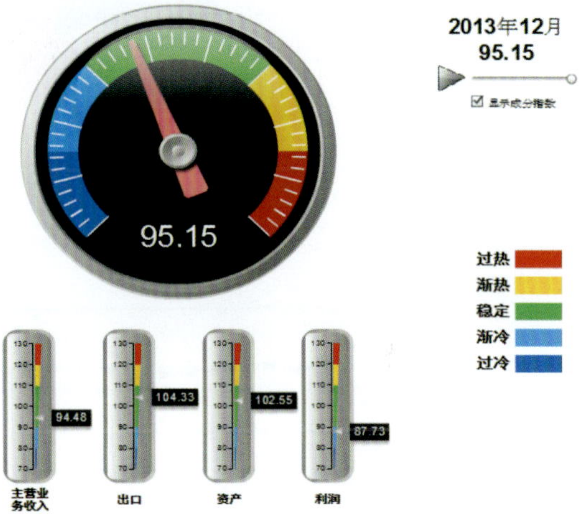

图 1　2013 年 12 月家具行业景气指数及分项指数显示状况

数据来源：中国轻工业经济运行及预测预警系统。

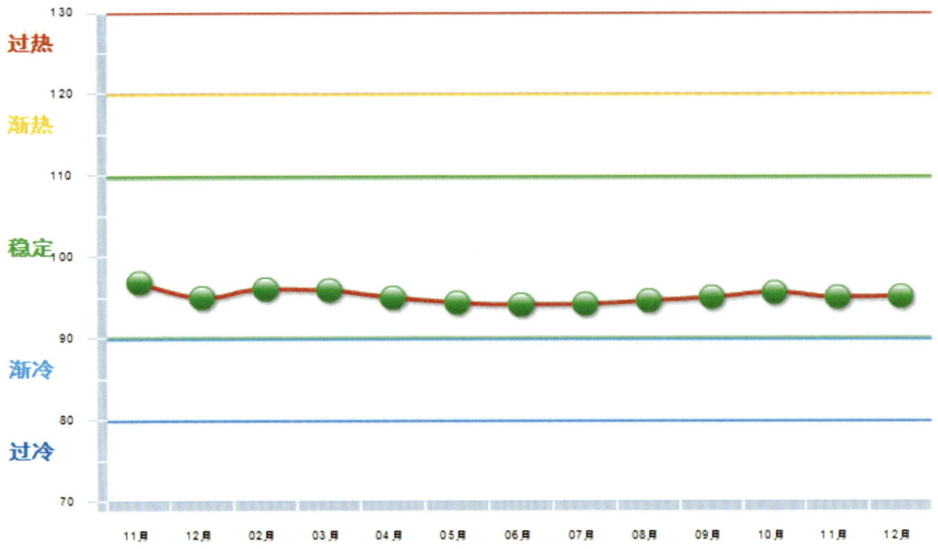

图 2　2012 年 11 月至 2013 年 12 月中轻家具行业景气指数变化态势

数据来源：中国轻工业经济运行及预测预警系统。

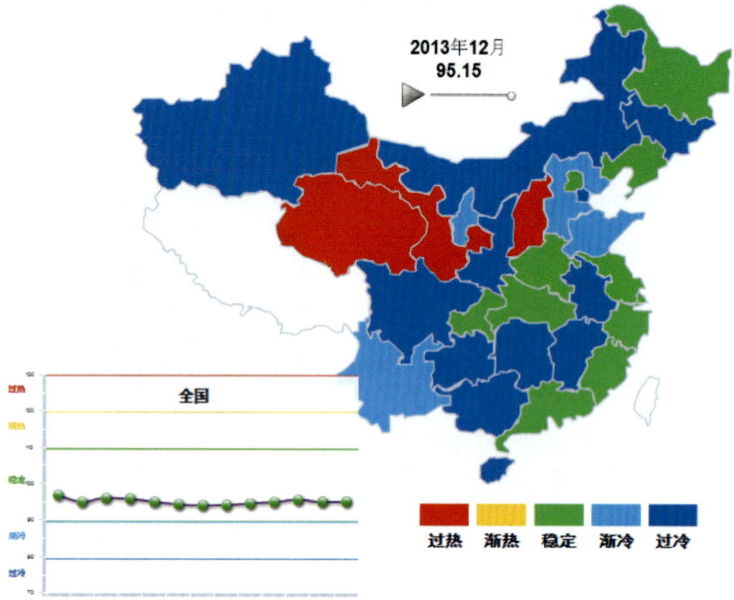

图 3　2013 年 12 月各地区家具景气指数显示状况

数据来源：中国轻工业经济运行及预测预警系统。

2013 年中国家具行业的发展从运行特征看，表现出以下四个特点：

（一）行业发展稳中求进，经济运行整体平稳

2013 年，家具行业规模以上企业 4716 个，累计完成主营业务收入 6462.75 亿元，同比增长 14.30%，高于轻工全行业 13.66% 的平均水平(表 1)。

伴随着国家宏观经济的调整，2013 年上半年家具行业的经济增速放缓，这种阶段性的趋势变化，是市场为适应宏观经济调整做出的必然反应。随着宏观经济调整基本到位，家具行业的运行质量全面回升，发展速度进入比较合理的区间。从家具行业的经济运行轨迹看，与全国工业经济运行走势相似，上半年工业增加值的月度增速呈震荡下行走势，下半年企稳回升后保持平稳发展的态势（图 4）。

（二）调整压力得到释放，发展环境有所改善

随着宏观经济调整的快速到位，调整压力得到释放，此轮宏观经济调整对家具行业的直接影响相对有限。2013 年，行业经济运行企稳向好，与调整后的宏观经济增速相适应的行业合理的发展速度初步形成，从全年经济运行走势分析，15% 左右是较为合理的增长区间。

发展环境有所改善的主要表现是：行业发展的基本面向好，民生工程、新型城镇化建设等政策导向更加清晰，发展前景更加明朗；市场在资源配置中起决定作用，政府对经济的人为干预减少，企业市场地位增强；发展混合所有制经济、自由贸易区建设、扩大内陆沿边开放、支持非公有制经济发展等一系列改革，为行业健康持续发展提供了制度保障。

表 1　近五年轻工全行业与家具行业主营业务收入变化

年 份	轻工全行业		家具行业	
	主营业务收入（亿元）	增速（%）	主营业务收入（亿元）	增速（%）
2009 年	92595.49	12.25	2911.00	10.71
2010 年	120245.75	30.39	3793.08	30.77
2011 年	160235.73	29.30	4992.30	25.71
2012 年	177202.23	15.43	5438.90	13.84
2013 年	203101.51	13.66	6462.75	14.30

注：（1）表中均为规模以上企业数据，2011 年起规模以上企业的统计标准变为年主营业务收入 2000 万元及以上全部工业法人企业。
（2）2009 年和 2010 年的数值均为当年 1—11 月的累计值。

数据来源：中国轻工业经济运行及预测预警系统。

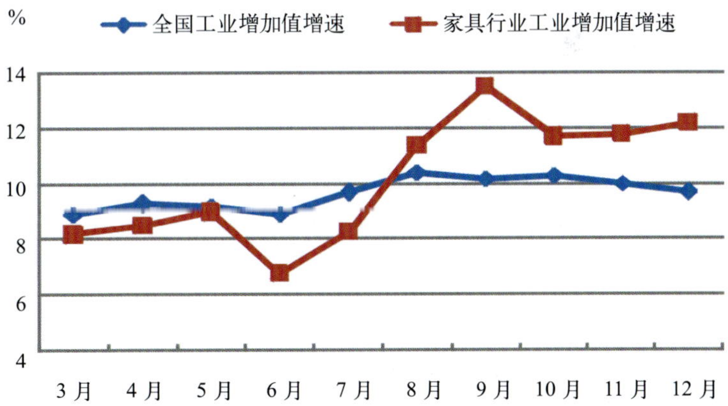

图 4　2013 年全国工业与家具行业月度工业增加值增速比较

注：表中数据均为规模以上企业扣除价格因素的实际增长率。

数据来源：国家统计局网站。

（三）效益实现同步增长，经营状况整体稳定

提质增效是产业转型升级、产业结构优化的必然要求。在产业规模保持合理适度增长的同时，效益指标得到改善，产业结构优化，产业集中度、劳动生产效率稳步提升。2013 年，家具行业经济运行反映出上述特点，主要表现为利润增速与主营业务收入增速基本持平（表 2），企业平均规模继续扩大，大中型企业主营业务收入占比增加，企业结构有所优化。

表 2　近五年家具行业规模以上企业效益变化

指标名称		2009 年	2010 年	2011 年	2012 年	2013 年
利润总额	金额（亿元）	127.32	186.08	289.42	344.66	403.88
	增速（%）	28.92	46.80	32.20	19.39	14.01
投资额	金额（亿元）	644.26	838.83	1192.33	1557.25	1948.79
	增速（%）	25.9	30.0	28.8	30.2	27.2
资产总计	金额（亿元）	2002.08	2440.21	2867.55	3278.95	4039.11
	增速（%）	12.31	23.46	23.50	13.71	16.85
亏损额	金额（亿元）	14.59	11.14	12.21	16.75	17.70
	增速（%）	-3.80	-19.96	66.71	19.74	13.10

注：（1）2011 年起规模以上企业的统计标准变为年主营业务收入 2000 万元及以上全部工业法人企业。
（2）2009 年和 2010 年的"利润总额"、"资产总计"和"亏损额"对应的数值均为当年 1 至 11 月的累计值。
（3）"投资额"在 2009 年和 2010 年为"行业城镇投资"，2011 年起为"固定资产投资（不含农户）"。

数据来源："中国轻工业经济运行及预测预警系统"和国家统计局网站。

（四）内需增长贡献突出，居民消费成为热点

2013 年，家具行业整体运行平稳，主要得益于国内消费带动。国家统计局数据显示，2013 年，家具行业规模以上企业的内销率达到了 76.51%，内需增长对新增主营业务收入的贡献率为 87.82%；限额以上企业（单位）商品累计零售额同比增长 12.7%，其中，家具类商品累计零售额增长 21.0%（表 3），远远超过汽车类 10.4%、家用电器和音像器材类 14.5% 的增长，家具类商品零售额增幅已经连续三年超过家用电器、汽车类商品，成为持续的市场消费热点。

表 3　2013 年限额以上企业（单位）家具类商品零售情况

月份	本月		累计	
	零售额（亿元）	增速（%）	零售额（亿元）	增速（%）
2 月	—	—	241.7	20.9
3 月	147.1	24.9	388.9	22.4
4 月	142.4	22.0	531.1	22.3
5 月	151.8	21.1	684.1	22.0
6 月	165.6	18.2	849.8	21.3
7 月	153.9	17.6	1002.8	20.7

（续表）

月份	本月		累计	
	零售额（亿元）	增速（%）	零售额（亿元）	增速（%）
8月	161.1	21.3	1164.4	20.8
9月	174.7	19.9	1340.2	20.6
10月	194.7	20.6	1534.6	20.6
11月	198.3	24.8	1733.0	21.1
12月	222.9	20.1	1957.5	21.0

注：表中增速均为未扣除价格的名义增速。

数据来源：国家统计局网站。

二、出口贸易分析

（一）市场格局有所优化，新兴市场成为亮点

2013年，全球经济仍处于脆弱的复苏阶段，消费需求不足，我国家具传统出口市场表现不佳。在市场倒逼机制的作用下，出口市场多元化的步伐加快，新兴市场及自贸区成为出口贸易的增长点。对东盟的出口占比连续五年超过日本，2013年达到了12.21%。

从出口市场国别和贸易额看，2013年，我国对美国、欧盟、日本三大传统市场累计出口277.53亿美元，同比增长2.02%，占出口总额的52.26%，比上年减少了2.20个百分点。新兴市场出口整体增速较快，其中对自贸区和金砖国家（除中国外）出口额117.67亿美元，同比增长27.17%，对新增出口值的贡献率达到79.86%，拉动全行业出口值增长5.03个百分点（表4）。

表4　2013年家具行业主要商品出口主要国际市场情况

主要国际市场		2013年出口值（亿美元）	2012年出口值（亿美元）	增速（%）	占比（%）
家具行业主要商品		531.01	499.53	6.30	100.00
传统市场	美国	149.02	139.02	7.19	28.06
	欧盟	100.18	105.31	-4.87	18.87
	日本	28.33	27.71	2.22	5.33

（续表）

主要国际市场		2013 年出口值（亿美元）	2012 年出口值（亿美元）	增速（%）	占比（%）
自贸区	中国—东盟	64.83	50.36	28.73	12.21
	中国—新加坡	16.68	12.17	37.05	3.14
	中国—巴基斯坦	0.39	0.27	45.99	0.07
	中国—新西兰	2.22	1.94	14.19	0.42
	中国—智利	2.33	2.98	-21.63	0.44
	中国—秘鲁	1.43	0.74	93.95	0.27
	中国—哥斯达黎加	0.21	0.21	3.19	0.04
	内地—港澳	18.69	9.62	94.28	3.52
	内地—台湾	3.10	2.64	17.42	0.58
	中国—冰岛	0.04	0.03	63.40	0.01
	中国—瑞士	0.48	0.64	-25.23	0.09
金砖国家（除中国外）		23.95	23.12	3.60	4.51
其他市场		135.81	134.96	0.63	25.58

数据来源：中国轻工业经济运行及预测预警系统。

（二）不确定性因素增加，外贸形势依旧严峻

从近两年家具行业月度出口情况对比看，2013 年月度出口额增速回落，共有 7 个月的增速为负，其中 5—9 月连续 5 个月出现负增长（图 5）。月度负增长的情况在近年也曾出现过，但都是在同比基数高增长的情况下发生，与今年的情况存在很大的不同。这种状况提供了以下启示：一是，外贸市场不确定性增加，增速放缓或将成为一种常态；二是，可开发的新增市场容量减少，未来国际市场竞争更加激烈；三是，传统竞争优势受到更多挑战，转变外贸发展方式的任务显得更加急迫。

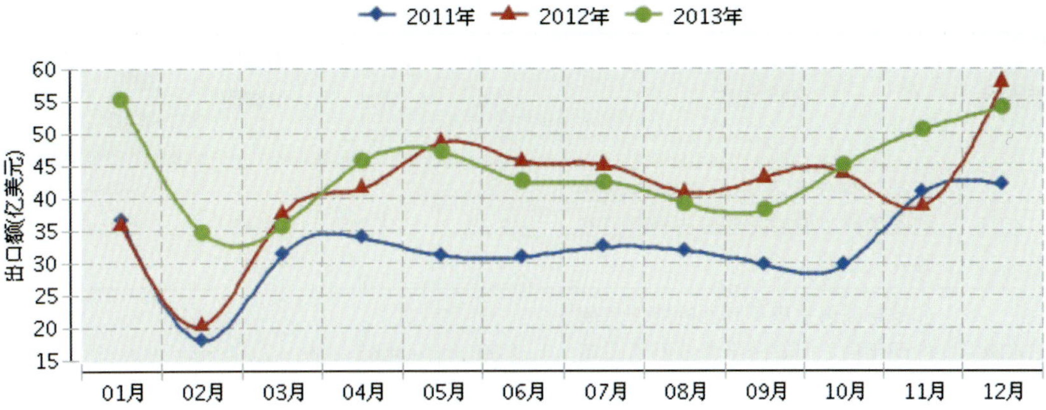

图 5　家具行业近三年月度出口值对比

数据来源：中国轻工业经济运行及预测预警系统。

（三）出口单价继续提升，盈利模式有所优化

出口商品单价提升，已经成为家具行业出口增长的主要实现形式。根据海关数据统计，近三年有 65% 的出口家具的单价逐年提升。2013 年，家具行业 40 种八位编码出口商品中，累计出口值为正增长的有 31 种，占 77.50%，其中有 9 种实现了 20% 以上的增长；累计出口量呈负增长的有 15 种，占 37.50%；量减价增的有 8 种，占 20.00%；量价齐跌的有 7 种，占 17.50%；出口单价提升的有 28 种，其中 15 种（占 28 种商品的 53.57%，下同）提价增幅在 0% ~ 10% 之间（不包括 10%），7 种（占 25.00%）在 10% ~ 20% 之间（不包括 20%），6 种（占 21.43%）在 20% 及以上，这些商品出口单价提升，对家具出口值增长的贡献率达到了 86.80%（表 5）。

表 5　2013 年家具行业八位编码商品出口量价情况

商品编号	商品名称	出口值增速（%）	出口量增速（%）	出口单价增速（%）	量价比较	出口单价增速幅度归类
94011000	飞机用坐具	-2.89	-9.20	6.95	◎	△
94012010	皮革或再生皮革制面的机动车辆用坐具	186.36	28.42	122.98		☆
94012090	非皮革或再生皮革制面的机动车辆用坐具	6.73	0.58	6.12		△
94013000	可调高度的转动坐具	5.84	0.86	4.94		△

（续表）

商品编号	商品名称	出口值增速（%）	出口量增速（%）	出口单价增速（%）	量价比较	出口单价增速幅度归类
94014010	皮革或再生皮革制面的能作床用的两用椅（但庭园坐具或野营设备除外）	-49.28	-44.00	-9.43	◎	↓
94014090	非皮革或再生皮革制面的能作床用的两用椅（但庭园坐具或野营设备除外）	1.60	4.65	-2.91		↓
94015100	竹制或藤制的坐具	-33.55	70.78	-61.09		↓
94015900	柳条及类似材料制的坐具	-63.08	-9.89	-59.02	◎	↓
94016110	皮革或再生皮革制面带软垫的木框架坐具	1.53	-2.55	4.19	◎	△
94016190	非皮革或再生皮革制面带软垫的木框架坐具	18.06	6.57	10.78		○
94016900	其他木框架坐具	12.58	1.45	10.97		○
94017110	皮革或再生皮革制面带软垫的金属框架坐具	15.90	18.07	-1.84		↓
94017190	非皮革或再生皮革制面带软垫的金属框架坐具	-2.82	0.85	-3.64		↓
94017900	其他金属框架坐具	1.64	1.09	0.54		△
94018010	石制的坐具	39.57	-9.70	54.57	◎	☆
94018090	其他未列名坐具	26.19	2.52	23.09		☆
94019011	机动车辆用座椅调角器	26.68	18.35	7.04		△
94019019	机动车辆用坐具的其他零件	8.81	7.29	1.41		△
94019090	非机动车辆用坐具的零件	4.96	3.33	1.57		△
94021010	理发用椅及其零件	26.10	0.12	25.94		☆
94021090	牙科用椅及其零件；理发用椅的类似椅及其零件	19.08	364.36	-74.36		↓
94029000	其他医用家具及其零件（如手术台、检查台、带机械装置的病床等）	9.05	12.61	-3.16		↓
94031000	办公室用金属家具	9.68	-6.64	17.48	◎	○
94032000	其他金属家具	4.77	2.92	1.80		△

（续表）

商品编号	商品名称	出口值增速（%）	出口量增速（%）	出口单价增速（%）	量价比较	出口单价增速幅度归类
94033000	办公室用木家具	4.52	1.38	3.10		△
94034000	厨房用木家具	16.89	11.50	4.83		△
94035010	卧室用红木家具	-63.60	-50.09	-27.07	◎	↓
94035091	卧室用漆木家具	-49.26	-40.52	-14.69	◎	↓
94035099	卧室用其他木家具	1.42	-7.37	9.49	◎	△
94036010	其他红木家具	6.94	-20.62	34.72	◎	☆
94036091	其他漆木家具	-14.31	-35.35	32.54	◎	☆
94036099	其他木家具	3.33	-1.64	5.06	◎	△
94037000	塑料家具	7.63	1.06	6.49		△
94038100	竹制或藤制家具	28.90	57.51	-18.17		↓
94038910	柳条及类似材料制家具	47.78	109.70	-29.53		↓
39263000	塑料制家具、车厢或类似品的附件	25.24	5.21	19.04		○
94038920	石制家具	-7.92	-17.85	12.08	◎	○
94038990	其他材料制家具	0.10	-6.14	6.65	◎	△
94039000	家具的零件	22.99	7.76	14.13		○
94041000	弹簧床垫	3.69	-6.11	10.44	◎	○

注：（1）◎表示量减价增的商品，◎表示量价齐跌的商品。
（2）↓表示出口单价负增长的商品，△表示出口单价提价幅度在0%～10%之间（不包括10%）的商品，○表示出口单价提价幅度在10%～20%之间（不包括20%）的商品，☆表示出口单价提价幅度在20%及以上的商品。

数据来源：根据“中国轻工业经济运行及预测预警系统”相关数据计算得出。

（四）外贸环境整体趋紧，传统竞争优势弱化

2013年，外贸环境整体趋紧表现在以下三个方面：一是，贸易保护措施有增无减。据英国智库“全球贸易预警（Global Trade Alert）”的统计，国际金融危机爆发以来，二十国集团成员出台的贸易限制措施中，近90%仍在实施。世界各国新出台了近300项以邻为壑的贸易措施。二是，贸易摩擦常态化和多样化的趋势更加明显。发达国家推行的木材采伐溯源制度，对木制家具出口产生影响。三是，以美国主导的自贸区谈判正在潜移默化地改变着贸易规则，打破现有的贸易格局，对未来出口的负面影响开始显现。

同时，受国内生产要素成本上涨、人民币

升值、融资成本增加等因素影响，家具出口的综合成本不断攀升，出口企业的利润空间遭到严重挤压，经营压力持续增加，部分订单流失，部分产能向周边国家转移。

三、区域经济分析

（一）东部家具行业发展分析

1. 行业发展现状

在我国家具产业版图上，东部的产业基础好，产业规模、质量效益、出口占比等方面都拥有举足轻重的地位，形成了珠三角、长三角、环渤海三大家具产业区，产区内产业集聚效应明显，是我国家具生产制造和出口的主要地区。2013年，东部家具行业规模以上企业3386个，占全国家具行业（下同）的71.80%；累计完成主营业务收入4515.74亿元，占69.87%；累计出口484.60亿美元，占91.26%；累计实现利润255.54亿元，占63.27%；累计资产总计2990.78亿元，占74.05%。

2. 发展环境分析

受区域市场容量、环境承载能力等条件的制约以及区域经济结构调整等因素的影响，近年来区域优势弱化，发展速度明显放缓。产业转型升级的任务艰巨。

从区域发展环境分析，东部地区仍具有明显区域优势，主要表现为：产业发展基础好，产业链完整；市场成熟，销售渠道和配套设施齐全；就原料和市场两头在外的企业而言，区域优势较内陆更加明显；东部地区实现的出口额占比超过九成，巩固东部地区在出口贸易中的地位，对巩固我国家具出口贸易大国地位具有战略性意义。

从区域发展环境分析，东部地区也暴露出劣势和不足。主要表现为：资源环境压力逐年增大，面临产业结构调整的冲击；劳动力等生产要素成本逐年增加，企业的盈利能力降低；出口市场需求不足，一些出口企业经营风险和市场转型风险加大；国内市场重心向内陆转移，地域市场优势逐渐弱化。

（二）中部家具行业发展分析

1. 行业发展概况

随着“中部崛起”战略的实施，依靠趋于比较优势，家具行业中部地区快速发展，成为东部产业梯度转移的重要承接地。外部企业和资本注入，改变了本土家具行业的构成，缩小了东部与中部的发展差距。区域内家具产业集群迅速崛起，促使企业从“小而散”向“聚而集”的方向发展，并且立足于本地和周边市场，最大限度地扩大本地市场占有份额，分享改革对地方经济发展带来的红利，推动行业步入了发展的黄金期。

中部家具行业发展后劲足，规模迅速扩大。2013年，规模以上企业的累计资产总计为649.72亿元，同比增长41.16%，是全国家具行业投资增长最快的区域；累计完成主营业务收入1310.81亿元，同比增长19.17%；累计实现利润100.46亿元，同比增长20.43%，基本实现了规模和效益的同步增长。

2. 发展环境分析

2012年，中部人口约占全国总人口的32%，GDP约占全国经济总量的25%，具备丰富的劳动力资源和巨大的潜在市场，属于产业凹地。

从区域发展环境分析，中部地区的区域优势主要表现为：地理位置优越，贯通南北、连接东西，交通运输便利，辐射面较广。尤其是国家规划的“三纵两横”城市群辖区，具有较好的投资潜力；在承接东部产业转移中，综合成本优势明显，国家统计局数据显示，2013年，中部地区家具行业规模以上企业平均主营业务收入利润率为7.66%，远高于东部地区5.66%的平均水平；国内家具市场重心向内陆转移，区域市场优势逐步显现。

从区域发展环境分析，中部地区也存在不足。主要表现为：行业发展基础不及东部。在发展过程中，部分地方政府在未多方调研的情况下，盲目上马家具园区和家具市场的建设，企业良莠不齐，产能的急剧扩大与市场需求之间的矛盾开始显现。

（三）西部家具行业发展分析

1. 行业发展概况

受地域和发展水平的限制，西部家具行业除四川外，其他地区的行业基础薄弱，企业规模小、布局分散、专业化程度低。2013年，西部规模以上家具企业396个，占全国家具行业总量（下同）的8.40%；累计完成主营业务收入636.14亿元，占9.84%；累计实现利润47.88亿元，占11.85%；上述两项指标的增速分别比中部同行业低了2.04个百分点和13.23个百分点。

2. 发展环境分析

从区域发展环境分析，西部地区产业基础薄弱，发展水平与东中部地区有较大的差距。区域市场相对封闭，不同地区、不同民族间文化特色鲜明，产品主要满足区域内市场需求。在西部大开发战略推动下，区域内家具行业的生产经营状况向好，盈利能力提升。随着内陆沿边开放、周边国家和区域基础设施互联互通建设的加快，以及丝绸之路经济带的推进，西部地区的区域优势将逐步显现。

四、国内家具市场分析

（一）家具市场规模

按照国家统计局相关数据，根据建立的数据模型，对规模以上及以下企业实现的国内销售额进行模拟推算，2013年度国内家具生产制造企业在国内实现的销售额为5300亿～5550亿元，国内家具市场总规模突破1万亿元，为10600亿～11100亿元。

（二）家具市场特征

近年来，国内家具市场的重心向内地转移的趋势十分明显，在消费品市场中，家具商品市场活跃，成为持续的消费热点。需求多样化、消费需求升级是家具市场的两大基本特征；健康、环保、时尚、个性化是发展主题。

形成了两大消费群体：一是，随着生活水平的提升，以家具更新为目标的消费群体；二是，以改善生活为目标的消费群体。两种消费群体不同的消费需求，消费结构变化决定了市场定位和销售方式更新。

从不同区域的市场特点看，东部沿海地区以消费升级带动而形成的市场规模持续扩大，购买意愿更多地表现为家具更新；中西部以改善型消费需求为目的消费群体仍然是市场主流，不同的区域反映出不同的消费特征，体现出消费需求的多样性。

国内家具市场结构基本形成，根据目标市场定位，构成了跨区域辐射市场、城市中心市场、专卖店等多层面覆盖，家具专卖市场、建材市场、品牌连锁等相互渗透、相互融合的多元化、网络化的市场格局。同时，电子商务的兴起，促进了新的营销模式的发展，店面与网络相结合成为一种趋势。主要表现出以下几个特征：

1. 各地流通市场急速扩容

据初步统计，全国家具市场约有7000多万平方米，面积在1万平方米以上的有3500多家。在河北香河、广东乐从、江苏蠡口和成都武侯等地，各种类型的家具卖场集中形成了区域品牌效应，构成了四大家具商贸之都。以香河为例，经历15年的发展，已建成30座单体家具城，总经营面积超过300万平方米，拥有1万多个品牌、7000多商家，成为仅次于乐从的北方最大家具集散地，2012—2013年度的交易额已达245亿元。

2. “泛家居”营销迅速崛起

泛家居的概念是经销商整合市场资源，打造更大的市场平台而推行的一种战略，用“家居”概念包容了更多地商品，淡化了传统专业市场的属性，促使原有的家具卖场向泛家居转型，形成了相互渗透、相互交融的局面。居然之家已在全国大中城市开设了69家分店，总营业面积达300万平方米，年销售额超过250亿元；红星美凯龙有128家分店，总营业面积达1000多万平方米，年销售额500多亿元。

3. 营销渠道呈多元化拓展

我国的家具营销多元化格局逐步成型，除去代理商、批发商、零售商以外，还有国际品牌专卖店、家具超市、综合性居室用品店、连锁店、自营店、旗舰店、网络销售等多种渠道并存，不同的营销渠道各具特色。

在市场渠道多元化发展的今天，店铺销售仍然是主流营销渠道，经销商与制造企业的分工格局短期内不会打破。随着市场竞争加剧，以及目标消费群体的定位细化，营销模式正在发生变化，形成能够满足不同消费层次的专业化市场。从长远来说，网络营销将是一种发展趋势，与传统营销相结合，线下体验、线上购物成为一种时尚的消费方式。

4. 展会经济助推行业发展

在家具市场营销渠道多层次、广覆盖的情况下，展会对活跃市场、促进流通等方面的作用仍然不可替代。展会功能与时俱进，在强化交易功能的基础上，产品展示功能、流行趋势发布功能、品牌宣传功能也大大提升，成为企业占领市场制高点不可或缺的阵地。

以中国国际家具展览会为例，该展会已跻身世界三大家具展之一，是为家具行业发展而打造的一个有效展示交易平台，成为中外参展商寻找和巩固合作伙伴关系、开拓新市场、推出新产品、建立品牌形象、收集市场讯息的舞台。不仅贸易功效越来越显著，而且逐步成为家居时尚的引领者。

五、产业竞争力综合评价

为了客观地评价家具产业竞争力的变化情况，我们将产业竞争力构成分为组织竞争力、市场竞争力和要素竞争力三大项，下设九个指标进行分析评价。按照建立的数据模型进行综合评价，可以得到以下结果（表6）：

综合评价结果比较客观地反映出家具行业产业竞争力状况和要素之间的变化情况，其评价结果完全符合家具行业的运行特点。如果对各项指标的评价值进行连续观察，更容易对竞争力要素变化对产业竞争力构成的影响做出分析和判断。

从综合评价结果看，家具行业产业竞争力整体上保持稳定，竞争力要素构成有所优化；反映行业经营状况、盈利能力、成长性的指标稳中有升，对保持产业竞争力起到了重要支撑和拉动作用。

表 6　2011 ~ 2013 年家具产业竞争力综合评价表

	2011 年	2012 年	2013 年	一级指标	2011 年	2012 年	2013 年	二级指标	2011 年	2012 年	2013 年
家具产业竞争力评价指数	103.78	98.90	98.56	B01 产业组织竞争力	40.00	38.01	39.95	C01 产业规模	41.08	36.89	38.76
								C02 产业集中度	19.11	18.99	21.31
								C03 劳动生产效率	39.82	39.14	39.80
				B02 产业市场竞争力	20.41	19.38	18.67	C04 国际市场竞争力	50.98	51.58	45.54
								C05 国内市场竞争力	51.06	45.34	47.82
				B03 产业要素竞争力	43.37	41.51	39.94	C06 价值能力	57.68	55.78	50.99
								C07 就业能力	10.17	9.99	9.97
								C08 融资能力	18.57	17.53	19.59
								C09 资产周转能力	22.00	20.47	19.29

数据来源：根据“中国轻工业经济运行及预测预警系统”相关数据，由数据模型计算得出。

从分项评价指标观察，在产业组织竞争力指标中，产业集中度指标的评价值高于前两年，对产业组织竞争力的提升作用显著。产业集中度指标反映了企业平均规模的变化情况，评价结果显示企业具有较好的成长性。在产业要素竞争力指标中，价值能力、融资能力、资金周转能力反映了企业经营状况和盈利能力，从评价结果看，产业要素竞争力指标基本保持稳定，其中融资能力稳中有升。

六、2014 年家具行业发展展望

（一）行业发展环境分析

2014 年是全面深化改革年。从宏观层面分析，党的十八届三中全会通过的《关于全面深化改革若干重大问题的决定》（以下简称“《决定》”），全面阐述了经济体制改革的方向和目标，制定了深化改革的路线图，在许多重大问题上实现了理论创新，对全面深化改革作了部署。中央经济工作会议强调，要坚持稳中求进、改革创新的总基调，宏观经济政策更加务实和稳健。国家大力推进的新型城镇化建设、新农村建设等民生工程为家具行业发展创造了更大的市场空间。行业发展的基本面向好。国际方面，发达国家经济复苏步伐加快，提高了全球经济增长的预期，有利于全球贸易的增长。从年初情况分析，影响外贸出口的不确定因素减少，贸易环境将有所改善。

《决定》释放出大量改革的信号，对家具行业和企业而言是重大利好。《决定》强调发挥市场在资源配置中的决定性作用，将更多的资源配置功能回归于市场，有利于营造公平竞争环境，强化企业的市场地位；有利于改善家具行业外部发展环境，扭转政府干预造成的投资过热的情况，使投资行为趋于理性，反映市场发展规律；有利于强化企业的市场主体、创新主体、经营主体地位，使资源向优质企业集中。

混合所有制经济的提出，突破了原有的一些政策盲区，为民营经济的发展以及多种经济成份之间的相互融合提供了政策和制度保障。

金融体制改革提升了民营企业、中小企业的市场地位，增加了中小企业的融资渠道，有利于从根本上解决融资难的问题。

加快自由贸易区建设，加快内陆沿边开放，为优化家具行业对外贸易区域结构布局，为中西部地区开拓周边国际市场创造了条件，赢得了商机；创新加工贸易模式，有利于推动内陆产业集群发展的体制机制创新，从而带动区域产业结构优化和产业转型升级。

2014 年，中央和地方将出台深化改革的配套的政策措施。要把握深化改革带来的机遇，寻找政策的对接点，分享改革红利，占领发展的制高点。

行业在迎来新的战略机遇的同时，也面临着巨大的挑战。发挥市场在资源配置中的决定性作用，只是减少政府的人为干预，更好地发挥市场这双“无形”手的作用，企业面临的市场环境没有改变，生产要素成本增加、环境治理压力加大、人民币升值等因素共同作用产生的负面影响仍将持续，并在一定程度上加剧。近期内，要关注煤、电、气、运等价格形成机制的改革对生产经营活动的影响。

从国家宏观政策导向看，将转变经济增长方式摆在了更加突出位置，反映了在执政理念和发展观上的重大变化。强调在处理速度与发展质量的关系上，不能把发展简单化为增加生产总值，要保持国内生产总值合理增长，推进结构调整，努力实现经济发展质量和效益得到提高又不会带来后遗症的速度。

以上论述，对于指导行业发展，科学评价行业发展现状，改善行业管理都有重要的指导作用。需要统筹发展速度与发展质量的关系，把健康和可持续发展作为目标，大力推进行业经济增长方式的转变。实现上述目标，重点考虑以下几个因素：一是，确定与国家宏观经济增速相适应的行业发展速度，保持与国家宏观经济合理、同步增长；二是，全行业的效益指标整体有所改善，力争在 2013 年利润与主营业务收入基本实现同步增长的基础上，盈利能力和水平有所提升；三是，大中型企业在全行业中的作用进一步加强，产业集中度提高市场地位加强；四是，转变外贸发展方式取得新进展，贸易方式、贸易区域结构、产品结构、盈利方式进一步优化。

（二）行业经济运行预测

1. 系统模拟运行趋势

根据中国轻工业经济运行及预测预警系统模拟的变化趋势（未考虑极端因素影响）可知，2014 年，家具行业规模以上企业（下同）的主营业务收入、利润总额，以及全行业出口值的运行轨迹与 2013 年相似，其中，主营业务收入与利润总额的运行高度超过 2013 年，继续呈现正增长趋势，而出口值的运行高度低于 2013 年，显示出负增长走势（图 6 ~图 8）。

2. 重要指标的预测

预计，2014 年家具行业规模以上企业将累计完成主营业务收入 7400 亿～ 7800 亿元左右，同比增长 15% ～ 20% 左右；实现利润总额 470 亿元左右，同比增长 15% 左右。出口贸易额 580 亿美元左右，同比增长 10% 左右。

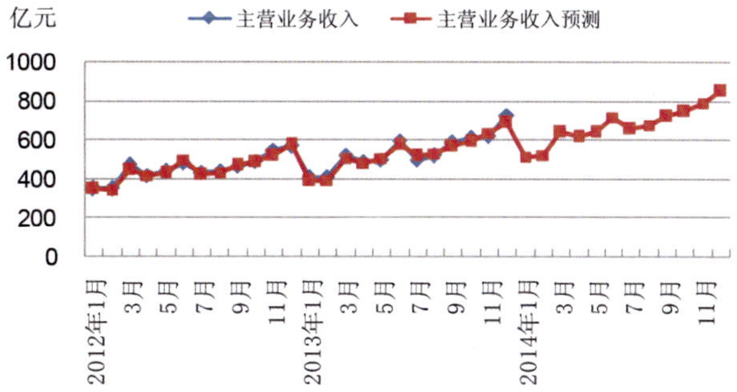

图 6　2014 年家具行业规模以上企业主营业务收入走势预测

数据来源：中国轻工业经济运行及预测预警系统。

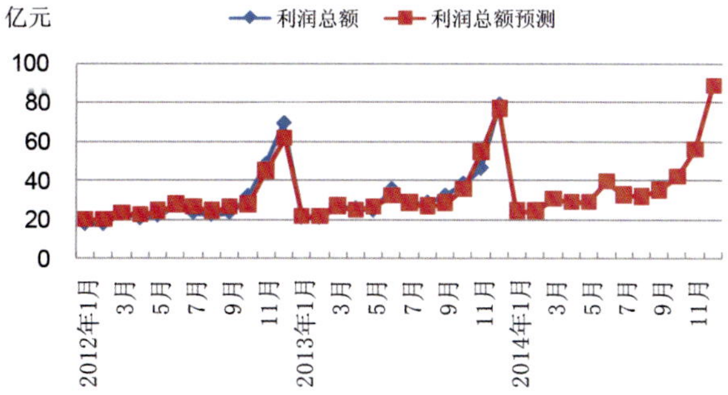

图 7　2014 年家具行业规模以上企业利润总额走势预测

数据来源：中国轻工业经济运行及预测预警系统。

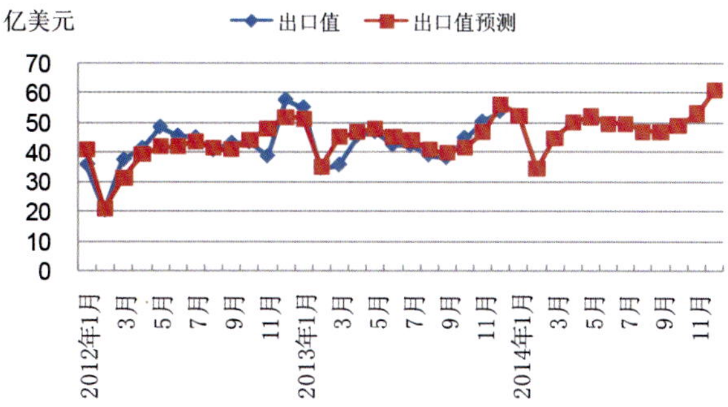

图 8　2014 年家具行业出口值走势预测

数据来源：中国轻工业经济运行及预测预警系统。

七、发展的政策建议

家具行业健康持续发展，离不开国家产业政策的支持。从行业面临的内外部环境看，发展环境整体趋紧的状况没有改变。主要表现为：产能过剩矛盾日益突出，市场无序竞争的状况难以改变；虽然企业融资难的状况有所缓解，但没有根本改变；受生产成本、人民币升值、国际市场需求放缓等综合因素的影响，传统竞争优势弱化，出口企业经营状况堪忧；木材进口受到出口国的贸易保护以及采伐许可等措施的制约，成为制约行业发展的瓶颈；美国主导的泛太平洋自贸区谈判进程对现有的区域贸易格局构成威胁，对出口产生重大影响。对此，提出以下政策建议：

（一）控制人民币升值速度，减小出口企业经营风险

2013 年，人民币升值的频率快、幅度高，对家具出口的影响突出。不仅加快了传统竞争优势的丧失，也加大了企业的经营风险。这种快节奏、大幅度的汇率调整超出了企业的承受能力，需要引起政府的重视。

（二）加大鼓励出口政策导向，保持出口贸易市场稳定

2012 年，商务部等十部委联合发布了《关于加快转变外贸发展方式的指导意见》，对加快外贸方式转变、扭转外贸出口下滑起到了积极的作用。需要加大鼓励出口政策导向力度，推进各项措施的贯彻落实。家具出口基地和重点出口企业在出口中占比大，加大出口基地建设和重点出口企业的扶持力度，对增加出口、巩固出口大国地位意义重大。

（三）建立“走出去”指导目录，加快“走出去”步伐

家具行业对进口木材的依赖程度高，国内红木家具的原料全部依靠进口。一些国家从保护本国资源出发，限制或禁止原木出口，对国内相关产业造成影响。要加快“走出去”步伐，在国外建立原料加工基地或生产基地，建议政府有关部门建立鼓励企业走出去的产品指导目录，政府与企业形成合力，并辅以必要的经济措施。

（四）加大传统产业政策扶持，继续改善融资环境

随着国内生产要素成本的不断提高，国内传统产业的经营环境趋紧，一些外资企业减小国内生产规模，开始将产能向国外转移。家具行业也面临类似的情况。建议采取税收优惠等措施，有选择地鼓励企业向国内内陆地区转移。企业普遍反映，困扰企业发展的融资难、融资贵的状况没有改变，需要继续改善企业融资环境，尤其要加大对出口企业的信贷支持。

地方篇

LOCAL AREA

北京市

一、行业概况

2013 年，北京家具行业呈现以下特点：

（一）稳中有升

北京市家具协会对 120 家重点企业进行统计，工业总产值达 170 亿元，同比增长 15.7%。预计全市 1465 家生产企业将完成工业总产值约为 380 亿元，同比增长达到 10%。

（二）注重环保

北京市家具企业积极响应国家及市政府有关环境保护的要求，如曲美集团一贯履行对社会及消费者的承诺，始终关注和重视生态保护和绿色品牌的建设，用低碳家居、绿色消费的方式来探索低碳模式下的发展之路，成为北京市乃至全国节能环保的一面旗帜。

（三）设计创新

在目前经营压力较大的情况下，北京市家具企业依然加大投入，以设计创新作为企业发展的驱动力，很好的诠释了北京家具的设计与品质，提升了“北京品牌”形象。在 2013 年的上海、广州、深圳家具展中，天坛、曲美、百强、黎明、爱依瑞斯、国林、京泰等企业获得组委会及专家组的好评并获得奖项。

（四）人才培养

更加注重专业人才引进与培养，以解决企业发展的瓶颈问题。家具产学研联盟第一期的“家具工程硕士班”，得到黎明、京泰、励致、

2013 年北京市家具行业发展情况汇总表

主要指标	2013 年	2012 年	同比增长（%）	2013 年占全国比重（%）	2012 年占全国比重（%）
企业数量（家）	103	82	25.61	2.18	1.86
工业总产值（万元）	1603814	1128330	42.14	2.48	2.01
出口值（万美元）	30000	24837	20.79	0.56	0.50
内销（万元）	1582700	1083830	46.03	2.47	2.18
家具产量（万件）	1258.4	1301.7	-3.33	1.90	1.93

统计范围：规模以上（即年主营业务收入 2000 万元及以上）全部工业法人企业。

九牧林氏、强力等企业的大力支持，已有6人通过国家统考，为行业、企业的发展注入了新鲜活力。

（五）红木家具

随着交趾黄檀、卢氏黑黄檀等红木家具原材料成为濒危物种后，北京市红木家具销售进一步升温，并存在经营面积不断扩大的趋势。如龙顺成、元亨利、九牧林氏、劲飞、宣明典居、金漆镶嵌、攀天红等专业红木家具企业均建立起珍藏馆，丰富了北京市的红木家具市场。

二、品牌发展及重点企业情况

（一）品牌发展

协会一贯注重行业内品牌的培育工作，积极引导企业利用自主品牌提升企业形象及核心竞争力。通过近几年的发展，涌现出一大批优秀企业，如天坛、曲美、百强、黎明、亿丰等。截至目前，北京市家具协会会员单位中有2家荣获“中国名牌”、5家荣获“中国驰名商标”、4家获得“北京名牌”、24家26个商标获得“北京市著名商标”。

（二）重点企业状况

1. 北京金隅天坛家具股份有限公司

北京金隅天坛家具股份有限公司，为北京家具行业首家“高新技术企业”，占地面积50余万平方米，员工2000余人，是国内唯一同时在A+H股上市的国有大型家具企业。公司一贯注重研发，设有产品研发中心和设计室两个专业研发机构，产品种类不断更新，引领行业发展。2013年，针对市场需求，开发出“简风逸品”、“简风尚品”等系列家具，公司销售额达8亿元。

2. 曲美家具集团股份有限公司

曲美家具集团股份有限公司现有职工3000多名，拥有4个家具生产基地，40万平方米的厂区规模，销售网络覆盖全国。拥有近600家专卖店，其中面积在3000平方米以上的独立专卖店有40余家。公司秉承“差异化品牌运营”理念，开创国内家具电商模式的先河。2013年，曲美集团设计的“豌豆公主”休闲椅、“涟漪”屏风获得国内工业设计的最高荣誉——“红星奖”，成为北京市家具企业产品、销售模式创新的典范。2013年，公司销售额超10亿元。

3. 北京黎明文仪家具有限公司

北京黎明文仪家具有限公司现有职工1400余人，厂区建筑面积15万平方米，为华北地

区最大的办公家具生产企业。产品涵盖办公、民用等领域，自 2005 年起，办公产品连续 9 年位于政府采购第一名。2013 年，黎明文仪进行转型升级，仅当年就投入 2000 多万元，引进先进的板式生产线、UV 线及中央除尘系统等，进一步提高了企业竞争力。目前，公司开始尝试网上销售模式，其“小尼宅配”实现了线上、线下的有机融合。2013 年，开发出“I 酷”、“Q”等系列产品，赢得用户的好评，其销售额已超 8 亿元。

三、存在问题

由于受到物流费用增加、国家环境治理力度加大等因素的影响，企业的经营环境发生了重大变化。主要表现在以下三方面：

（一）环保制约

作为国家的首都，北京市政府一直重视环保问题，特别是当前关于 PM2.5 的治理力度，不可避免地影响全市家具产业的发展。

（二）经营成本上升，利润总额下滑

用工、运营、物流等成本的增加缩小了企业的利润空间，特别是有些企业为大企业贴牌加工，缺乏自主品牌，产品议价能力不强，企业利润空间受制于人，企业获利降低等皆是不争的事实。

（三）人才短缺、创新不足

北京市家具企业数量众多，品牌众多，但真正的名牌产品，例如天坛、曲美、百强、亿丰等，能在全国有知名度的企业不多。大多数企业由于规模小，实力较弱，品牌意识不强，缺乏相应的人才支撑，造成创新能力不足，制约企业发展。

四、发展趋势

2014 年，北京市将进一步落实“空气行动计划”，特别是北京市家具行业的两项地方标准——家具行业清洁生产指标评价体系和污染物排放标准的制定和实施，将对行业提出更高的要求。北京市家具协会将继续发挥好服务职能，争取更多的话语权，引导行业健康发展，北京市家具行业发展方向及重点归纳如下：

（一）加强行业引导，推动行业的健康发展

积极响应北京市政府关于环境治理、清洁空气、节能减排等的要求，加快实现行业的“五提高两降低”目标，即：提高企业管理水平、提高研发创新能力、提高工业化生产水平、提高品牌知名度以及提高行业的劳动生产率。以清洁空气、节能减排为目标，降低能耗并杜绝污染环节；以提高企业利润为宗旨，降低企业经济运营成本。

（二）优化产业结构，实施清洁生产

引导为主，加强管理，让清洁生产在家具行业成为自觉行为。淘汰落后的生产能力、工艺装备，推广无毒、低排放的新技术，积极推进企业进行家具工艺改革，逐步过渡到UV、水性涂料涂饰工艺。

（三）保护本土家具特色，传承中华文明

中国传统家具属于工艺美术范畴，除满足人们使用功能外，也给人带来精神的追求和美的享受。应进一步加强人才培养、提升从业人员的技艺，提升创新能力。

（四）推进家具市场体系建设

为完善现有的以生产企业自销为主的家具流通市场，应提升专业家具销售公司的发展，发展多种家具流通模式，包括电子商务在家具流通的应用，逐步摸索符合我国市场经济发展的家具流通业态。

（五）适时建立“北京绿色家具产业园”

为解决目前家具企业零散、资源不能共享、产业链不足、不便于管理等问题，应引领企业向高附加值、高端的低碳绿色家具产品发展。并通过“政府搭台、协会运作、企业参与”的运作模式，全力打造集家具研发、制造、产品销售及仓储物流为一体的高端家具产业基地。

上海市

一、行业概况

根据对上海市规模以上家具企业的统计分析，2013 年，上海家具产业基本显示出与全国产业类似的曲线，但基本状况与全国领先省市相比略显严峻一些。2013 年，上海规模以上家具企业实现主营业务收入 264.04 亿元，同比增长 0.71%；实现出口 28.46 亿美元，同比增长 0.71%；实现利润总额 27.93 亿元，同比下降 0.11%。自下半年开始，上海家具行业感受到回暖的“春意”：从趋势来看，本市家具行业截至 2013 年末的全年主营业务收入、出口和利润总额的同比数，与第三季度末相比均实现了由负转正的逆转。随着红木原材料来源进一步受控，带来一股红木家具销售热潮，在房产市场刚需放量的带动下，本市家具业开始显露复苏的迹象。根据协会的不完全统计，2013 年办公宾馆家具业的增速要好于民用家具。

分类数据分析：2013 年，上海市家具产业年销量比较前一年增长 18.5%；其中办公酒店家具增幅较快约 23.3%；其他民用家具增幅为 10%。行业员工的工资平均提高 9.1%；各项管理费用也平均增加 6.3%，生产效率得到提高。其中，平均毛利率增长 17.1%；净利润提高到 5.15%，比上年增加 19.7%；年劳动生产率比上年提高 5% 左右。2013 年上海的民用家具总

2013 年上海市家具行业发展情况汇总表

主要指标	2013 年	2012 年	同比增长（%）	2013 年占全国比重（%）	2012 年占全国比重（%）
企业数量（家）	168	162	3.70	3.56	3.67
主营业务收入（亿元）	264.04	262.18	0.71	4.08	4.63
出口值（亿美元）	28.46	28.26	0.71	5.36	5.66
利润总额（亿元）	27.93	—	-0.11	—	—
家具产量（万件）	2248.15	2405.93	-6.56	3.45	3.56

统计范围：规模以上（即年主营业务收入 2000 万元及以上）全部工业法人企业。

销量在195亿元左右，比年初的预计要高出15个百分点左右。

根据上海市家具协会对上海部分规模较大、知名度较好的品牌生产企业的统计分析，2013年企业在利税、营业税及附加与上年度基本持平的情况下，原材料微涨（除红木外）0.1%，员工工资提高9.1%，人工占成本费用的比例增7.8%，平均管理费用增6.3%，但这些企业的平均毛利率和净利润率与上年同期相比分别有17.1%和19.7%的提升，人均劳动生产率达到46.80万元，也比上年提高了约5%。

二、行业发展分析

2013年是上海家具行业不平凡之年。行业发生了许多备受瞩目的大事件，以旧换新、双十一、大卖场签署“投名状”、卖场O2O全渠道发展、行业新规陆续出台、红木涨价惹关注、卖场纷纷扩张加速郊区布局、大家居格局开始呈现。

在行业群起纷争的博弈中，得益于上海房地产、保障房市场趋好，大都市的持续开发影响，2013年，上海家具市场平稳发展，形势好于前一年。

从近三年的情况来看，受宏观政策、经济环境影响和地域条件的制约，上海的家具产业在产出规模上保持基本平稳，未有明显扩张，但上海企业的盈利能力仍在全国保持较为领先的地位，这不仅得益于上海家具产品定位中高端、附加值高，另一方面也因为上海家具企业加强科学管理、降本增效和节能挖潜。

由于市场的再扩张及竞争的更激烈化，人工、材料、管理费用的持续增长等众所周知的原因，上海家具企业仍是在持续困难的情况下度过的。从管理中拿效益、加强科学管理、节能挖潜等深化管理理念已是企业共识，大品牌企业尤其大力推行。总体上反映，家具生产、销售情况比较上一年有较大幅度的增长。

三、规范行业树形象，协会确立为第一要务

面对市场过度竞争，行业市场规则受到严峻挑战的危机，协会没有放之任之，而是重新严格行业规则。协会坚定地维护着绝大多数企业、消费者的利益，努力斩正市场可能出偏的管理和服务功能。任何事物都有它的二重性，市场过度竞争的负面作用，也有益于行业产品质量、行业服务质量的提高。

2013年间，协会根据市场规律、针对新情况，再次发起了全面修订行业规则大行动。在骨干会员企业的支持和共同参与下，修订了“行业三包”“行业销售服务”“行业产品标识标注”三大规则。使得各项规则更合法、有据、公平、公正和有操作性。

为了提升行业服务质量，在尚无先例的情况下，协会年前便向市技监局提出申请，并尝试着手起草制定行业服务标准。2013年获得进展，经市技监局正式立案后，先后经市技监局组织初审、复审、专家评审、终审，将于2014年正式出台。定名为上海《家具经营服务规范》的标准，将是全国首个服务行业之外的地方性覆盖家具全行业的服务性标准。这将对于进一步提升上海家具行业整体服务形象和质量起着积极作用。

四、品牌发展及重点企业情况

2013年上海亚振家具股份有限公司荣获国

家工业和信息化部组织评选的工业品牌培育试点企业称号。上海市仅有14个工业品牌入选，而全国家具业仅有2家企业入选。试点的目的主要是指导一批实施品牌战略企业建立完善品牌培育管理体系，提高品牌培育的能力和绩效，引导更多的企业提升品牌培育科学化水平，探索有中国特色的工业品牌培育道路，为加快培育一批具有国际影响力的自主品牌奠定基础。亚振家具的品牌发展之路也为更多家具企业提供了很多借鉴和经验。

另外，近年来，上海家具市场还涌现了震旦、艺尊轩、爱舒、太亿、东明家具广场、曹家渡家具城等一大批上海市著名商标及上海名牌产品。上海是大型家具流通品牌的会集之地，红星美凯龙、月星家居、吉盛伟邦、建配龙等家具卖场，都将总部设在了上海。

五、协会工作内容

2013年行业协会启动了协会工作的评估活动。《上海家具》杂志也进行改版，杂志在行业优秀企业的宣传方面会更有力，指导企业管理、服务方面更加丰富。在年度“企业诚信评价”活动中，再次确立了红星美凯龙等16个商家、亚振家具公司等34个生产企业为行业标兵企业，在行业内树立典型，带动行业诚信规范再上一个台阶。

2013年上海市家具协会成立办公家具专业委员会。已经正常运转的红木家具专委会，正在发挥着它的凝聚力，不仅开发了《新闻晨报》“红木方圆”平台，还积极联络专业和大众媒体，弘扬红木家具文化，带动上海红木家具整体品牌的提升，以优质产品为消费者提供好服务。

强化社会责任意识、倡导生产经营方式转变、倡导资源节约、加速运用电子商务、扬“设计之都”之所长等一系列现代经济观念，是上海市家具协会下一阶段积极服务与探索的课题。

天津市

一、行业概况

改革开放以来，中国家具产业取得了前所未有的发展，尤其是自20世纪90年代以来，家具产业创造了持续高速发展的奇迹。天津市家具行业经过多年的发展，也实现了质的飞跃。虽然没有形成规模的产业集群，但是“津派”实木家具已经逐步发展为天津家具制造的标签。通过对天津市规模以上家具企业走访调研，估算2013年天津市家具生产企业完成工业总产值160亿元人民币，比去年同期增长9%，相比2012年5%的增值有了明显的增幅。出口值达40亿元人民币，从业人员上升至12万人，

二、行业主要特点

2013年，天津市家具企业最明显的标志就是企业加强了对自身品牌创新发展，更多的企业已走上注重品牌建设的发展之路。所谓品牌创新，实际是品牌建设创新，它涉及到从研发、设计到营销，再到售后的系列工程，既有物质载体的基础工作，又有文化精神层面的倾注和传播。品牌创新从行业转型升级的动力看，也是行业转型升级的根本动力，反应综合竞争力的强弱。天津市的家具品牌在国内驰名的并不多，由于濒临港口，外销市场方面也是贴牌加工居多，在国际市场的著名自主品牌几乎没有。越来越多的企业已经注意到，品牌创新是通向产业价值链最高端唯一的通道，是行业转型升级重要法宝。总之，产业转型升级的动力结构和品牌创新是一个不断完善进步的过程。加大研究、设计、品牌销售、渠道管理、售后服务等工作的分量，对制造业的产业链向“微笑曲线”附加值高的两端延伸具有重要意义。

目前，家具制造业已经成为轻工业中继食

2013年天津市家具行业发展情况汇总表

主要指标	2013年	2012年	同比增长（%）	2013年占全国比重（%）	2012年占全国比重（%）
企业数量（家）	70	68	2.94	1.48	1.54
主营业务收入（亿元）	87.19	76.04	14.67	1.35	1.34
家具产量（万件）	940.50	857.09	9.73	1.44	1.27

统计范围：规模以上（即年主营业务收入2000万元及以上）全部工业法人企业。

数据来源：中国轻工业信息中心。

品、服装、家电后的第四大产业。从家具行业的整体盈利能力来看，天津家具制造行业的主要盈利指标均呈增长趋势发展，总销售收入、利润总额增长幅度不大，增速缓慢。很多企业开始由“普通商品”向“定制商品”转型，更贴近客户，创造出增值产品及服务。也有工厂开始尽可能实现自动化，以获得最大的生产效率，提高劳动生产率。

融资问题将继续困扰中小企业。根据有关资料显示，中小企业所创造的最终产品和服务的价值占国内生产总值的60%左右，生产的商品占社会销售总额的60%，上缴的税收已经超过总额的一半，提供了全国80%左右的城镇就业岗位。包括民营企业在内的中小企业成为扩大就业的主渠道。提供了大约75%的城镇就业岗位，不仅安置了大量的城市下岗职工，还吸收了大批农村剩余劳动力，有效解决了农村剩余劳动力的转移和就业问题，缓解劳动力供求矛盾，从而保证了社会的稳定和经济的发展。中小企业正成为我国创新的主力军。中小企业，尤其是中小民营企业迅速发展的同时，也遇到很多问题。其中，资金紧张，融资渠道狭窄已成为制约中小企业发展的重要因素。中小企业融资渠道十分狭窄，除了少数大型知名企业，一般的中小企业融资能力都有限。从目前的情况来看，中小企业的资金主要靠自有资金和银行贷款。实际上中小企业从银行获得贷款也是十分困难的。中小企业尚未建立起外部市场融资体制，基本是内部融资，自我滚雪球式发展，致使企业很难形成规模生产。中小企业所面临的资金矛盾非常突出，许多有项目有盈利的企业由于难以筹措到必需的资金而不能最大规模地发挥其能力，这已经成为制约民营企业的重要“瓶颈”。要想促进中小企业、尤其是中小民营企业迅速发展，必须建立完善的融资体系，最根本的是建立起企业外部融资体制，即市场融资体制。

三、未来发展趋势分析

家具行业的发展与房地产业密切相关，房地产业的健康稳定发展决定着家具行业的良性循环发展。虽然在紧缩性宏观经济的影响下同比增速稍有回落，但是行业发展势头依然强劲，家具行业在房地产业的影响下将会不断调整，在调整中不断向前发展。

（一）房地产业作为国民经济体重的基础性产业将会带动家具行业不断调整升级

我国房地产业面临着政策调控的巨大压力，但是对于国家经济发展来说，房地产业将始终是带动力极强的重要基础性产业，而家具行业在整个房地产的产业链条中处于至关重要的环节。可以看到房地产行业健康稳定持续发展将会带动家具行业稳定发展。

（二）保障性住房建设政策利好促进家具行业发展

党中央和国务院对房地产行业的调控政策有保有压，一方面打压投机性的购房者，控制哄抬物价，另一方面提出了保障性住房建设的重大政策安排，在“十二五”规划中明确提出五年内完成城镇保障性安居工程建设3600万套，对房地产业和家具行业发出明确信号。保障性住房的建设对家具的需求量很大，如果建设3600万套保障性住房的目标顺利实现的话，对家具行业将是极大的利好。

（三）房地产行业的发展促进家具行业模式的转型升级

随着房地产业面临的巨大压力，开发商的利润空间逐渐紧缩。未来追求利润最大化、制造卖点、为消费者提供更多的增值服务，开发商逐步将装修装饰、整体家具配套环节引入进来，酒店式公寓楼盘开始走俏，导致房地产开发商对下游的装修材料及家具、家居用品进行统一批量的采购，这对现有的家居建材行业大卖场的模式带来挑战。致使家具行业将面临模式转型升级的考验，大型的信息化建设完善、物流体系健全的采购批发中心模式或将成为今后的发展方向。

（四）城镇化建设是房地产行业和家具行业发展的持续动力

城镇化发展在社会主义建设中将发挥重要作用，“十二五”规划中的一项经济社会发展的主要目标是“城镇化率提高四个百分点，城乡区域发展的协调性进一步增强”，第六次全国人口普查，全国城镇化率为城镇人口首次超过农村人口数的局面，五年内将有近6000万人进入城镇。随着城镇化的不断深化发展，对于住房的需求量巨大，同时生活水平的不断提高，人们进入城镇购置不同于农村老宅的家具用品势在必行，对于房地产行业和家具行业发展必将起到强有力的促进作用。因此，家具行业的前景仍然无比光明，未来的发展空间仍然十分广阔。在广大企业、企业家以及业界同仁们矢志不移的共同努力下，我国家具行业必将完成它的再次革命，乘改革开放科学发展之长风，实现新的跨越。

重庆市

一、行业概况

2013年12月17日，重庆市家具行业协会换届大会暨2013年年会选出了新一届领导团队。重庆市家具行业在新任领导班子的管理下秩序井然、蓬勃发展。

12月16日，市统计局发布的“重庆市批发和零售业行业竞争力研究”显示，在零售业行业竞争力排行榜上，家具零售业位居榜首。市统计局相关负责人表示，房地产产业的发展和城镇化进程加快，带动了家具零售业的发展壮大。据不完全统计，渝派家具企业已有2000多家，年产值60亿元，年出口800多万美元。

二、品牌发展及重点企业情况

（一）流通市场发展情况

近年来，不仅外来的红星美凯龙、居然之家看好庞大的重庆家具消费市场，本地企业如聚信美·家居世纪城、名家汇家具奥特莱斯、西部建材城红木一条街三者快速撑起北部家具消费市场，红星美凯龙二郎店、居然之家二店、美每家等亦将凸显西部家具消费商圈，从而为渝派家具的快速崛起提供良好的平台。

（二）重庆市定制家具行业“巡检”结果出炉

由重庆市橱柜协会、重庆市家具行业协会

2013年重庆市家具行业发展情况汇总表

主要指标	2013年	2012年	同比增长（%）	2013年占全国比重（%）	2012年占全国比重（%）
企业数量（家）	2900	2400	5	—	—
主营业务收入（亿元）	89.9	65.1	38.3	1.39	1.15
出口值（亿美元）	4.03	12.5	-67.82	0.76	2.50
家具产量（万件）	476.8	424.6	16%	0.88	0.58

统计范围：除“企业数量”外，其他数据统计范围均为规模以上（即年主营业务收入2000万元及以上）全部工业法人企业。

定制家具分会、重庆市工商联(总商会)橱柜商会于11月2日联合启动的“重庆市橱柜、定制家具行业2013巡检活动”于12月15日结束，21家企业(品牌)分别获得定制家具行业明星企业、放心选购品牌、优秀供应商。

在会员自报、秘书处考核、专家组成员评定的基础上，通过对重庆市卖场内定制家具品牌各大门店经营资质、销售合同、产品说明书等情况进行重点巡检，定制家具分会共评出顶固衣柜、澳威定制家居、索菲亚衣柜、纽莱福定制家具、玛格定制家具、万佳·菲舍尔、家由莱7家定制家具行业明星企业；科凡家居、维意定制家具、冠特丹麦风情、联邦·高登壁柜、卡喏亚衣柜、好莱客衣柜、辛普森全屋定制、屋之巧衣柜、依威衣柜、欧蒙特10个定制家具行业放心选购品牌；荣生板材、永进木业、克诺斯邦板材、博美五金4家定制家具行业优秀供应商。

(三)重庆国际家具展情况

在整个家具行业处在转型蜕变的大环境下，2013年重庆国际家具展于2013年11月22日至24日在重庆展览中心隆重举行。展会汇聚了行业内最新产品、创新理念、设计潮流及行业发展的最新趋势。

三、行业发展情况

与沿海地区相比，渝派家具还有诸多的问题和不小的差距。比如，重庆的办公家具制造水平虽然已经达到甚至超越广东，但由于品牌意识不强，缺乏整体包装，渝派办公家具不为人所知。对此，重庆市家具行业协会主张企业抱团创品牌，并组织企业到我国家具业前沿如广东、江苏、上海等沿海一带进行考察学习，让企业家开阔视野，为渝派家具冲出重庆做好准备。新当选的重庆市行业协会会长曹选利则认为，面对新的形势，渝派家具企业要有长远的战略眼光和敢于开拓的精神，应该加快产品更新，实现自动化和数字化的设备升级，抱团营销开拓市场，打造重庆家具产业园，实现重庆家具的集群发展。同时，积极着力重庆家具行业人力资源开发，与相关高校和培训机构合作，进行家具行业人才培养培训，让优秀人才走进重庆家具行业，为重庆家具行业持续发展提供恒久的动力。

四、存在问题及展望

由于重庆没有规模性的家具产业园，极大影响了重庆家具的发展。用工难、好工人难求也对重庆家具有一定的影响。

近年来，随着重庆楼市价格不断上涨，也带动了相关附属产业的快速发展。作为楼市下游产业，家具行业受房地产行业的影响尤其明显，而重庆经济的飞速发展加上越发良好的投资环境，本地家具行业也成为新的热门。目前，较多国际国内品牌家具相继进入重庆，“三北”已经成为家具汇聚重庆的重要集结地。近年来重庆经济的发展，促进了本地家具行业的发展，家具行业市场潜力巨大，购房的热潮必将带动重庆家具行业的发展。同时，重庆人的消费观也在逐步升级，设计、艺术、文化等开始成为消费的新元素，对于绿色环保健康的家具用品需求颇高，追求精致生活的潮流引导整个家具市场，便利性也成为现代购物第一需求。

河北省

一、行业概况

见表。

二、品牌发展及重点企业情况

在市场竞争激烈的情况下，2013 年河北家具企业继续蓬勃发展：

蓝鸟家具在建厂 60 周年的辉煌时刻，新建了两处现代化厂房，扩大生产，并将原址规划为大型卖场。

河北东明国际家具博览公司继续保持迅猛发展势头，在卖场竞争日趋白热化之际，在石家庄市区新增北二环中华店、西二环北杜店、东二环 B 座（建材馆）三家大型卖场，此举在河北家具业内引发巨大反响。

依丽兰家具不仅在 2013 年实现了软体、板式、实木等全品系家具的生产，在拓展市场方面还开启了“千城万店”大幕，其全品系旗舰店在山西、河南、河北、山东、辽宁、新疆乌鲁木齐等多地开设，并取得不俗的业绩，在省家具协会的帮助支持下，与意大利米兰的国际设计大师签约合作。

顺心家具新厂厂区建设完毕投入使用，上品工坊胡桃楸木系列新产品投放市场；喜德来家具继续开拓外埠市场，并投巨资引进了德国豪迈先进生产设备。

2013 年河北省家具行业发展情况汇总

主要指标	2013 年	2012 年	同比增长（%）	2013 年占全国比重（%）	2012 年占全国比重（%）
企业数量（家）	5300	5500	0	—	—
工业总产值（亿元）	510	450	13.3	—	—
出口值（亿美元；石家庄海关数字）	5.9	5.026	17.4	1.63	1.44
内销（亿元）	460	410	12.9	—	—
规模以上企业家具产量（亿件）	1.2832	1.12265	14.3	1.5	1.26

米氏集团泛家居产业电子商务综合示范区——“米氏家天下”项目，一期建设即将结束，即将开始招商运营。

红星美凯龙2013年在河北省继续遍地开花，廊坊店、保定店、邢台店等开张营业，石家庄第三家（古城店）正在加紧筹备中。

香河家具城、胜芳国际家具博览城、正定家具市场等家具商贸聚集地区，2013年保持良好发展势头，三地举办的春秋季大型采购节等活动均取得很大成功。

涞水古典家具生产聚集区，在河北省家具协会和当地政府引导下，日益重视品牌的作用，正在积极努力扩大地域特色产品的影响力。

除此之外，一些具有强烈开拓进取意识的中小企业脱颖而出，如双李、康氏贵族、皇榜、亿森等，从产品到市场均做得有声有色。几个别具特色的大型项目开始建设、招商，如行唐国际家具产业园区、邢台华北城等，在业内产生了很大影响。

三、存在的问题

面对持续不减的市场压力，生产企业、卖场、经销商等都遇到不少困难。生产企业同质化竞争的局面仍未有明显改变，企业的自主研发能力普遍不高，一些企业研发家具新品，往往要找深圳等地设计公司，不仅价格不菲，而且有很多产品经不起市场检验，本地家具设计研发市场有待成熟，相关的研发机构尚不能熟练地与企业意图相契合。另外，在卖场高度饱和情况下，新的卖场仍在层出不穷，为了招商，很多卖场的入驻门槛逐渐下降，经销商利润率持续走低，营销方式缺乏新意，历经多年的“爆破”等方式已显得陈旧、老套。

四、发展趋势

2013年，很多河北家具企业通过不同方式悄然迈入电商之路。在怀特等一些大型卖场中，已经有不少“淘宝”家具店面，供线上买家在线下实地体验；很多正定的床头门扇生产厂家，在淘宝上开店，销量可观；一些大型卖场纷纷在网上开店，如米氏“爱绿居”、三才正定家具市场等；也有专业线上购销平台为厂、商、消费者搭起桥梁，如石家庄“家立方”家具网。总之，家具电商之路在2013年不再是“走近”家具企业，而是切切实实地“走进”家具企业。家具电商之路空间巨大，今后定会对行业产生持续、深远的影响。

另外，致力于定制家具以及软装硬装一站式服务的家居企业也逐渐增多，如石家庄尚·上座、臻慕等企业。相信在个性化要求逐渐提高的时代背景下，会有更多的企业仿效和尝试。

五、2013河北家具行业大事记

（一）成功举办博览会，组织企业考察学习

2013年，河北省家具协会成功举办了第二届石家庄国际家具博览会（5月）、第三届北方木工机械及家具材料博览会（10月），第二届中国香河国际家居文化节、三才正定家具市场春秋两季交易博览会、胜芳家具博览会等。协会还组织省内企业到欧洲考察米兰家具展及家具市场，多次组织经销商和生产企业到山西、香河、胜芳等地考察。

（二）组织院企交流合作，提升本土自主研发力

为了提升河北省内企业的自主研发能力，协会与燕山大学设计与艺术学院签订战略合作协议，在石家庄市、正定、胜芳等组织了多次家具设计专题讲座或高端论坛。

邀请意大利米兰理工大学设计专家到石家庄，利用省家具协会第四届三次理事会之机举办“意风来袭——米兰 VS 燕赵高端对话”，与企业深度交流，并促成了部分企业与意大利专家的签约合作。组织引导企业参加河北省首届工业设计评奖活动。

（三）服务重点项目建设，配合政府工作

为了顺利承接北京产业转移，河北省家具协会配合省工信厅等部门做了大量工作。河北省家具协会帮助行唐国际家具产业园区、邢台华北城等项目筹办大型推介活动，广邀嘉宾、企业家参加。在行唐产业园区活动中还专门召开各地行业嘉宾参加的座谈会，与当地政府部门共同探讨产业园的规划和建设，同时还邀请了南京林业大学教授为企业做了“生产企业生产线布局和提高生产效率”专题讲座。

山西省

一、行业概况

2013年，山西家具市场竞争激烈，各家具企业争市场、抢份额、求生存。由于楼市调控、原材料涨价、生产成本增加、通货膨胀等因素，多数企业业绩下滑，库存积压、企业利润严重缩水。山西家具行业呈大幅下滑趋势，“求生存”是2013年山西家具行业的主题。

2013年全省约130家生产企业，规模以上企业13家，实现产值约7.9亿元，同比增长约5%。

二、行业活动及重点企业概况

（一）行业活动

2013年，按照《山西省人民政府工作报告》中“扩大有效消费需求，培育新的消费增长点”的要求，由山西省商务厅、省住建厅等单位主办，山西家具行业协会、山西福润家俱有限公司、山西黎氏阁家具广场有限公司共同承办的“幸福暖家惠民活动”及“幸福暖家工厂行活动”，于2013年7月6日—8月6日在全省范围内开展。

惠民活动优惠对象为山西省范围内已获得包括廉租住房（含货币化补贴）、公共租赁住房、

2013年山西省家具行业发展情况汇总表

主要指标	2013年	2012年	同比增长（%）	2013年占全国比重（%）	2012年占全国比重（%）
规模以上企业数量（家）	5	5	—	0.11	0.13
工业总产值（万元）	86560	85802.3	2.94	—	0.15
出口值（万美元）	1507.71	9190.30	-83.59	0.03	0.18
内销（万元）	79600	75238	5	—	—
规模以上企业家具产量（万件）	3.78	3.12	21.08	0.0058	0.0046

经济适用住房、限价商品房和棚户区改造安置住房等住房保障的家庭及已确定为保障对象的轮候家庭。我省品牌企业生产的家具、建材类产品，在已优惠价格的基础上再进行优惠。

此项惠民活动，以关注民生、让利于民，推动山西品牌为目的。确保我省120万套保障性住房家庭购买家具建材得到实惠，推动我省家具行业持续健康发展。

（二）重点企业概况

山西福润家俱有限公司是山西省唯一获“中国驰名商标”的集实木家具研发、设计、生产、销售于一体的家具制造企业。占地120亩，技术工人410人，年产值约2.1亿元。

山西锦言斋实业有限公司是一家集设计、开发、生产、销售于一体的古典家具生产企业，是晋作传统家具的代表，是典型的晋作家具企业，在传统家具中占有重要地位。

其余较好的企业还有山西猫王家具实业有限公司、太原九品家具有限公司、山西华月家具有限公司、太原富丽达木业有限公司、山西昕亮木业有限公司、山西孟氏实业有限公司、太原舒乐沙发制造厂、太原金余家具有限公司等。

三、存在的问题及未来发展思路

山西家具产业由上世纪80年代初开始起步，由一批个体和私企发展至今，不论是经销和自产都有了一定的发展和规模。但是，无论如何发展，由于技术、资金、设备、管理和专业人才及环境的约束，始终没有较大起色，在整体行业中的比重和影响都不足，原因有以下几方面：

（一）企业发展到一定水平，由于决策者的方式方法不得当、管理水平有限，约束和阻碍了企业更高发展的水平和速度。

（二）本地生产企业数量和规模有限，导致政府政策倾斜和扶持力度有限。

（三）市场的无序发展及劣质产品的冲击，也严重影响了本地企业的发展。

今后，山西省家具协会将加大对行业的正确引导和宣传力度，积极主动参与到企业发展和创新的工作中去，为会员、为企业解困解忧。创新和挖掘新的思路。加大企业与院校、专业团队中技术人才和专业人才的合作。

内蒙古自治区

一、行业概况

2013 年 3 月 19 日，内蒙古自治区政府，就深入学习贯彻党的十八大精神和全国两会精神，提出了以“八个发展定位”“三个着力”“三个更加注重”“七项重点工作”为主体的“8337”发展思路。“8337”发展思路是内蒙古各行各业当前和今后一个时期发展的目标方向和重要遵循。2013 年，内蒙古家具行业所有人员积极贯彻“8337”发展思路，在面对着家具市场竞争激烈日趋加速的情况下，寻求新的办法，在销售困境中寻求新的提升销售业绩之路是内蒙古家具行业的一个工作重点。

二、行业发展及重点企业情况

（一）行业发展

2013 年，内蒙古家具行业的品牌发展也随着自治区的经济发展蓬勃发展。

首先，在生产方面，逐步改变了以往家具产业以家具零售为主线的发展模式，一些有实力和远见的企业家正在着力利用内蒙古的林业优势和依靠俄罗斯、蒙古和欧洲的外贸进出口优势，在内蒙古投资建厂，进行半成品加工或成品生产，以此带动自治区的工业发展和家具品牌建立。例如，位于呼和浩特市的内蒙古华锐肯特家具有限公司实施产供销一体化的品牌生产营销新思路，使公司迅猛发展。

其次，在家具零售业上，区外品牌家具企业，比如红星美凯龙、居然之家、金盛等在自

2013 年内蒙古自治区家具行业发展情况汇总表

主要指标	2013 年	2012 年	同比增长（%）	2013 年占全国比重（%）	2012 年占全国比重（%）
企业数量（家）	10	11	-9.09	0.21	0.25
出口值（万美元）	1698	1588	6.91	0.032	0.032
家具产量（万件）	87.3	95.7	-8.85	0.13	0.14

统计范围：规模以上（即年主营业务收入 2000 万元及以上）全部工业法人企业。

治区各盟市大量投资入驻、扩大规模，对于整个内蒙古家具行业经营管理、企划营销水平整体提升是一个促进，也给内蒙古家具行业带来了一些新观念、新思想，同时对于内蒙古家具零售本土品牌企业也是一个学习提升和更好利用本土化的人脉、地理资源优势及营销客源优势进行进一步发展的好机会。比如呼和浩特市的内蒙古金锐家具有限公司、包头市深港家具有限责任公司、内蒙古华锐肯特家具有限公司、内蒙古美林实业集团有限公司、内蒙古呼和浩特市祥盛雅居家具连锁有限公司、呼和浩特市至尚家居有限责任公司、内蒙古多多乐家具销售有限公司等就是本土品牌零售家具企业依托优势、创新品牌发展的好典型。

在家具企业自身品牌发展的同时，当地各级党委、政府对于依托相关优势，以带动发展家具行业的思想提出新的规划和有力支持，使内蒙古家具产业蓬勃发展。

2013 年区内家具市场为了拓展新的销售思路、提升销售业绩，进行了家具文化和家具产品“走进小区”和“走进旗县”的推广和宣传活动，在推广活动中，有重点的进行区域划分，首先用电话营销的通知方法联系有效和潜在客户，其次进行人工推广，进行家具文化和家具产品的小区重点推广，其次和家装公司合作给消费者提供专业化的装修服务，与建材商、电器商合作给顾客以联盟形式的优惠服务，通过这些活动，让各家具企业都不同程度的提升了销售业绩、吸引了一些潜在顾客的购买。

（二）重点企业介绍

1. 内蒙古金锐家具有限公司

内蒙古金锐家具有限公司是内蒙古家具行业的典范，公司成立于 1997 年，是一家专业化的家具大型营销企业，公司在内蒙古自治区呼和浩特市、包头市下设多家大型家具名品商场。

2013 年，内蒙古金锐家具有限公司董事会年初就根据公司实际情况，研究制定了详细的经营管理计划，积极调整经营管理方向和重点，管理上进行了一系列的机制改革，在经营上，公司董事会和所有金锐员工总在为商户提升业绩和带来更多客流量想办法、做活动。

2. 包头市深港家具有限责任公司

2013 年 6 月，深港家具公司与包头广播电视产业经营中心共同成功举办史无前例的“深港家具 · 包头首届家居建材婚庆博览会”；5 月成立深港商学院；荣膺第三届包头百姓最满意品牌称号。

3. 内蒙古华锐肯特家具有限公司

内蒙古华锐肯特家具有限公司成立于 2003 年，是内蒙古最大的一家集研制、开发、生产、销售为一体的家具企业。公司拥有总资产 1900932.46 元，年销售 3 亿多元的全国知名家具生产销售企业。2013 年公司在香河设立 10000 平方米红木体验馆，单店占地投资额全国第一；天津设红木家具体验馆，占地 1000 平方米，年销售额 2000 万元，利润 300 万元；呼和浩特设办

公家具公司三个，占地4000平方米，年销售额5000万元，年利润700万元。

4. 内蒙古美林实业集团有限公司

内蒙古美林实业集团有限公司，始建于1996年，现有职工370余人，总资产超过3亿元。2013年公司实现销售收入3亿元。2013年集团公司投资兴建了美林工业园，总占地面积104546平方米，总建筑面积约115000平方米，具备配套年产10万套家具产品的生产能力，建设周期为2年。该工业园区建成后，预计年销售额可达5亿元左右，新增就业岗位600人，预计年利税可达7500万元。

5. 呼和浩特市至尚家居有限责任公司

至尚家居有限责任公司是一家集家具、家居、壁纸、木门等销售、安装为一体的企业。公司成立于2002年，由开始的一个店面发展成为今天在呼和浩特市地区拥有20多个店面，也由原来的呼和浩特市一个城市发展至银川、包头等多个城市，员工也发展为200多人。公司极倡导整体家居概念，提供个性设计配套解决方案，以独特的设计风格和品位，在业界赢得了极高的声誉。

6. 内蒙古多多乐家具销售有限公司

内蒙古多多乐家具销售有限公司2012年在呼和浩特市联合了12家家具建材品牌商成立了大牌联盟，将家具建材商团结起来，抱团取暖。经过9场惠民活动创造了上万“单”的业绩，服务了1万个家庭，实现了1亿的销售额。

三、存在问题

目前家具市场竞争激烈，应建立一个专门扶持家具企业的全国公共平台，可提供融资、生产厂家、经销商和商场招商联系、市场营销、活动策划等有利于中国家具市场发展的平台，实现资源共享。

四、发展趋势

根据家具市场的发展趋势，内蒙古家具行业将更多关注经济适用房和廉租房的成套家具的开发、研制和制作销售，满足环保、简洁、一款功能多、节省空间、价格合理的要求。

五、协会工作介绍

内蒙古家具行业协会作为内蒙古家具行业品牌发展带动的行业主管部门，也在推动内蒙古家具产业品牌发展方面做了许多积极有效的工作。

（一）内蒙古家具行业协会理事长赵云、常务副理事长兼秘书长温保平、陈跃中在考察了区内外相关市场，给家具企业寻求新的营销平台的同时，又积极联系和引进了一些新的家具品牌入驻内蒙古家具市场。

（二）邀请自治区的知名学者给相关家具企业管理人员讲了“面对压力、调整心态、积极应对、再创辉煌”的思想动员会。通过学习，使大家思想统一、干劲增强。

（三）成功的推动了内蒙古文宝轩家具有限公司“年年红”实木产品在河北省香河县开设了实木家具单体最大的专营店。

（四）积极了解和帮助内蒙古美林实业集团有限公司正在创建的家具产业园区的建设。

（五）通过与辽宁省阜新市市政府的合作，积极把内蒙古的家具知名企业介绍给区外，推动他们开拓新市场，提升新的销售业绩。

辽宁省

一、行业概况

2013年辽宁省家具行业拥有家具企业2000余家，从业人员30万人，全省家具主营业务收入600亿元，继续保持快速增长态势。

据辽宁省统计局对辽宁省家具行业规模以上的174家企业统计，全年主营业务收入400亿元，同比增长12.01%，完成利税27.8亿元，增长13.42%；实现利润20.69亿元，增长16.64%。家具出口达65亿元，比去年增加11%。

二、产业集群发展情况

（一）中国实木家具产业基地

庄河“中国实木家具产业基地”是中国家具业第一个连续荣获特色发展区域称号的产业集群。现有企业1621户，其中规模以上企业20户；2013年实现销售收入151亿元，同比增长18.3%；实现利税5.5亿元，同比增长15.3%；完成出口交货额7.44亿美元，同比增长11%。经过二十多年的发展，打造了一批以华丰、华夏为代表的“中国名牌”、“中国驰名商标”、“省著名商标”及行业知名品牌，庄河已成为中国实木家具第一品牌。

庄河市政府十分重视家具产业集群化发展，规划用地1000亩辟建了家具产业生产专业园，目前已有大连永大建材、佰林达木业、万鹏家具、松江木业、丰汇木业、华夏高档实木家具等6个项目进驻，总投资额5.6亿元。家具业已成为庄河最具特色的支柱产业之一，呈稳步健康快速发展态势。

2013年辽宁省家具行业发展情况汇总表

主要指标	2013年	2012年	同比增长（%）	2013年占全国比重（%）	2012年占全国比重（%）
企业数量（家）	174	190	-8.42	—	—
主营业务收入（万元）	400.1	357.2	12.01	6.19	6.32
出口值（亿元）	65	—	11	—	—
企业家具产量（万件）	1653.7	1711.8	-3.39	2.54	2.54

统计范围：规模以上（即年主营业务收入2000万元及以上）全部工业法人企业。

（二）中国家具新兴产业园区

彰武“中国家具新兴产业园区”，现已入驻各类企业69户，其中规模以上企业35户。2013年实现销售收入60亿元，同比增长23%；利润1.3亿元，同比增长30%；实现企业税收3815万元，同比增长69.4%；重点培育了赛斯、华荣、格美特等板材家具企业以及金源化工、惠众包装等配套企业，强化资金、技术、人才、用地等各类生产要素保障和体制机制保障，促进项目建设提速提效。以板材加工、家具制造、地板生产、包装配套、商贸物流等产业为一体的家居产业集群已初步形成。

三、品牌发展及重点企业情况

（一）家具生产企业情况

1. 重点企业情况

据辽宁省家具协会对大连华丰、沈阳宏发等6户重点家具企业的调查表明：2013年6户重点企业的销售收入为32.52亿元，同比增长2.5%，出口交货值为3.53亿美元，同比下降5.4个百分点。重点企业完成指标数据详见下表：

2. 品牌培育与创建

继创响辽宁实木家具、办公家具十大品牌，沙发十佳、门业十佳、地板十佳品牌的同时，2013年增加了定制家具（集成家居）、沙发家具品牌的培育和提升工作，建立精品沙发联盟，取得了良好效果。中国十八省市知名品牌、中国十省市环保品牌依然是自主品牌培育和推广的亮点。

（二）家居流通市场情况

截至2013年末，全省2万平方米以上家具建材商场（市场）达73家，总面积410万平方米，比上年净增加10万平方米。目前还有在建商业项目10个，单体面积均在5万平方米以上，规划总面积达120万平方米。

1. 沈阳——东北家具集散中心的地位凸现

居然之家与亿丰广场合作筹建的东北家居建材村成功签约，信基家居、金马凯旋、五洲城等大项目的快速建设，呈现出大流通、大物流、大产出、大发展的良好态势，进一步提升和完善沈阳作为东北中心城市的家居辐射功能。

辽宁省重点企业完成指标数据

企业名称	年销售额（亿元）	增长（%）	出口交货值（美元）	增长（%）
大连华丰	20	持平	2亿	-10
大连华夏	2.64	6.0	1.06亿	持平
大连金凌	1.88	持平	0.17亿	持平
沈阳宏发	5.2	3.0	—	
沈阳梦宝	1.3	11	—	
欧林斯	1.5	30	0.3亿	持平

2. 家居市场在二三级城市布局加快并初现成效

维华家具城在铁岭开原市的商场和红星美凯龙盘锦店的盛大开业，香江家居、亚欧家居进军阜新市场，本溪大星家居建材市场的成功启动，使家居品牌布局更加科学合理，适应企业拓展市场的方向，有力推动了城镇化建设的进程和区域经济的发展。

红星美凯龙国际家居至尊 MALL 的成功启动，欧琳斯国际家居、美克美家铁西专卖店的开业，更好地提升和完善市场功能，满足高端客户的消费需求。各地家居卖场不断落成启动的同时，也加剧了市场竞争白热化程度，使盛源大地、东方家园等退出了市场。

四、行业活动情况

（一）行业自律成效显著

辽宁省家具协会与辽宁省经信委、辽宁省工商局共同开展两期市场大检查，加强家居市场监管力度，规范市场秩序，维护经营者和消费者合法权益。在去年全省家具行业开展“放心消费示范店”培育创建工作基础上，精心组织实施，总结交流先进管理经验，不断提高服务效能。评选出沈阳红星美凯龙、居然之家、大连华南家居、盘锦翰新家年华国际家居等 32 家经营管理规范、诚信服务优良、社会认知度高、企业效益好的家居流通企业为“辽宁省流通领域家居行业放心消费示范店”，为行业树立榜样，促进市场规范繁荣，在全国引起很好的反响。

（二）国内外交流更加广泛深入

2013 年是协会交流活动最为广泛的一年。协会有计划地出访了国内北京、上海、天津、广东、四川等 20 多个省市的家具协会和企业；先后接待法国奥弗涅大区尼古拉 · 马赛格拉率领的代表团、芬兰 TEAK 技术中心代表团、日本东洋家具情报社长阿部野 · 育三先生、美国阔叶木外销委员会代表团。5 月组团赴台湾考察，实现台企与辽宁家具企业的合作。10 月组团赴美国参加高点国际家具展会，提升辽宁家居产业在国内外的影响力。

（三）沈阳国际家具展再上新台阶

第二届沈阳国际家具展览会于 8 月 9—11 日如期举行。来自美国、日本、韩国、芬兰和全国各地以及台湾地区的 500 多家企业参展，共展出各类家具、橱柜、集成家居、木门、地板、木工机械、原辅材料等七大类万余种产品，

接待国内外客商、销售专业人士7万余人。10月2—6日，举办了“中国·沈阳红木家具根雕艺术及现代经典家具博览会”，展会以“复明清家具辉煌、引现代红木风尚”为主题，赢得10万余人与会销售额9300万元。省政协副主席高鹏、沈阳市副市长祁鸣等省市领导到会并给予高度评价。

2013年12月13日，中国家具协会、辽宁省家具协会和上海博华国际展览有限公司正式签署协议，从2014—2018年，三方将联合在沈阳国际展览中心主办中国（沈阳）国际家具展。至此，沈阳国际家具展正式升级为国家级家具专业展会，成为一个立足中国北方、辐射整个东北亚国际市场包括日韩朝俄、外蒙和中亚等国家的国际性家具大展。

（四）辽宁省家具企业及个人表彰

2013年，辽宁省家具协会再度荣获“中国家具行业优秀协会”称号；沈阳宏发、大连金凌、华丰家具、鞍山港泰红木、大连华夏、雨生家居、沈阳梦宝、东兴林业、舒丽雅家私和沈阳艺新10家企业荣获“优秀企业”；美克美家连锁有限公司荣获“优秀家具市场”；中国家具彰武新兴产业园区荣获“优秀产业集群”。辽宁省家具协会理事长祖树武荣获全国轻工行业先进工作者。

沈阳市

一、行业概况

据行业初步调查统计，2013 年，沈阳市家具工业总产值达 180 亿元人民币，与去年相比略有增长，家具生产企业近 1000 多家，全行业职工人数近 18 万人，家具市场的经营面积达 200 多万平方米，基本稳定在去年水平。

二、品牌运行和重点企业发展情况

（一）各类家具制造与重点企业运行状况

根据调研数据显示：2013 年沈阳市家具制造业与去年同期比，实木家具、软体家具、办公家具、酒店家具、教学及实验室家具均基本持平稳中略有上升的发展势态。

1. 实木家具企业概况

沈阳宏发进行了产品板块调整及品牌运作，销量均上升 10%；东兴木业旗下的由美国设计师研发的欧林斯品牌，近几年打入国内市场，一线城市销量上升 20%；梓乔家具在原有几大系列的中式产品基础上又研发出胡桃木系列产品，适合中青年的品味需要，具有广泛市场空间，销量上升 15%。

2. 软体家具企业概况

舒丽雅沙发和皮床，舒逸布艺沙发，注重品牌推广和新产品研发，销量上升 20%；床垫企业如梦宝家私，注重产品质量，利用电子商务平台做好市场拓展，销量稳中有升 8%。

3. 办公家具企业概况

办公家具如宏发企业、艺新家具参与政府招投工程，整体效益上升 10%。

（二）流通领域运行情况

2013 年，虽然全国家居卖场整体清凉，但沈阳市中国家具城旗下的五大卖场销售业绩稳中有升。

2013 年 9 月 26 日，被誉为沈阳“金廊家具第一店”的东兴木业欧林斯品牌家具在沈城正式开业。在中国区 60 多个一二线城市已拥有 100 多家专卖店，销售额同比上升 35%。这标志着欧林斯家具在中国高端家具市场已经占据了一定的市场地位。

（三）新技术及现代化管理模式的运用

1. 运用新技术方面

艺新家具 2013 年研制出一种组合式翻转家具，集办公休闲为一体，款式时尚、使用方便、节约空间，适用于家庭、办公室、写字间、高铁火车、游艇等环境。该产品的研制填补了国内翻转家具的空白，并获得了国家专利。

2. 使用新型材料方面

舒逸沙发是软体家具一只新秀，拥有现代化激光裁剪机，异形海绵裁剪机。旗下会“呼吸”

2013 年沈阳市主要流通卖场情况表

名称	面积（万㎡）	主营业务	主要入驻品牌	销售额上涨率（同比%）
中国家具城一、二期	8	全国唯一一家以“中国”冠名的集家具、建材、装饰材料批发和零售市场为一体的大型卖场		17
领秀家居	6	中国家具城旗下企业，主营中高档家具及家居用品	顾家家居、皇朝家私、我爱我家、优越等	20
油漆涂料城	2	辽宁首家专业经营油漆涂料产品的市场	多乐士、华润、联邦、大宝等	30
陶林居家装建材市场	8	主营中高档陶瓷、卫浴、地板	诺贝尔、亚西亚、安信、生活家、科乐、TOTO等	20
橱柜门业精品城	2	主营橱柜、门业、衣帽间等定制产品	方太橱柜、豪邦橱柜、北京豪门、家士德等	15
欧林斯	1.5	30	0.3 亿	持平

的羽绒沙发系列，运用环保主材竹炭，免拆洗、防污染高档面料，软席搭配夏季清凉，加强尼龙网长久牢固。网络销售同期比上升 30%，销售额上升 25%。

3. 运用全新的管理模式方面

宏发家具、舒丽雅家私使用 ERP 系统，从销售接单到下单领料、生产入库、销售发货、人力资源、财务收支等整体运行作业通过系统管理来实现，做到实时管理和数字化。

三、行业活动介绍

（一）构建诚信，促进发展

2013 年 3 月 15 日，由沈阳市家具协会、沈阳市装饰产业协会、沈阳市家具装饰行业商会等单位联合举办的 2013 年沈阳经济区家具装饰行业“3.15”国际消费者权益日纪念活动大会在沈阳红星美凯龙龙之梦商场召开。家具装饰行业近 300 人参加会议。会上评选出 70 家绿色示范品牌，宏发等 35 家诚信环保品牌，艺新等 14 家诚信示范企业，中国家具城等 16 家诚信示范商场，众企业共同签署行业诚信宣言，同时发布 2013 年家具装饰行业消费警示 12000 份。

（二）搭建平台，助企融资

2013 年 1 月，由沈阳市家具装饰行业商会、沈阳市装饰产业协会、民生银行联合主办的沈阳家具装饰行业银企融资对接会在辽宁会馆召开，家具行业近百家企业参加会议。此次会议旨在为沈阳家具装饰行业企业解决“融资难、贷款难”问题，为企业搭建平台，加大融资机率，获得发展资金支持。对接会上，有30多家企业表达了同民生银行融资意向，银行负责人表示将对企业融资需求一对一负责落地。

（三）举办展会，促进消费

2013年6月，沈阳市家具行业协会、商会主办的2013中国北方国际家具博览会在沈阳科学宫会展中心召开。展会汇集了来自国内外上万款名品家具和上万种装饰材料及全国装饰业10多家装饰装修领军品牌企业参展，展览面积共达40000平方米。据不完全统计，展会共接纳观众12万余人，签订意向合同2860份，合同意向总额约56000万元，展会商品零售总额约8600万元。来自国内外的数千家商界人士采购、订货和商贸交流。

（四）优化环境、打造品牌

2013年，协会共组织有关专家26次深入企业开展ISO9001质量体系认证、ISO14000环境体系认证等咨询工作，并积极宣贯“中国驰名商标管理办法”，帮助企业查找存在的问题，针对问题予以解决。全年共咨询指导企业24家，查找问题126项，解决问题84项，帮助企业节约资金据估算达400多万元，这些资金大部分用于企业的节能减排、新产品研发和设备改造等方面。

12月13日，由中国家具协会主办的中国家具行业年会暨中国家具协会第五届四次理事会在深圳召开。沈阳市宏发、舒丽雅、艺新、梦宝等5家企业荣获2013年度中国家具行业先进单位。

四、存在问题

近年来，随着人口红利下降，规模以上企业招收的技术工人多来自南方，工资逐年在涨，劳动力成本提高、管理费用增加、人民币升值、材料成本上涨等因素促使家具企业的生产成本不断上升，利润率不断下降。

五、发展趋势及展望

2014年，沈阳市将把人才培养、会员服务和行业规划作为工作重点，通过举办培训班、行业论坛、组织企业考察、运作特色区域、宣传贯彻行业标准等各项活动，不断推进沈阳家具行业的健康快速发展。

（一）人才培养

结合家具行业的实际需求，加大企业产品开发设计、市场销售及主要技术工种的人才培训力度；继续同辽宁林职院合作，定期对企业管理人员、技术人员、终端营销的导购员进行专业培训，为家具企业经营管理有序发展，及时向企业输送专业技术人才。

（二）品牌建设

加快实施品牌战略，提升家具行业整体的品牌意识，增加各地区的国家级和省级名牌、驰名和著名商标的数量，扶植部分国家级名牌转变为国际名牌，扩大名优产品的覆盖面和市场占有率。利用行业协会《北方家居网》的优势，扩大企业品牌知名度，积极帮助企业做好省、市名牌产品的申报工作。

（三）拓展市场

实行“内外并举、两条腿走路”，在确保现有国外主要市场份额不流失的同时，积极开拓中东、东欧、南美、东南亚、非洲等新兴市场，行业协会积极为企业提供市场信息，在全国范围的二、三级市场及农村市场建立合理的经营模式。

（四） 推进研发

以自主科技创新为核心，加大对家具产品、技术、设备等的研发投入，在主要家具产业区创建国家级研发设计中心，建立完善的科技成果转化和公共信息服务平台，实现行业内科技资源的集成与共享。

（五）创新营销模式

将家具营销由以经销商为主体，以卖场为流通平台的传统模式转变为新型的多元立体化发展，推动家具电子商务有序发展，引导家具制造企业重新掌握产业链主导权。利用《北方家居网》的优势，迎合年轻消费者需求，建立家具网上购物平台。

吉林省

一、行业概况

2013 年，吉林省家具行业继续保持了快速发展的势头，小企业数量有所增加，全省家具企业总数在 1600 户左右。近几年，板式、软体家具发展迅猛。2013 年规模以上企业 60 家，比上年增加 2 家；实现工业总产值 111.7 亿元，同比增长 19.1%；家具产量达到 292.1 万件，同比下降 11.8%。吉林省家具行业继续保持稳定、快速、健康的发展态势。

二、品牌发展及重点企业情况

近十年来，吉林省家具行业有了快速发展，但品牌建设意识不强。在吉林省家具制造业中，仅有两户床垫企业的产品为吉林名牌，木制家具产品尚无吉林名牌，更无全国名牌。目前，吉林省家具企业已逐渐认识到品牌建设的重要性、紧迫性，纷纷在努力提高产品质量上下功夫，积极打造自己的品牌。吉林省家协也已把这项工作列为今后工作的重点，配合企业，争取在近几年打造一批吉林名牌和品牌企业。同时，省家协也将配合有关部门单位，在力所能

2013 年吉林省家具行业发展情况汇总表

主要指标	2013 年	2012 年	同比增长（%）	2013 年占全国比重（%）	2012 年占全国比重（%）
规模以上企业数量（家）	60	58	3.4	1.27	1.31
工业总产值（万元）	1117643	894714	19.1	—	1.6
规模以上企业主营业务收入（亿元）	105.5	90.4	16.72	1.63	1.59
出口值（亿美元）	0.63	0.76	-17.58	0.12	0.15
内销（万元）	993937	799352	24.3	—	—
规模以上企业家具产量（万件）	292.1	331.3	-11.84	0.45	0.49

及的范围内大力宣传讲诚信、质量高的企业和产品，把吉林产品推向全国和世界。

2013 年，吉林省家具行业中的重点企业发

展依然强势。吉林森工华英家具、吉林省捷亚、蜂巢床垫、长春皇家马车家具、吉林新元木业、吉林兄弟木业集团、吉林千派家具、吉林省森工云龙木业、通化安康木业、抚松金龙木业、长春雅缘、菲莱、吉林吉脉家具等一批企业规模都有所扩大，先进生产设备大幅度增加、管理水平有所提高，保持了快速发展，工业产值增幅都在 20% 以上；出口企业吉林安图亚鑫、吉林亿兴、荣升、长春众业等企业都比上年有了较大的发展，增幅都在 30% 以上。

（一）吉林森工华英家具制造有限公司

吉林森工华英家具制造有限公司是一个产品类型比较齐全的企业，公司从 2009 年技术改造扩大规模以来，实现产值和利润已从当时的 2000 万元和 150 万元到 2013 年的 1.2 亿元和 1600 万元。预计 2014 年可实现产值和利润 1.5 亿元和 1800 万元。2015 年技改项目全部完成以后，可实现产值翻番，2015 年可达 5 亿元，利润更将会有大幅度的提高。现在，产品大都销往北京、天津、沈阳、大连、哈尔滨等地，已有少量产品出口。

（二）长春市新雅家具有限公司

长春市新雅家具有限公司是一个 2004 年成立的小型家具企业，以生产板式家具为主，到 2013 年，已经成为一个占地 2 万平方米，拥有专业设计、技术人员 30 余人、职工 500 多人的中型企业。现建有板式、软体等 6 个分厂，引进德国全套先进家具生产设备和工艺，产值每年递增都在 30% 已上，2013 年产值达 8000 余万元。

发展较快的板式家具企业还有长春雅缘家具、长春吉脉集团。

三、存在问题

（一）总量不大

吉林省家具制造业虽然近十年有了快速的发展，仍难以与发达省份相比，仍和吉林省拥有的资源优势地位不相称。

（二）缺少品牌效应

吉林省家具企业品牌意识不强，现已认识到品牌建设的重要性和紧迫性，正在努力积极开展此方面工作。

（三）创新意识不强

吉林省家具制造业设计人员严重匮乏，致使产品样式外观陈旧，一味仿制，产品竞争乏力。

（四）外部环境不利于发展

吉林省关于家具制造产业发展的扶持政策不多，力度不大。目前，生产企业融资困难，资金不足的情况普遍存在。业内竞争无序，粗

制滥造、以次充好、三无产品依然存在。家具商场过剩，形成恶意竞争。

（五）企业普遍规模小

目前，吉林省尚没有一户生产家具的大型企业，行不成规模效应。

（六）市场机制不健全

目前，吉林省尚未形成一处家具销售集散地，制约了家具制造业的发展。

（七）专业家具物流发展落后

由于吉林省家具产业总量不大，尚达不到专业物流水平，致使家具产品运输时间长、周转次数多、产品破损严重、销售成本高。

四、发展趋势

（一）保持快速发展

近十年来，吉林省家具制造业保持了快速发展，预计到2020年，吉林省还可以打造2～3个家具工业园区，近一步健全产业链；规模以上企业可达120户，实现工业总产值每年递增18%，达到400亿元；出口交货值在2013年的基础上达到30亿元，平均每年递增18%。

（二）产业集群化

吉林省重点家具生产地区的长春市、吉林市、延边州、通化市、白山市，特别是长春市的小企业近几年由于发展快，急于寻找能让他们集群生产、具有较完整产业链的家具园区。长春、吉林等家具重点产区政府已在积极寻求对策。

（三）板式家具掘起

近几年，吉林省家具行业中板式家具得到飞速发展，由于吉林省人造板得天独厚的优势，使得吉林省板式家具企业、产品数量激增，产值平均增幅可达30%以上，产品基本覆盖全省。板式家具市场需求空间较大，预计今后板式家具会有更快的发展。

（四）提升设计水平

家具企业已普遍认识到自身产品设计远远落后于家具发达地区，影响了发展，正在积极招揽人才，联合组织设计，建立研发基地。

黑龙江省

一、行业概况

2013 年，黑龙江省家具行业在市场内需不足、原材料价格居高不下、人工成本持续上涨、物流成本不断攀升、产品竞争加剧而使整个行业生产经营连续两年下行的局面中艰难前行，2013 年黑龙江省家具行业着力实施转方式、调结构、稳增长、上台阶等措施，有效地促进了生产经营呈现恢复性增长的好势头。

据省统计局统计，2013 年，黑龙江省规模以上家具企业 61 家，完成家具产量 3077892 件，同比增长 10.1%。其中：木制家具完成 2641237 件，同比增长 12.9%；金属家具 189025 件，同比下降 10.9%；软体家具 79055 件，同比下降 3.6%。完成工业总产值 70.28 亿元，同比增长 12.9%。据哈尔滨海关统计，黑龙江省家具出口 7.2 亿美元，同比增长 2.1%。

经济运行的主要特点有：

（一）恢复性增长强劲

2011—2012 两年，受后金融危机及家具企业的内生动力不足的影响，家具生产经营运行连续滑坡，全省规模型以上家具企业的家具产量由 2010 年底的 452 万件骤减少到 2012 年底的 277 万件，两年减少家具产量 175 万件，其下行时间之久、降幅之大实属罕见。2013 年，黑龙江家具行业加大企业改革力度、激励内生动力，提高劳动效率，有效地抑制住经济产量

2013 年黑龙江省家具行业发展情况汇总表

主要指标	2013 年	2012 年	同比增长（%）	2013 年占全国比重（%）	2012 年占全国比重（%）
企业数量（家）	1080	1170	-8	1.9	1.9
工业总产值（亿元）	1100	980	12	0.9	0.87
出口值（亿美元）	7.2	7.01	2.1	1.35	1
内销（亿元）	650	550	18	0.75	0.5
规模以上企业产量（万件）	307.8	277.4	10.1	0.47	0.41
规模以上企业家具产量（万件）	292.1	331.3	-11.84	0.45	0.49

持续下滑的局面，实现了产量由降转升的回暖发展势头。

（二）行业主导产品占比最大

黑龙江省家具行业规模以上企业累计完成木制家具264万件，占全行业家具产量的86%，同比增长12.9%，木制家具的强劲增势凸显出城镇化继续加速、保障房建设在各地逐步落实、中产阶级浮出水面、富裕人群增速猛，为以实木家具生产为主体的黑龙江省家具行业提供了好的发展机遇。

（三）行业子产品滑坡

软体家具、金属家具类品牌的知名度、档次与省际间品牌相比较稍显不足，产品在应用新材料、新工艺、结构创新等方面均显滞后。2013年完成软体家具产量7.9万件，同比下降3.6%；金属家具产量18.9万件，同比下降10.9%，软体家具产量的下行充分显示了结构调整的紧迫感和必要性。

（四）营销模式多样化

在品牌营销层面，除对品牌建设更加重视外，开始运用网络广告、电子商务营销等手段，拓展营销模式，增加销售份额。除此之外，企业一改往常只靠商场的单一销售模式，主动承揽定制家具、工程投标、专卖店销售、联盟销售、社区推销等多种营销模式，在拓展中调整，在调整中取长补短，有力地推动了家具销售模式向多元化方向拓展。

二、品牌发展及重点企业情况

重点家具企业发挥了龙头牵动作用。大型家具企业双叶、光明、华鹤、恒友、三兄弟、郭氏、双丰、友春等龙头企业具有规模大、设备先进、营销理念超前、品牌市场占有率高等诸多优势。在产品开发、成本核算、市场营销等方面强化企业管理，注重“调结构、稳增长、上档次”这一模式，有力地牵动了家具行业实现了恢复性增长；同时，2013年，黑龙江省有双叶、华鹤、郭氏、友春等24户家具企业的产品被授予黑龙江省名牌产品称号，北檀、华信等商标产品被评为黑龙江省著名商标，这些名牌产品和著名商标的产品产量、档次及市场占有率均占行业主要份额。

（一）双叶家具

2013年双叶家具坚持品质战略，研发新品，店面改造升级，服务升级。新产品研发主要从从产品的外观、功能、风格、颜色四个方面进行创新，采取“一种风格、两种款式、三种档次、四种色调”；一种风格即中国传统现代家具，两种款式即现代中式和后现代中式；“高、中、低”三档价格配置；“棕红色、紫檀色、木本色、黑巧色”四种颜色配置，较好地满足了不同顾客群需求，提高了企业竞争能力。同时，双叶公司还将维权工作进行到底，2013年6月26日北京法院确认赖氏家具仿照双叶外观专利属实，赔偿双叶公司46.78万元，被业内称为家居行业实木类专利维权胜诉“第一

案”，并引起连锁反应，收到较好的效果，被中国家具协会授予“中国家具行业2013年度优秀企业”。

（二）光明家具集团

光明集团围绕“管理提升年”，将工作重点由“量”的扩张转向“质”的提高，2013年产销保持稳步增长。在生产方面，光明工业园区全面投入使用，并购置、更新了加工设备，产能迅速提高；推出“雍府至尊”、“光明·风尚”、“榉木印象”、“光明柳韵”等家具新品，满足了不同层次人群、不同销售渠道的需求。在市场领域，不断调整营销方式，推行“立体家销售系统”和“免费体验活动”，出台一系列招商政策拓宽营销渠道。光明集团以良好的业绩和形象获得了业内的尊重，被中国家具协会授予“中国家具行业2013年度优秀企业”。

三、存在的主要问题

（一）原材料价格持续上涨

原材料价格持续上涨，致使企业利润空间被压缩，企业被迫提高产品价格。然而，高价格的产品，使得广大消费者望而却步。

（二）人工成本持续上涨

各地均上调了最低工资标准，家具产品的市场成本随之上涨，也使得企业被迫提升产品价格。

（三）地与厂房成本不断攀升

2013年，靠租赁厂房搞生产的企业困难重重，因为无抵押物无法得到银行的贷款，生产经营难以为继。

（四）物流成本压力巨大

物流成本约占家具行业产品总成本的30%。因黑龙江省家具行业的产业链尚不完善，加之档次高、质量好的家具用原辅材料生产企业集中在沿海地区。经过原材料采购和成品销售两次运输和多次装卸，无形之中导致生产成本的上涨。

四、发展趋势

2014年，黑龙江省制定了新的行业发展方针，主要包括以下几点：1. 注重采用先进设备，通过采用先进自动化设备替代原有陈旧设备，提高效率，降低劳动成本；2. 以品牌为依托，鼓励具有渠道和品牌优势的大型企业联合一部分加工型企业，实施优势互补，扩大品牌商品在市场上的占有率和份额；3. 产品创新走差异化道路，充分发挥资源和生产经验丰富之优势，走高端路线，在辅料上，强调绿色环保，在风格上，走欧式、美式、新古典等华丽、高贵路线；4. 聘用高学历和高技能型人才，尽量淘汰和置换一批低端劳动力，加强对现有人员的技能培训和操练，提升现有人员对新设备、新材料、新工艺的熟练应用度。

哈尔滨市

一、行业概况

2013 年哈尔滨市八区十县（市）家具生产及流通企业约950家，规模以上生产企业21家，完成家具产量64.4万件，同比增长6.9%；出口1.3亿美元，同比增长17%；市区家具类消费品零售总额为13.3亿元，同比增长25%。

二、品牌发展及重点企业情况

（一）注重企业品牌、诚信建设

哈尔滨市家具行业一直将树立品牌、诚信建设作为行业重点工作。办公家具企业开展了“企业综合实力信用等级”的评定，各企业对省、市诚信示范企业，中国环境产品（十环）认证、驰名商标，省、市名牌等品牌建设工作更为重视。截至2013年底，哈尔滨市拥有中国驰名商标、中国名牌各1个——哈尔滨飞云实业有限公司。黑龙江省名牌有卧虎、柏朗、星美、华信、北方威特、驼峰、荣世艺峰、金凯莱、华林、云鹤等。哈尔滨市名牌有鲍氏、醉红木雅居阁、永久铁柜、斯林百兰、滨辉、利鑫达、宏益床垫、澳通办公、好睡眠、一名特、七品家具、忠国三新、雪兰宝等。

2013 年哈尔滨市家具行业获“黑龙江省诚信示范企业”称号的企业有哈尔滨飞云实业有限公司、哈尔滨市星美木业制造有限公司、哈尔滨市永久铁柜制造有限公司3家。

（二）勇于创新，提高企业核心竞争力

塑造哈尔滨家具企业新形象，增强企业市场竞争力的核心是以自主创新为宗旨的追求自主专利研发。

2013 哈尔滨市家具行业发展情况总汇表

主要指标	2013 年	2012 年	同比增长（%）	2013 年占全国比重	2012 年占全国比重
生产、流通企业数量（家）	950	890	6.7	—	—
出口值（亿美元）	1.3	1.11	17	—	—
内销（亿元）	13.3	10.1	25	—	—
规模以上家具产量（万件）	64.4	60.2	6.9	—	—

1. 七品家具，在“板式工艺、实木感受、科技创新、绿色环保”等方面，自主设计自主研发了四个系列的产品——“浪漫空间”、“都市风情”、“蝶恋花”、“爱家印象”，并荣获七项国家专利，为哈尔滨家具行业板式生产企业树立了自立自强的榜样。

2. 黑龙江省御木坊木业有限公司追求品质与时尚，与意大利设计师合作，向市场推出了“柏杜”品牌新派实木家具，并在2013年第十八届美国阔叶木外销委员会暨大中华区年会期间，启动了宜居环保产业联盟。2013年，御木坊总产值大幅增长，达到7000多万，同比增长45%。

3. 哈尔滨市利鑫达木业股份有限公司，注重产品研发设计，成立了产品研发设计中心，重金请来国外设计团队，请来林业大学教授指导落实生产、工艺的精细化管理，打造全新的设计产品。企业2013年实现销售收入15200万元，90%以上出口，创汇2200万美元。

4. 宏益床垫、卧虎床垫以及一名特沙发等优秀的软体企业，掌握整体品牌发展，摒弃抄袭、模仿等低质量产品的产生，加快开发环保、低碳的优质产品，开创了冰城软体家具由低端向高端发展的途径。

5. 本土企业红旗家具城、黎华家具城，在近几年的市场纷争中，除了保持哈尔滨地方特色的销售方式，更加融合现代化的营销理念。黎华家具城推出了打造一站式购物家居建材商场，红旗家具城推出了微信、微博、微电影三种新型营销模式，从传统模式营销的老思维到融合电商、融合新媒体、结合线上、线下新型营销模式的转变，哈尔滨当地流通企业都在为家居行业的创新营销及整合发展贡献自己的力量。

（三）重点企业致力于慈善事业

2013年哈尔滨市家具行业重点企业：荣世艺峰、天马名家居、伊春三兄弟、黎华家具城、新吉家具城、卓邦家居城、红旗家具城、海富装饰材料城、一名特沙发、东源正业、卧虎床垫、宝利沙发、驼峰家具、人和木业、醉红木雅居阁、早安家具等，到哈尔滨市延兴小学开展“送温暖·献爱心——2013牵手延兴小学爱心助学”活动，哈尔滨日报、生活报、新晚报、哈尔滨电视台等媒体现场见证，此次参加活动的企业，进行了一对一的捐助，企业为这些打工子弟们提供了一年一人2000元的助学基金，解决孩子们在校期间的爱心午餐和杂费的困难。黑龙江省黎华家具装饰材料城还额外提供了书包来庆贺孩子们新学期，让孩子们感受到城市对他

们的欢迎和接纳。

（四）抓住各种机会，塑造行业形象

由哈尔滨市家具行业协会协办的第十八届美国阔叶木外销委员会东南亚及大中华区年会，于6月20日在哈尔滨召开。哈尔滨市政府向来自美国、英国、新加坡、印尼、泰国、越南等14个国家及国内近500位参会来宾宣传哈尔滨，介绍哈尔滨家具行业。会议不但增长了对国际木材以及家具行业的了解，并创造了新的开发渠道以及商机，哈尔滨市家具行业协会秘书长白军河先生带领印尼、美国、加拿大等外国来宾到利鑫达企业进行参观洽谈。

美国木材出口商在参观企业后与利鑫达董事长齐国波先生达成了初步的合作计划；印尼家具行业协会会长 Ambar Tjahyono 先生、印尼设计师协会主席、美国设计师协会代表、美国木材出口商Michael Wang 等人对企业规模、企业制品以及企业文化给予了高度的评价，各国外宾纷纷表示将来参加哈尔滨国际家具展，并将本土企业带入哈尔滨，促进两国的家具企业交流与合作。副秘书长孙洪宇先生带领山东家具协会以及山东企业到五常市牛家园区进行产业参观洽谈。

三、存在问题

1. 产品缺乏创新，同质化问题严重，市场知名度不高。

2. 中小企业多，管理粗放，品牌意识不强。

3. 经营模式陈旧，手段单一，层次不高。

4. 家具人才匮乏，劳动力资源优势逐渐降低，成本上升。

5. 在高速的城市改造建设中，生产用地日趋紧张。

四、展望与对策

2014年，根据形势的发展结合哈尔滨市家具行业的实际，行业将成立“三个中心”：营销服务中心、产品设计开发中心、职业技能培训中心。建设“两个平台”：与电视、报刊合作建立行业的宣传发布平台；展会为主的企业、产品的展示平台。抓好“三个一”：一个提升即流通领域营销模式的提升；一个倾斜即工作重心向生产企业倾斜；一个建设即协会服务型、务实型的自身建设。

2013 年江苏省各类家具企业销量变化表

企业分类	地区企业	2013 年销量变化（%）
办公家具（+15%）	南京美耐	+20
	昆山麒强	+10
沙发家具	斯可馨	+30
	美思达	+30
床垫企业	金榜麒麟	+15
	龙凤缘	+15
	泰隆祥	床垫 +25；沙发 +30
	宿迁市可来比	+15
	富娃	+10
	君梦美	出口 -20，内销 +100
实木家具	南通依福园	+10
	远大家私	+10
	亚振	↑
	新宏基	+10
	双胜	+60
	富豪	+40
	盐城柚樽	+40
	徐州市贾汪地区松木家具企业	+10
	香柏年	+15
	康居	+15
	贵人缘	+20
	南通市元方缘	+30
金属家具	常州横林地区	+0
钢木家具	鸿联	+15
红木家具（大幅↑）	南京地区	+20
	苏州市光福镇	+50
	常熟市碧溪镇	+0
	海虞镇	+30
	虞山镇	+20

（续表）

企业分类	地区企业	2013 年销量变化（%）
红木家具（大幅↑）	海门地区	+30
木门制造 （2013 上半年 -5%，下半年 +10%）	无锡品森门业	+15
出口企业	祥盛倍得满	美国 +25
	南通扬子	美国 +30，加拿大 +40
	科派	+30
	恒康	+8

二三线城市商场销量变化

地区企业	2013 年销量变化（%）
昆山港龙	+10
淮安大长	+20
宿迁中青	+35
常州新时代	+0
连云港地区	+2
宝应远东家私	↑
扬州地区	稳定

网购已逐步吸引部分消费人群。许多家具卖场举办各种活动，让利给消费者，如有的商场内外环境不断调整改造，举办精品家具巡展，举办庆典活动推出新品，举办大型团购优惠活动等等，为消费者展示家居盛宴。

（三）新技术、新材料和新的管理模式的运用

1. 在运用新技术方面

南通恒康首创水发海绵，无味无粉，符合国家标准；苏州世友制造出可拆装的软床排骨架，方便运输；凤凰伊梦床具、大红鹰和夏奈沙发、宝时健床垫等企业率先运用杭州万霆软件首创的家具行业终端电子导购系统和电子销售道具，受到门店欢迎。

2. 在使用新型材料方面

凤凰伊梦采用了 3D 网布、3E 椰梦维、天然乳胶、全 3D 内胆、5 区独立袋装弹簧、纯天然针织提花棉布、记忆棉、环保高科棉、环保竹板等在床垫中应用；江苏紫荆花研究了十年黄麻技术，申请了几百项专利。运用专利技术处理后的黄麻纤维；苏州蠡盛在逐步推广硅酸钙板，达到 E0 级，比 E1 级密度板价格略低，用途广泛。

3. 在运用全新的管理模式方面

南京美耐使用 ERP 系统（即企业资源计划管理系统），从销售接单到下单领料、生产入库、销售发货、人力资源、财务收支等整体运行作业通过系统管理来实现，有利于生产流程和产品技术标准化，做到实时管理和数字化。

三、产业升级和集群发展

（一）东部家具产业基地

在市场建设方面也在加大投入，加快推进。

规划建筑面积180万平方米的中国东部全球家具采购中心已经建设，其中一号馆已于2013年6月封顶，计划2014年6月开业；物流园区已完成信息大楼和停车场的建设，目前已投入营运；家具材料交易中心已完成地质勘探，目前已开工建设。东部家具产业基地项目建设的推进，产业集群效应的不断显现，支持家具产业发展，做大做强东部品牌已成为省市县政府的共识，为更强有力地支撑东部基地的快速发展和进一步加快周边工业园区开发和建设，东部家具滨海工业园、东部家具曲塘工业园和东部家具大公工业园，全部规划联动，形成合力，致力打造成我国东部地区种类最多、信誉最好、性价比最高、可选性最强、服务最优的东部全球家具采购中心。

（二）蠡口家具城

2013年8月，成立了区级层面的家具城管委会筹备组，形成了各职能部门参与共管的新局面，充分发挥了政府主体作用。

（三）“中国精细木作之都”、“中国苏作家具文化研究中心”授牌仪式

2013年11月上旬，“中国精细木作之都”、“中国苏作家具文化研究中心”授牌仪式暨2013南通红木文化产业发展研讨会在海门隆重举行。

（四）中国红木家具文化研究院成立

2013年11月下旬，中国红木家具文化研究院成立暨海虞当代苏作红木家具展示馆开馆活动在苏州市海虞镇隆重举办。中国红木家具文化研究院是国内红木家具行业的高层次学术研究机构，主要宗旨和工作职能是对红木家具进行文化研究、技艺传承、设计创新、论坛培训、市场信息收集研讨以及编辑出版研究院专刊。

四、行业纪事

（一）举办报告会和论坛活动

1. 表彰先进，积累正能量，激励行业在转型升级中实现跨越发展

2013年3月中旬，在苏州蠡口举办“2012江苏先进企业表彰大会暨《解读经济高峰论坛》”活动。

2. 召开会员代表大会换届改选

2013年7月16日，江苏省家具行业协会第五次、江苏省工商联家具装饰业商会第三次会员代表大会暨第一次理事会在昆山市召开。全体会员代表选举产生了江苏省家具行业协会

新一届理事会理事、常务理事、副会长。胡盘根同志担任会长，冯建华同志担任执行会长兼秘书长。本次大会还配合举办了“中国百强县城市场家具发展高峰论坛”。

3. 举办“商业模式 · 观——产业城市发展高峰论坛”

2013 年 8 月底，东部家具产业基地举办“商业模式·观——产业城市发展高峰论坛”，邀请著名经济评论家龙永图教授论道江苏海安，政府领导、行业协会、知名品牌、权威学者、投资机构、媒体嘉宾等聚首海安，聚集观点、聚焦发展。

4. 召开家具协（商）会会长、秘书长及部分企业家联席会议

2013 年 10 月下旬，徐州市政府“三重一大”重点项目，目前淮海经济区单体面积最大的家居馆，被业界誉为“家居航母”的中国（徐州）八里国际建材家具博览中心 1 号馆正式投入运营。结合 1 号馆开业，召开全省各市、各地区家具协（商）会会长、秘书长及部分企业家联席会议，分析当前江苏省家具行业经济发展形势，并将会议精神迅速贯彻到全省企业。

（二）举办并参加各类展会

1. 参观米兰国际家具展览会

2013 年 4 月 9—19 日，江苏省家具行业协会组织省内家具企业家代表团一行 29 人参观意大利米兰国际家具展览会，沿途考察了途经国家的家具市场。

2. 2013 第五届苏州家具展览会

2013 年 6 月中旬，第五届苏州家具展览会在苏州国际博览中心隆重举办，本届展会参展商 552 家，同比增加 6.36%，观展客商突破 10 万人次，来自全国 35 个省市，签约成交额达 11.5 亿元，现场零售销售额 856 万元。96 家媒体全程报道，媒体分布较去年更加均衡。参展品牌众多，同比增长 5%，多次参展的企业也在逐年增加。

3. 首届中国红木家具博览会暨中式家居用品展

2013 年 10 月上旬，首届中国红木家具博

览会暨中式家居用品展在苏州国际博览中心盛大开幕，本届展会涵盖红木家具、古典家具、艺术收藏品、中式家居用品、材料及配件。展览面积近20000平方米，参展企业近300家。

4. 第三届姑苏杯红木家具作品展

2013年10月上旬，“第三届姑苏杯红木家具作品展”在苏州举办，共有21家苏作红木企业参展，210件苏作红木家具珍品呈现给观众，并评出本届“姑苏杯”金、银、铜奖和最佳创意奖、最佳工艺奖及优秀奖，更好地推动苏作红木家具的传承、创新与发展。

（三）组织培训鉴定和技能竞赛

1. 开展职业技能培训鉴定工作，培养造就行业领军人才

为了帮助企业解决招工难的问题，帮助企业培训技术和管理实用型人才，对经过培训的学员按国家劳动部门有关规定进行考核并颁发证书。2013年，共向74名学员颁发设计师证书。

2. 如皋市举办第五届红木雕刻职业技能竞赛

2013年11月下旬，如皋市工艺美术学会和如皋市红木商会成功举办了第五届红木雕刻技能竞赛。同时延续前两届南通市红木雕刻精品展，再度举办了第三届红木雕刻精品展。共有44件作品参展，评出金奖6件，银奖12件，铜奖26件。

（四）倡导慈善事业

1. 无锡市冠美家具夏玉庭总经理勇于担当社会责任，资助406位贫困生、贫困家庭，被评为江苏省希望工程个人突出贡献奖，无锡市仅一人获此殊荣；

2. 无锡市地板制造龙头企业—-- 寿德木业参加公益活动，为配合江苏省新农村建设工作的开展，孙寿德董事长承诺要让鹅湖人民都铺得起地板。

3. 无锡市华荣家具在30周年庆典之际，慈善爱心捐款15.08万元，帮助弱势群体送温暖；

4. 蠡口家具协会每年参与慈善公益事业捐款，2013年共向社会捐款15.44万元。

（五）荣获多项荣誉

2013年12月，在中国家具协会第五届四次理事会上，江苏省家具行业协会荣获了“中国家具行业2013年度优秀协会”的荣誉称号。此外，全省获得中国家具协会表彰的优秀家具企业7家、优秀家具市场3家、优秀产业集群2家。

五、存在问题

2013年以来，世界经济增长缓慢，许多国家对家具的需求量明显减弱，江苏省家具出口呈下降趋势，降幅达14.3%；进口家具呈上升

趋势，增幅达36%。国内实行宏观经济调控，国家房地产政策持续收紧，家具产业面临新的机遇与挑战。江苏省家具行业整体增长速度放缓，企业普遍感到市场压力大。招工难，招技术人才更难，用工的成本大幅度上升，原辅材料价格持续上涨，流通环节所产生的费用逐年增加，销售成本提高，直接影响着企业的收支不平衡，企业的亏损率加大，尤其是中小企业举步维艰，困难重重。考虑成本因素，部分家具小幅度被动上调，但调整的部分远远不够抵亏。

2013年江苏省家具行业生产、销售、利润下滑的原因主要是生产成本上升。经调研统计，人员工资与上年同期相比上升15%～20%，原辅材料涨价20%以上。

六、发展趋势

（一）重环保，强品牌，创新驱动，绿色发展，调整产业结构

支持基础研究和前沿技术研究，充分利用国内外科技资源，进一步营造鼓励自主创新的环境，不失时机地创建江苏省家具行业发展新平台。企业的优势还在于品牌、时尚、环保，在于运用新技术、新材料、新工艺和全新的管理模式。

（二）进一步做好特色区域和特色产品的培育工作，促进产业升级和集群发展

江苏省苏州蠡口家具商贸基地，常熟、苏州光福、如皋、海门红木家具产业基地，常州横林金属家具产业基地，徐州贾汪松木家具产业基地等在各地方政府的关心和支持下正常运行，继续做好产业结构优化、企业转型升级的大文章。

（三）贯彻市场多元化战略，鼓励企业拓展国际贸易，内外销兼顾

坚持内外销并举，选择差异化，寻找市场空缺。指导中小企业发挥自身优势，开发大企业无暇顾及的产品，填补市场空缺，鼓励中小企业担当大企业的助手，成为产业链中的一分子。

（四）家具电商蹒跚前行，转型升级迫在眉睫

家具流通企业须通过多品牌效应、室内配饰设计、全新的管理理念，提升售前售后服务质量，加强对终端用户的面对面的沟通等营销手段；结合电商的模式，以增强商品销售的竞争力。

浙江省

一、行业概况

根据浙江省经信委和省统计局对全省 458 家规上企业统计：全省生产家具产量 1.88 亿件，同比增长 0.48 个百分点。其中，木质家具 2420.00 万件，同比下降 2.48 个百分点；金属家具 1.31 亿件，同比增长 2.24 个百分点；软体家具 1649.83 万件，同比增长 3.42%。全省 458 家规上家具企业实现工业总产值 729.26 亿元，同比增长 10.59%；实现工业销售产值 700.82 亿元，同比增长 10.66%；实现新产品销售 197.90 亿元，同比增长 23.38%，新产品占工业销售产值的 28.24%；产品销售率为 96.10%，同比增长 0.06 个百分点。全省规模以上企业实现出口交货值 402.34 亿元人民币，折合 65.88 亿美元，同比增长 7.18%。

根据中国轻工业信息中心数据统计，全省 639 家规模以上企业实现利税 56.65 亿元人民币，同比增长 13.08%。其中，实现利润 31.27 亿元，同比增长 11.22%；亏损企业 105 家，同比增长 10.53%，亏损企业亏损 3.38 亿元，同比增长 1.42 个百分点。销售费用 30.30 亿元，同比增长 7.03%；管理费用 35.83 亿元，同比增长 12.94%；财务费用 16.54 亿元，同比增长 20.64%；利息支出 13.79 亿元，同比下降 1.85%。全部从业人员平均数 16.27 万人，同比增长 3.27%；应付职工薪酬 63.65 亿元，同比增长 12.84%。

据浙江省家具行业协会统计，2013 年全省共有家具生产企业 3100 家，从业人员 41 万；

2013 年浙江省家具行业发展情况汇总表

主要指标	2013 年	2012 年	同比增长（%）	2013 年占全国比重（%）	2012 年占全国比重（%）
企业数量（规模以上）	639	597	7.04	13.55	13.53
规模以上企业工业总产值（亿元）	729.26	630.66	10.68	10.61	11.26
全行业出口值（亿美元）	91.17	84.26	8.22	17.17	16.86
内销（亿元）	326.92	260.59	25.45	—	—
规模以上企业家具产量（亿件）	1.88	1.84	0.48	28.86	28.08

全行业完成工业总产值1493亿元，同比增长10.68%；全行业家具出口91.17亿美元，同比增长8.22%，均居全国第二位。

二、品牌发展及重点企业情况

（一）龙头骨干企业销售及新产品、新工艺等情况

浙江家具产业经过几十年的发展，出现了一批龙头企业。顾家的民用沙发、圣奥的办公家具、喜临门的床垫、年年红的红木家具、大丰的场馆椅、永强的户外家具用品、卡森的出口沙发、艾力斯特的按摩椅、恒林的办公椅、德昌五金的家具五金，都可以在同类产品排名全国第一。

1. 中国民用沙发龙头企业——顾家家居股份有限公司

顾家家居专业从事客厅及卧室家具产品的研究、开发、生产与销售，2013年总销售产值约37亿元，增长18.1%。顾家家居旗下产品已远销世界186个国家及地区，在全球拥有超过2000家品牌专卖店。2012年，顾家家居发布“521”战略规划，即用5年时间，销售额达到200亿元人民币。

2. 中国办公家具龙头企业——圣奥集团

圣奥集团2013年总销售产值约11亿元，增长3.17%，办公家具被评为“中国办公家具品牌综合实力第一名”。圣奥共获技术专利262项，是省内同行业中唯一一家专利示范企业。其内销网点已经遍布全国二线以上城市，北京、上海、杭州、广州及周边辐射区域设立直销分公司。外销的国家和地区达到65个，占销量90%以上的产品是自主研发设计。圣奥成功导入了精益生产(JIT)模式，全面提升了现场的管理水平和人均产能，并成立了博士后工作站，实行ERP管理。此外，圣奥还不断履行社会责任，于2011年捐资2000万元成立了圣奥慈善基金会。至2013年年底，圣奥慈善基金会已累计捐助4000万元。

3. 中国红木家具龙头企业——年年红家具（国际）集团

年年红集团是目前中国最大的中式名贵硬木家具研发与生产基地之一，2013年总销售产值超过10亿元，增长3.7%。年年红拥有国际一流的意大利进口烘干设备和300多条家具生产线。同时在东南亚和非洲分别建立了多家木材、板料供应加工基地。产品出口东南亚及欧美等国家和地区。

4. 中国出口沙发龙头企业——卡森集团

卡森集团2013年总销售产值约56.4亿元，增长12.3%。卡森集团皮革制造的重点已由传统的家具革向绿色、环保、采用无铬鞣制技术的汽车用中高档皮革转型。卡森集团还一直热心于慈善和社会公益事业，先后向共青团中央发起的中国青少年科技创新奖励基金捐款1000万元现金；为设立浙江省农村青年发展基金捐款1000万元；在新疆、甘肃、浙江等地援建了30多所希望小学；在海宁设立1500万元的冠名基金。

5. 中国户外家具龙头企业——浙江永强集团

浙江永强集团股份有限公司主要生产户外休闲家具、太阳伞、帐篷等产品。2013年户外休闲家具及用品营业收入约为33亿元，毛利率为26.44%。永强是国内较大的户外休闲家具及用品ODM制造商，产品涵盖户外休闲家具、遮阳伞、帐篷三大系列（其中公司的编藤类休闲家具尤为有特色），主要采取的是增加了设

计环节的ODM业务模式，即自主进行产品设计研发，产品主要销售地区为欧美等发达国家，ODM业务营业收入占比接近95%左右。此外，永强正逐步发展OBM业务模式。

6. 中国按摩椅龙头企业——浙江豪中豪健康产品有限公司

浙江豪中豪健康产品有限公司2013年总销售产值约3亿元，增长约5%。豪中豪拥有国内行业首家保健按摩器具综合检测实验室，并已同浙江大学、清华大学等中国著名高等学府建立技术中心和研究中心，与世界500强企业——韩国LG集团合作，成为其按摩器具全球首家战略合作伙伴。

7. 中国床垫龙头企业——喜临门家具股份有限公司

喜临门家具股份有限公司2013年总销售产值约10亿元，增长2.3%。2012年7月17日，喜临门家具股份有限公司在上海交易所上市，成为“中国床垫第一股”，股票代码603008。床垫的年生产能力达100万张，公司具有较强的设计研发实力，是“国家火炬计划重点高新技术企业”、“浙江省高新技术企业”，是国家轻工行业标准《QB/T2603 － 2003木制宾馆家具》和《QB1952.2 － 2004软体家具弹簧软床垫》的主要起草单位。喜临门已获得34项专利，其中“弹簧垫热处理方法”和“一种清凉型软硬两用席梦思床垫”为国家发明专利。2013年4月，公司拟在河北省廊坊市香河县建设海绵生产线建设项目，主要生产普通海绵和记忆海绵产品。

8. 中国办公椅龙头企业——恒林椅业股份有限公司

浙江恒林椅业股份有限公司是中国办公椅出口最大企业，专业从事办公座椅、沙发的研发、生产和销售。2013年总销售产值超10亿元，增长3.1%，主要销售市场是欧洲、美国和日本等海外市场。恒林和浙江大学等国内多家重点大学建立座具研发实验室和创意中心，开展产学研合作，并与国际知名研发机构合作，提高企业的自主技术创新能力。

9. 中国场馆椅龙头企业——浙江大丰实业有限公司

浙江大丰实业有限公司2013年总销售产值约25亿元，拥有400余项专利。大丰的公共座椅产品占同类产品市场的75%以上。产品已遍及全国和香港特别行政区以及澳大利亚、新加坡等国家和地区。其中“三合一”聚氨酯发泡、看台伸缩自行走系统、机械反馈式同步伸缩装置等先进技术处于行业领先水平。

10. 中国家具五金龙头企业——杭州德昌五金家具有限公司

杭州德昌五金家具有限公司2013年总销售产值约3亿元，增长5.2%。德昌以浙江为基点，销售网络遍布全国各地，国内客商已发展至千余家，产品远销美洲、欧洲、非洲、澳大利亚、东南亚等80多个国家和地区。年生产力100多万套/件。另外，德昌先后引进了全自动喷涂流水线、德国瓦格纳生产的高技术喷房、日本进口机器人焊机、意大利进口SLF-X15X30B型数控激光切割机、台湾MCV-1020D等设备。

（二）行业特点

1. 品牌战略提速

2013年，全省家具行业共有12个商标被新认定（复评）为浙江名牌。其中，新增“花为媒”软体沙发、“尤特里欧”户外休闲家具；“顾家工艺 KuKa Technices”沙发、“SUNON圣奥”办公家具等10个商标通过复评；新增“玛润奇”、“

梦莹”、“艾美达”等5个浙江省著名商标；“大康”、“源升”等3个品牌荣获“浙江出口名牌”。安吉富和家具有限公司、嘉瑞福（浙江）家具有限公司等3家企业被认定为高新技术企业。

2. 内销蓬勃发展

顾家、圣奥、富邦、普瑞卡、莫霞、巨桑、梦神、利豪，以及宫廷一号为代表的众多玉环企业以省家具协会提出的“五个一”作为内销拓展指南，开拓内销市场。协会运作的浙商名家居品牌联盟也不断助推企业的内销工作。7月30日，联盟欧美家具俱乐部成员走访北京居然之家总部。8月底，联盟应邀参加了居然之家“欧美家年华”合作恳谈会，调研了天津、沈阳两地的居然之家商场。在与红星携手举办的“一路同行 携手共赢”沟通交流会上，联盟接洽了当地区域优质的经销商，达成合作意向。9月10日，联盟参加月星集团“2013中国家居产业高峰论坛”。9月17日，联盟考察了郑州金马凯旋家居CBD项目。10月20日，联盟赴成都与富森·美公司管理团队、成都家具业优秀经销商代表进行了沟通交流。11月17日，联盟与居然之家共同组织的合作恳谈会在宁波举行。12月28日、29日，联盟赴北京与居然之家、城外诚家居广场进行进一步接洽。

新的营销模式也在不断丰富。利豪、顾家、喜临门、中源等企业大力发展电商。“双十一”当日，顾家成交金额5679万元。

3. 东阳市被授予“中国红木（雕刻）家具之都”

2013年9月9日，中国家具协会正式授予东阳“中国红木（雕刻）家具之都”称号。木雕与红木家具相互融合是东阳红木家具的特点，这使得东阳的红木家具在行业中独树一帜。至此，浙江家具行业拥有包括“中国红木（雕刻）家具之都”在内的六大产业集群。

4. 设计创新为驱动力

2013年，全省规上家具企业的科技活动经费支出总额为8.35亿元，同比增长27.02%。企业正在加大科技投入，以创新作为企业发展的驱动力。在3月和9月举行的上海展、东莞展、广州展上，浙江企业共计斩获50项大奖。

另外，星威办公荣获2013年广交会最高奖项——“出口产品设计金奖”。柏厨的“鸢尾香旅3S”荣获第8届中国最成功设计大赛的“最成功设计奖”。奥普荣获了由杭州市经济和信息化委员会颁发的工业设计中心的牌匾。艾力斯特SL-A50至正按摩椅荣获“2013年浙江省工业设计大赛大奖”。莫霞在继圣奥之后，和浙江农林大学合作，成立了家具产品研发与培训中心。

2013年12月6日，以“规范·创新”为主题的浙江家具高峰论坛在浙江省家具行业协会2013年会上隆重举行。论坛邀请了七位具有代表性的浙商家具企业负责人，针对企业管理、品牌建设等方面展开讨论，嘉宾们分享了自己的成功经验，以及在企业管理和品牌建设等方面的创新观点。

5. 加强国际交流

2013年4月，协会组织的欧洲考察团一行52人赴欧洲考察米兰家具展。考察团先后参观了德国豪迈生产基地、多拉维特卫浴（浴室柜）工厂、意大利ANGELO CAPPELLINI实木家具厂，前往米兰参观米兰家具展。协会组织会员与米兰理工大学共同举办了家具设计趋势研讨会。

10月，瑞典木业协会代表团访问浙江省家协。瑞典木业协会国际事务经理兼欧洲木业协会主席Jan Soderlind介绍了瑞典木业的优势和特点，双方就今后的互访和业务洽谈签订了意向书。

6. 社会责任感不断增强

在雅安发生7.0级地震后，利豪集团董事长祝伟华携集团高管带领全体员工向地震灾区捐款；浙江圣奥慈善基金会向芦山地震灾区捐款200万元；泰普森连夜运送帐篷和现金200万元赴雅安；喜临门集团组织员工为雅安地震灾区捐款15万余元，并捐赠价值200万元的床垫。另外，喜临门携手“鸿基金”等机构共同发起留守儿童成长计划——“爱的背包”项目。

三、存在问题

除了劳动力成本、原材料成本、财务成本上升等困难外，浙江家具业在2014年将遇到不少新问题。

（一）国内市场的挑战

国务院第一次全体会议提出了“本届政府任期内，政府性的楼堂馆所一律不得新建”的承诺，其中牵涉到办公家具、宾馆家具、休闲家具、场馆家具等公共领域的家具。这一部分家具占全省家具行业的20%以上的份额，所以这些过剩产能由于宏观经济的持续低迷还会进一步调整洗牌。另外，浙江的区域竞争对手正不断涌现。四川成都、江西南康、山东宁津、福建仙游等地专业家具板块迅速崛起，不断抢占国内家具零售市场，国内家具市场竞争进入了白热化阶段。

（二）国际市场的挑战

人民币持续升值和出口退税下调趋势将威胁浙江的家具出口。家具行业是传统劳动密集型产业，不少地方政府在产业规划中都将家具排除在外，转向现代新兴产业和高科技产业。东南亚及周边国家依靠低廉的劳动力成本和原辅材料的比较优势对中国家具出口也有较大影响。家具反倾销和日益增多的贸易技术壁垒使出口企业在承受成本上升的同时，又时刻受到出口受阻的威胁。

四、发展趋势

针对浙江家具行业存在的问题，浙江省家具行业协会在2013年年会上提出了2014年行业发展的16字方针——“大胆创新，小心求证，规范管理，稳中求进”，以促进行业健康、稳定发展。

（一）创新驱动

浙江家具创新之路任重道远。全省要大力推广“机器换人”，运用先进技术、工艺、设备进行技术改造，同时积极支持与大专院校合作引进权威创新平台和创业人才。但是，光有先进的设备是不够的，加强和推广信息化管理势在必行。信息化管理是发展全屋定制的基础，才能解决个性化和标准化之间的矛盾。

家具流通领域的创新已进入倒逼机制。除了租赁大卖场外，可以实施的创新模式主要有：以宜家为代表的自营家具购物中心模式，以美克·美家为代表的独立店模式，以全友为代表的旗舰店和专卖店模式，还有利用天猫、淘宝、京东等电子商务平台资源和传统门店配送B2C模式，以美乐乐为代表的O2O模式，线上电子商务网络和线下体验店自营和加盟相结合的模式。

（二）规范管理

规范管理势在必行，政府各项管理都将进一步规范。由于污染，约有上百家企业将被列入调整退出计划表。所以，全省要加强家具业的清洁生产、节能减排。另外在税收管理、养老保险、安全生产、环境保护、消防设施、职业病防治、财产保险、专利保护、品牌推广等方面也要提高整体的管理水平。

安徽省

一、行业概况

安徽省家具行业近十年来不断的发展壮大，企业产销能力进一步提高，企业生产也扩大到一定规模。随着安徽经济的发展和人民生活水平的提高，安徽人民的消费理念也发生了很大的变化，对家具产品品质、环保、性能、样式等方面的要求也大大提高，这为安徽家具行业的发展提供了新的竞争机遇。

二、企业、卖场及产业园发展情况

（一）生产企业情况

安徽省虽然不是家具制造业大省，但在产业转移和产业提升以及全省经济不断发展的大背景下，家具业得到了迅猛发展并涌现出一大批优秀企业。销售额突出、规模大、品牌知名度高的生产企业主要有：合肥皖宝床垫有限公司、合肥菱湖家具有限公司、合肥蓝天家具制造有限公司等；另外，还有一些发展势头强劲的家具企业也涌现出来，主要有：美佳、志邦、金宝马、瑶海、环湖、爱就爱、百仪、龙之杰等；更有部分企业把重点市场直接定位在外省，如金斧红木家具、双凤家具等。

整体来讲，安徽省的家具行业同其他家具生产大省相比还有很大差距，主要体现在两个方面：

1. 规模：广东等家具大省通过政策以及区域优势，率先崛起，形成规模，在其他地区企业尚未起步时完成资本的原始积累和市场占领；

2013 年安徽省家具行业发展情况汇总表

主要指标	2013 年	2012 年	同比增长（%）	2013 年占全国比重（%）	2012 年占全国比重（%）
企业数量（家）	192	151	27.15	4.07	3.42
主营业务收入（亿元）	190.6	155.6	22.44	2.95	2.75
出口值（亿美元）	7.43	7.72	-3.84	1.40	1.55
家具产量（万件）	692.76	576.91	20.08	1.06	0.85

统计范围：规模以上（即年主营业务收入 2000 万元及以上）全部工业法人企业。

2. 品牌优势：家具大省主要支柱企业在占领市场后品牌宣传紧跟其上，形成在低附加值的家具产业上加上品牌的高附加值，一方面保证了市场的稳定占有率，另一方面提高了利润率，创造了有力的竞争环境，也使得其他企业开拓市场的压力增大。

（二）家具卖场情况

随着中部开发步伐的迈进，安徽长三角经济圈的进入，合肥迎来了又一个发展黄金时期，安徽的家具业也迎来了大发展的契机，不仅国内的一线品牌不断的落户于安徽各个地市，国外很多家具品牌也纷纷在安徽落户，使安徽家具市场品牌竞争趋于高端化、多元化，如红星美凯龙、第六空间、居然之家、欧亚达、美特美家、东莞家具城等，实现了省内家具市场国际化；而作为以国内品牌营销为主流的安徽瑶海家居国际博览中心目前发展到 18 家卖场，基本实现覆盖全省。这些卖场综合体的出现，带来了先进的管理理念和优良服务意识，丰富了家具品牌，方便了居民家具选购，满足了消费者一站式购物需求，安徽省家具行业达到前所未有的高度，也提高了全省家具业的服务水平。

（三）产业园建设情况

面对产业转移的新形势，安徽省家具行业积极响应省委、省政府的号召，积极参与皖江城市带承接产业转移示范区的建设。目前已建立、建成铜陵环球家具集散中心；积极推进安徽省家具企业与深圳、广州等沿海发达城市家具产业的合作，实现皖粤产业对接，打造中国宿州 · 深圳家居产业园进一步打开安徽省家具行业的大门，不仅使本省家具制造企业的产品走出去并打开全国市场，还实现让其他地区的家具生产、流通等企业走进来，进一步提升安徽省家具行业整体实力，扩大安徽省在全国家具行业的影响力。中国宿州 · 深圳家居产业园的有效规划，科学发展的理念，将形成综合产业，促进生产、生活、研发、教育产业链的形成，并将改变安徽省整个家具行业的现状及地位；在肥东县建立安徽家具小型集聚示范区，包括菱湖、望宝、美佳、客来福、群益木业等企业已准备投产建设，蓝天、瑶海、情港、凯达、汉邦等企业也已向肥东县政府递交土地申请书，力争将肥东县打造成一个具有一定影响力的安徽家具示范区。

三、发展挑战和机遇

当前在全省家具行业发展迅速的同时，也存在着诸多问题，如市场产品品牌众多、产品质量参差不齐，从总体上看高档产品不足、竞争压力小，而中低档产品产能过剩、竞争异常激烈；加上安徽家具行业发展迅速，盈利能力较强，一些和家具行业相关的企业有进入家具行业的可能，家具行业受潜在竞争者的压力比较大。因此，安徽省家具行业在未来的发展中应注意以下几点：

（一）加强品牌的创建

加强品牌的创建，不仅有利于消费者识别产品、保护消费者和企业的利益，还有利于企业进行广告宣传，扩大事业领域。可以说，品牌是企业和产品的象征和代表。在品牌建设方面合肥皖宝集团床垫有限公司是安徽省的领军企业，品牌的影响力支撑起 2013 年 1.5 个亿的床垫销售。而合肥蓝天家具制造有限公司也一直致力于品牌的打造，坚持从 2008 年一直以来参加广州展会，已经在业内形成一定的品牌影响力。

（二）提升服务和管理能力、以软实力取胜

安徽省家具行业经过多年的发展，不论是产品类别、质量、设计还是营销手段都发生了巨大变化，但与其他成熟行业相比，服务质量和管理能力等软实力还有很大欠缺，因此需要通过提升企业服务质量和管理能力等手段，构建庞大而完善的软实力体系，以抬升企业竞争力。企业扩张的同时，加强自身的管理能力，提升企业的服务水平。

（三）创新营销模式

目前省内家具生产企业的销售模式主要以传统招标、代理、连锁加盟、直营店（专卖店）、直销等模式为主。而随着网络运用的普及以及 80 后消费大军的兴起，网购必然成为一种消费趋势。全省规模以上企业基本都未采用网购的销售模式，一方面是观念的转变，另外一个重要方面则是需要成立一个专门的负责部门。由于订单小而散，如能统一采购配送，便可节省人力成本，各企业不需要另设部门及人员专门负责，由中专机构统一调配，并且统一配送也节省了物流成本，集中发货远比分散发货的成本低的多。

福建省

一、行业概况

2013 年，福建省家具行业在极为复杂的国内外经济形势、机遇和挑战并存的环境下，总体发展较为平稳。然而受成本居高不下，国际金融危机以及国际技术壁垒等因素的影响，出口有所下降，效益增幅逐步收窄等情况不容忽视。

2013 年福建省家具行业实现工业总产值约 750 亿元，同比增长 11.9%；出口额 35.6 亿美元，同比下降 13.7%；完成产量约 10876.5 万件，同比下降 2.97%。企业数约 5500 家，从业人员近 35 万人。

生产布局上，仍然保持福州、厦门以生产板式（办公、民用、校用）为主，莆田以生产中式古典工艺家具为主；漳州、泉州以生产出口美式实木家具、钢管家具、酒店家具、软体家具为主；闽侯、安溪等地以生产竹、藤、铁工艺家具为主；三明、南平、龙岩以生产竹木制品为主的格局。

二、地区发展情况

（一）仙游

莆田市仙游县红木雕刻工艺精湛，2006 年被中国工艺美术协会授予“中国古典工艺家具之都”称号。2007 年，该县申请注册“仙作”商标，2009 年成功申报仙游古典工艺家具制作工艺为福建省非物质文化遗产。2013 年，是“仙作”的爆发年，又收获中国家具协会、中国收藏家协会授予“中国仙作红木家具产业基地”和“中国古典家具收藏文化名城”荣誉称号。2013 年 11 月 8—12 日，仙游成功举办

2013 年福建省家具行业发展情况汇总表

主要指标	2013 年	2012 年	同比增长（%）	2013 年占全国比重（%）	2012 年占全国比重（%）
企业数量（家）	5000	4500	11.1	—	—
工业总产值（亿元）	750	670	11.9	—	—
出口值（亿美元）	35.6	41.25	-13.7	5.5	6.8
规模以上企业家具产量（万件）	10876.53	11209.99	-2.97	16.69	16.60

五、家具产业发展趋势及展望

（一）环保家具成为市场主流

随着经济生活水平的提高、品味绿色家居生活已成为越来越多人的共识。消费者在家具消费观念上有了一个全新的转变与突破，由以往的功能性的追求发展为个性化、安全性的需求。

（二）品质铸就品牌

品牌战略建设将成为企业发展重点，注重原创性设计，完成由“中国制造”向“中国创造”发展，提高企业综合竞争力。福建省越来越多的企业申报省市名牌、著名商标，部分企业申报中国驰名商标等。

（三）企业自主创新能力增强

加强自主研发、科技创新的能力，提倡个性设计，加强知识产权保护力度，越来越多的企业申报专利，争创知识产权示范企业。

（四）拓宽销售渠道，开发新兴市场

当前，很多企业已关注到三四线城市其所蕴藏的极大市场潜力，三四级市场将成为家具企业新的布局重点。同时，出口市场逐步开发中东、拉美、非洲等新兴市场。

（五）产业集群和专业化园区日渐成熟

如三明永安市“竹产业基地”，闽侯县、安溪县“藤铁工艺产业基地”，漳州市“美式、钢管家具产业集群”等逐渐形成且日趋成熟。

江西省

一、行业概况

2013年，江西省家具制造业规模以上工业企业累计完成工业增加值27.2亿元，同比增长24.2%；完成主营业务收入130.4亿元，同比增长11.1%；完成利税总额13.4亿元，同比增长26.9%，实现利润9.1亿元，同比增长36.1%。其中，木质家具制造业完成工业增加值22.6亿元，同比增长11.4%；完成主营业务收入105.5亿元，同比增长9.8%；完成利税总额11.2亿元，同比增长26.9%，实现利润7.7亿元，同比增长39.8%；金属家具制造业完成工业增加值2.6亿元，同比增长14.1%；完成主营业务收入10.7亿元，同比增长20.1%；完成利税总额0.9亿元，同比增长21.6%，实现利润0.5亿元，同比增长21.4%。2013年全省家具总产量1194.2万件，同比下降16.9%，其中木质家具1096.7万件，同比下降17.9%，金属家具24.8万件，同比增长16.6%。

目前，江西省家具行业拥有2个国家级产业基地：樟树市中国金属家具生产基地、南康市中国中部家具生产基地；1个省级产业基地：南城县江西省学生校具产业基地。

二、品牌发展及重点企业情况

2013年，江西维平创业家具有限公司已拥有6大系列3大品牌，年产值突破5.2亿元，江西仟亿家具实业有限公司被列为南康市龙头

2013年江西省家具行业发展情况汇总表

主要指标	2013年	2012年	同比增长（%）	2013年占全国比重（%）	2012年占全国比重（%）
企业数量（家）	103	79	30.4	2.18	1.79
企业工业总产值（亿元）	139.5	112.3	24.2	—	2.01
主营业务收入（亿元）	130.4	117.4	11.1	2.02	2.08
企业家具产量（万件）	1194.2	1436.6	-16.88	1.83	2.13

统计范围：规模以上（即年主营业务收入2000万元及以上）全部工业法人企业。

骨干企业，为了实现更大的发展，公司带头转型升级，推出了“仟亿华章”红影木高档民用家具系列产品；远洋集团公司自主研发新产品无轨密集架，并取得国家授权专利。

三、行业活动

（一）2013中国中部第三届暨南康第八届家具博览会成功举办

2013年3月20—22日由江西省家具协会、南康市人民政府共同主办的中国中部第三届暨南康第八届家具博览会在南康市成功举办。本届家博会以“科学发展·绿色崛起”为主题，旨在通过政府引导、文化搭台、经贸唱戏，助力全国实木家具产业知名品牌示范区和中国中部家具产业基地建设。据统计，本次家博会总展览面积达100万平方米，展示了实木套房、软体、沙发等几十种业态近百万件展品，吸引来自全国各地采购商数万人，参展规模再创历史新高。

（二）江西省家具协会家居商场联合工作委员会正式成立

2013年4月9日江西省家具协会在南昌召开江西省家具协会家居商场联合工作专业委员会成立大会。通过大会选举：熊若玲当选会长，游海东当选执行会长，汤厚启当选名誉会长，何炳进当选副会长兼副秘书长，陈少建、黄潮洋、胡全民、曾子飞、何庆泉、张松、钟福华、陈秋根当选为副会长。江西省家居商场联合会专门召开座谈会商讨和部署下一步工作，明确了工作重点和方向：“六个工作重点”。

“一”个联盟。

“二”个联动机制：①家居商场与家居商场之间的联动；②家居商场与生产企业之间的联动。

“三”个入会条件：①自愿和奉献；②合法经营企业；③具有一定规模和影响力。

“四”个作用：①发挥整合行业资源、共享行业资源的作用；②发挥规范行业行为，打造行业内公平、公正的竞争环境的作用；③发挥家居商场联合会在社会、行业影响力的作用；④发挥拓展会员盈利途径和模式的作用。

“五”个平台：①搭建好学习、交流平台；②搭建好品牌共建平台；③搭建好消费者满意平台；④搭建好维权服务平台；⑤搭建好投融资平台。

"六"项措施：①形象篇：建网站、办会刊；②采购篇：加强与家居生产企业合作，组织会员单位团体采购，降低采购成本，提供集体采购平台；③金融篇：加强与金融机构合作，条件成熟时依法设立会员互助资金；④营销篇：组织营销爆破培训、店长店员培训、交流考察培训；⑤工程篇：积极开展招投标的工作指导与合作；⑥平台篇：加强与政府相关部门、行业组织的联系与沟通。

（三）江西省家具协会家居商场联合会首届总裁培训班成功举办

2013 年 6 月 6—8 日，江西省家具协会家居商场联合会在赣州市成功举办首届总裁培训班。本次培训班的主题是如何提高家具商场的管理水平和文化建设。期间，江西省家具协会还与南康市 6 家生产企业签订了战略合作协议，并组织学员参观了合作企业。

（四）2013 中国中部第二届秋季家具展销会成功举办

2013 年 9 月 6—28 日，由江西省家具协会、南康市人民政府共同主办的中国中部第二届秋季家具展销会在南康市成功举办。本届秋季家具展销会以"整合谋变，开创蓝海"为主题，以为家具厂商打造"家具蓝海大平台"为目的，旨在依托南康家具产业基础，积极打造"中部家具直销总站"。展会参展企业及机构达 6000 余家，规模宏大，展品涵括实木套房、软体家具、餐台椅小件、原辅料配件、家居饰品等多个品类，展场面积达 100 万平方米。来自广东、四川、江苏、福建、浙江、湖南、湖北等地的万余专业采购商和观摩观众到会采购，预计累计成交额将达数亿元，再创中部家具展会历史新高。

（五）南康市省级家具产业基地顺利通过专家复评

2013 年 11 月 7 日，授江西省工信委委托，江西省家具协会组织有关专家对南康市家具产业基地申报省级产业进行了复评。根据《江西省级产业基地认定办法》要求，对已于 2006 年获得江西省家具产业基地的南康市进行复评工作。通过听取汇报、考察、讨论研究，专家组一致同意南康市家具产业基地为省级产业基地。

（六）2013 年度江西省最畅销家具品牌工作顺利开展

2013 年 12 月 10 日，由江南都市报、江西省家具协会主办，欧亚达家居承办的"2013 年度江西最畅销家具品牌"评选颁奖活动在欧亚达家居徐家坊店圆满落幕。由业内资深专家组成的"最畅销评审团"共评出两大类 33 个 2013 年度江西省最畅销家具品牌。

（七）江西办公家具招投标采购指南正式出版

2013 年 12 月 30 日由江西省家具协会、江西省机电设备招标有限公司共同出版的《江西办公家具招投标采购指南》正式向外界免费发行。该项工作得到了江西省政府采购办、江西省轻工行业管理办公室、江西省招标咨询集团有限公司的大力支持。

山东省

一、行业概况

根据统计数据，2013 年山东家具行业企业总数约 4200 家，实现主营业务收入 1210 亿元，同比增长 11.5%；其中规模以上企业 528 家，主营业务收入 820.8 亿元，同比增长 16.91%；出口额 23.53 亿美元，同比增长 20.99%，行业总体呈现健康良性发展。

山东家具企业以实木家具、软体家具为主，2013 年国家经济形势仍处在下行期，行业面对的外部环境虽有所好转，但行业增速仍继续放缓。随着原材料、人工工资等价格上涨，制造成本继续增加，行业利润率越来越低，企业压力继续加大。具备一定规模实力的企业，仍然保持较高的增长率；产能过小、作坊式小企业，因其抗风险能力低，面临压力增大，发展举步维艰，行业两极化发展趋势较为明显。企业更加注重产品开发、市场销售、售后服务、人员培训等工作，企业外部形象在不断提升，管理能力、生产效率逐年提高，差异化产品与个性化销售模式有机结合，使企业呈现各自不同的发展特色。

二、经济运行情况分析

（一）生产企业

具备一定规模实力的企业仍然保持较高的增长率；规模过小，无销售渠道，仅靠低价发展的企业生存压力更大，生存空间更小。部分企业在发展中因各种原因（如：资金链中断、产品市场滞销、成本控制不够、盲目扩大产能等）出现破产或转产情况，反映出企业对市场的预判力不够，抗风险能力不强，这要求企业

2013 年山东省家具行业发展情况汇总表

主要指标	2013 年	2012 年	同比增长（%）
企业数量（家）	4200	4200	0
主营业务收入（亿元）	1210.00	1085.00	11.5
出口值（亿美元）	23.53	19.45	20.99
规模以上企业主营收入（亿元）	820.80	702.10	16.91

管理层必须建立完善的管理体系，对企业产品研发、市场销售、成本控制、人员管理等各个方面要具备更高的掌控能力。

（二）流通卖场

当前在流通卖场面积及产品双重过剩的状况下，红星美凯龙、居然之家、银座家居等家具连锁卖场继续采取扩张趋势并开始出现整合现象。为适应更多消费阶层的需要，家居商城内部的产品整合从未间断，使经销商的成本费用逐年提升。在未来几年，中小型家居卖场的整合势在必行。2013年山东部分卖场的销售额同比增长30%左右，略高于往年，但部分卖场却在苦苦支撑。

（三）销售模式

具备一定规模、实力的企业重视产品质量及形象包装，重视与市场、经销商之间的交流沟通，通过专业展会、新产品发布会或经销商会议，稳步推进市场销售份额。厂家不仅考虑新增经销商的数量，同时在关注单店销售额，通过与大经销商之间的强强联合，定期举办产品促销活动来提升销售总量。

（四）从业人员及税金

作为劳动密集型的家具行业，近年来从业人员的工资、社会保险及福利待遇逐年增加，对工作环境、人身健康等要求越来越高，这给企业带来了更多的费用支出。2013年山东家具行业从业人员呈现明显的下降趋势（降幅达12%，前两年降幅在3%左右），说明从业人员的不稳定性，后续年轻一线工人供给不足。出现企业招工难，人员流动性强的特点。对此，部分企业在考虑固有人员的前提下，开始关注提升设备效率、优化产品生产线，提高人均劳动生产率等解决方法。随着土地成本的上涨，税金相应增加，除了流通环节的增值税外，土地使用税的过高税负也让企业感到了压力，“摊大饼”式的厂房布局对土地的利用率低，一部分新建工厂开始考虑多层厂房结构，这也是家具行业由粗放型向集约型转变的具体体现。

三、品牌发展及重点企业情况

（一）品牌发展情况

1. 3·15“环保”家具知名品牌、“诚信”企业及“示范”商城推荐活动

2013年3·15消费者权益日，为引领行业健康消费、和谐消费，山东省家具协会联合北京、天津、河北、辽宁等协会继续组织“环保”家具知名品牌、“诚信”企业及“示范”商城推荐活动，山东有23家企业荣获“环保”家具知名品牌称号；11家获得家具行业“诚信”企业及“示范”商城，为山东家具行业的转型升级起到积极地推动作用。吉斯、凯迪威、宝恩、恒久、德克、久典、金富通、北苑英徽、赖氏、金富信等13家“山东新势力”企业被推向大众。

2. 报团参加深圳国际家具展

“实木家具看山东，鲁班手艺现真功”，山东企业再次集结登陆3月份深圳国际家具展，以“山东新势力”的整体气势向全国家具业发出“2013看山东”的号角，抱团形成区域品牌影响力。

3. 成功举办第十届青岛国际家具及木工机械展览会

4月19—22日，由山东省家具协会主办的第十届青岛国际家具及木工机械展览会成功举办，规模达到11万平方米，参展企业近600

家，取得了良好效果。2013年山东家具行业新增“山东省著名商标”5个；在“山东名牌”办公家具、沙发及红木家具评审中，有18家企业产品荣获“山东名牌”称号。以“设计创造价值”为主题的“设计师走进企业”系列活动先后考察了青岛、淄博、滨州等地的重点企业，通过考察交流，为以后双方的互动合作奠定了良好的基础，引导山东家具企业走设计创新之路，实现山东家具企业产品的优势升级。

4. 组织“深圳饰品软装企业走进山东”系列考察活动

由山东家协与深圳家协共同组织了“深圳饰品软装企业走进山东”系列考察活动，活动以“设计创造价值”为主题，梵尼诗、维维贝拉、金艺尊、神话、赏饰等20余家饰品品牌负责人来到山东，历时四天，先后对U+、赖氏、佳诚、新贵族，金富通、福王、宝恩、新华宇、欧美尔家居、华谊宜家、青岛一木等企业代表进行了参观考察，该活动搭建了软装饰品公司与家具生产企业密切联系的良好平台。

（二）重点企业情况

1. 山东凤阳集团

山东凤阳集团公司针对家具都在瞄向国内三四级市场，及时提出了转换产品模式，提升凤阳档次，以高端皮沙发作为主打产品抢占一二级家具市场的新举措。优质的产品质量是凤阳永久不变的追求，在追求卓越产品质量的同时，凤阳人秉承“设计无界”的原则，整合设计力量，推出了50多种布艺沙发、40多种皮艺沙发，推动了凤阳产业升级的步伐。

2013年底凤阳集团家具研发中心竣工，标志着凤阳又迈向了一个新的起点。2014年凤阳将以新研发中心为起点，进一步提升科研力量，以科技促发展；在产品转型上，继续加大力度，以提高一二级市场为基础，扩大三四级市场的占有率；调整内部组织结构，增强企业的凝聚力。

2. 烟台吉斯集团

烟台吉斯集团公司加大扶持力度，拓展销售渠道。加大吉斯亿家居销售模式，鼓励开大店。公司把真皮、布艺车间的剪裁，床垫车间的钢丝，家具车间的下料等大宗物品的考核与车间主任的工资挂钩，有效规避了不必要的浪费。加强售后服务，以服务赢取消费者。公司客服中心400和800客服热线，24小时接听客户的咨询，进一步加大了客服回访的力度，每月都对公司的所有经销客户进行一次回访。良好的售后服务，充分展示了吉斯的品牌魅力。2014年，公司将继续重点抓好质量管理、品牌建设、网络销售等环节，让天使服务带给消费者健康吉祥。

3. 山东青州双喜家具

山东青州双喜家具有限公司2013年以消费者为关注服务焦点，坚持领先发展、创新驱动，在销售规模、渠道建设、产品研发、生产效率等方面取得了较好的成绩。2014年公司全面突出“快速发展、合作发展、精细发展、品牌发展、创新发展、转型发展”六大发展战略。突出快速发展，打造双喜速度；突出合作发展，打造双喜平台；突出精细发展，打造双喜质量；突出品牌发展，打造双喜文化；突出创新发展，打造双喜特色；突出转型发展，打造双喜模式。

四、存在问题及发展趋势

（一）企业管理模式转变

家具行业的转型升级，企业应从作坊式、粗放式、劳动密集型向工厂化、集约式、技术型方向转变，维系行业转型升级是以建立现代企业管理模式为纽带。但大部分家具企业因基础较差，缺乏高水平管理人员，无法将先进管理模式融入到企业的产供销、人财物等管理中。在行业转型中，人的因素至关重要，提升从业人员素质成为行业发展的重要环节。广东尚品宅配公司是较好的例证，由此，企业的综合竞争力才能显现出来。

（二）企业营销模式转变

在产品过剩的环境下，营销成为企业的重要一环，赢在终端得到了业内的共识。目前市场竞争下，虽然营销方式越来越多，营销团队的组织越来越周密，但国内家具营销多以促销、爆破、砍价会等作为杀手锏，共同特征是价格的超优惠，这样结果是扰乱了正常的市场秩序，以损失大多厂家的利益为代价。近年电商平台的发展，目前也仅仅在价格层面上做文章。未来的销售模式应是引领大众消费、提升服务品质的营销，国内的慕思、柏森等企业的营销策略有独到之处。

在激烈的市场竞争环境下，企业决策层的压力越来越大，对企业的发展投入也越来越多。近几年家具行业不论从厂房、设备、专卖店等硬件设施，还是企业形象、销售服务、人员素质等软件服务方面均在不断提升，企业的综合竞争能力在提升。未来几年，机遇与困难并存，山东家具业会有较好的发展前景。

河南省

一、行业概况

见表。

二、政府关怀

河南省人民政府2013年关于加快推进产业结构战略性调整的指导意见中，“现代家居产业”列为成长力最好、竞争力最强、关联度最高，发展市场空间大、增长速度快、产业转移趋势明显的高成长型制造产业，明确地将家电、家居、厨卫、家居建材、家居装饰材料和新产品等行业囊括为现代家居产业。

河南省主要领导重视现代家居产业，重点支持家居产业的发展。省委和政府主要领导多次视察清丰和原阳家居产业集聚区并给予肯定。2013年省委书记看到河南日报刊登金马凯旋家居CBD撰文时，亲笔批示高度关注金马凯旋模式。

三、产业集群建设情况

（一）清丰家具产业集聚区

清丰主要承接成都家具转移，俗称成都家具行业五朵金花家具企业，其中四朵落户清丰，分别是投资12亿元的全友家居、10亿元的双虎家私、8亿元的新南方家居、5亿元的好风景家具。

（二）原阳家居产业集聚区

原阳主要承接郑州家居产业转移，目前已

2013年河南省家具行业发展情况汇总表

主要指标	2013年	2012年	同比增长（%）	2013年占全国比重（%）	2012年占全国比重（%）
企业数量（家）	294	290	1.00	6.00	7.00
工业总产值（亿元）	473.38	404.78	16.94	7.00	7.00
出口值（亿美元）	6.46	4.98	29.83	1.00	1.00
企业家具产量（万件）	4633.89	3982.98	16.34	7.00	6.00

统计范围：规模以上（即年主营业务收入2000万元及以上）全部工业法人企业。

有郑州45家规模以上企业入驻，开工建设土地面积约2300亩，预计2014年6月底30家企业竣工投产，其余15家企业2014年12月底竣工投产。

（三）新尉家具产业集聚区

主要承接郑州实木家具产业转移，已有20余家企业入驻和开工建设。

（四）信阳家居产业集聚区

主要承接深圳家具产业转移，2012年举行盛大奠基仪式之后，已有17家企业签订入驻协议，计划2013年动工建设。

（五）郑州家居产业集聚区

2013年12月，郑州市委、市政府提出，郑州发展家居产业以郑州金马·凯旋CBD家居项目为带动，以规划建设的郑州家居产业集聚区为载体，按照郑州市打造千亿级家具产业集群的要求，通过引进千家家居生产企业入驻，打造全国具有较强辐射带动能力的产业制造基地。该项目定位引进广东一线品牌生产企业入驻，现已与广东2家著名家具品牌企业签订入驻意向。

（六）郑州金马·凯旋家居CBD

投资268亿打造380万平方米家居建材品牌集群，其中20万平方米家具精品馆预计2014上半年建成，8月开业；20万平方米建材精品馆预计2014年8月招商，年底开业；10万平方米建材批发市场预计2014上半年建成8月开业。

（七）雅宝工业园

新密产业集聚区雅宝工业园建设项目占地面积200亩，总投资5亿元，2012年开工建设，2014年下半年竣工投产。

四、产业调整方向

河南省政府工业结构调整的目标是：建设具有较强竞争力的先进制造大省，通过强抓产业转移迅速扩大产业规模，提高河南制造附加值和在国内外市场的竞争能力。当前是河南省承接东南沿海和发达地区家居产业转移最好时期，同时也是本省家具制造企业进入产业集聚区的高峰期。

一是，本土有经济实力的家居企业通过征地建厂使生产环境得到改善、机器装备得到更新，关键工序安装使用数控机器设备和国内先进生产线，极个别企业引进国外最先进德国大型数控板式家具自动化生产线。技术进步带来产能、加工精度以及产品质量的不断提升，车间生产成本的有效降低，依靠产业集群和成本优势逐步提升本省家具产品含金量和市场竞争能力。

二是，企业转型升级和创新意识不断提高，管理模式、运作方法和手段创新进一步提高企业核心竞争力，许多优秀企业已经具备研发、生产、销售高端产品的能力，全产业链高端产品比例明显提高，有的企业逐渐放弃低端产品，全面规划、研发、生产、销售高端产品。

三是，现代家居产业集聚区提高招商引资门槛，瞄准全国一线品牌和特大型企业，给予非常优惠的土地政策，促进整个产业链成片转移，通过产业转移加快本省建设先进制造大省步伐，同时有效助推本土家居产业转型升级和调整产品结构。

五、郑州国际家具展览会

2013 年 5 月 10 日，在郑州国际会展中心成功举办第三届郑州国际家具展览会。本届展会参展企业数量增长 20%，展览面积增长 30%，面积近 6 万平方米，成为中部最大、全国具有一定影响力、定位准确的专业家具展览会。

湖北省

一、行业概况

2013年湖北家具业稳中前进，三大产业园入园企业陆续投产。全省规模以上企业实现产值同比增长35.35%；利税同比增长61.53%，其中实现利润同比增长27.77%。随着产业链的逐步完善，湖北省家具产业将继续保持增长，成为中部地区家具发展最快的省份。

二、产业集群发展情况

新兴家具产业园区快速成长，引人注目。全省在建的潜江华中家具产业园、汉川金鼓城家具产业园、红安融园家具产业园总规划面积近10万亩；入园企业开始陆续投产，潜江地区以金天拓、好迪、全友、汉淇、栋梁为代表的近20家企业相继开工生产，海绵配套企业家美海绵也于2013年10月份投产经

2013年湖北省家具行业发展情况汇总表

主要指标	2013年	2012年	同比增长（%）	2013年占全国比重（%）	2012年占全国比重（%）
企业数量（家）	93	—	—	1.97	—
主营业务收入（亿元）	110.24	82.03	34.40	1.71	1.45
出口值（亿美元）	1.45	1.31	10.83	0.27	0.26
利润总额（亿元）	—	—	—	—	—
规模以上企业家具产量（万件）	412.46	315.19	30.86	0.63	0.47

统计范围：规模以上（即年主营业务收入2000万元及以上）全部工业法人企业。

营，为产业园区的产业链形成起到了良好的带头作用，华中产业园区也加强了市场和物流建设、商业街的启动、与红星美凯龙的正式签约、华盛办公的入驻，为园区的发展打下了良好的基础。

汉川金鼓城家具产业园、红安融园家具产业园也有近10家企业投产，今后的五年左右，湖北省家具产业园区将迎来建设的高峰时期。汉口北家具配件和原辅材料市场的形成也为园区的快速发展起到了一定的作用。华中家具产业园和红安融园家具产业园相继荣获中国家具行业优秀产业集群称号。

2013年，香港家私协会携100多名企业家参观考察湖北监利，参加投资共建监利香港家具产业园，总规划面积2万亩，总投资200亿元。湖北蕲春县政府与亚太传媒达成投资协议，决定在蕲春建设华中泛家居产业城，项目规划用地8000亩。湖北省家具产业在发展与建设中将成为中国家具产业的第五级。

三、品牌发展及重点企业情况

（一）企业产品结构调整，市场快速发展

2013年，湖北省家具企业根据市场需要，调整产品结构，转变发展方式，提高质量、扩大规模。

实木家具企业呈现良好的发展势头，超凡家具推出新系列产品，产品特征更适合人体结构，红荣居的新中式风格产品日趋成熟，其质量款式均可作为湖北省家具产品的典范；

欧式家具产品开始规模化生产，栋梁、琪发、金海等企业开始由原来的酒店办公系列家具调整为欧式古典家具系列，海富家具也开始在红木家具的生产方面取得一定的成绩；

软体家具中席梦思和沙发等系列产品在省内市场占有主导地位，联乐、龙翔、爱蒂思等席梦思企业稳定发展，武钢旗下的梦湖家私开始涉足床垫沙发行业，其弹簧、钢丝等原材料占据了软体行业大部分市场，为湖北省软体家具行业的发展提供了坚实的保障；

板式套房家具产品成功占领三四级家具市场，为广大乡镇消费者提供更实用的家具产品，产量迅速上升，成为中部板式家具行业的支柱力量。

随着武汉家具市场的饱和，大多数企业和商家将消费重心开始向二三线城市转移，市场格局也由原来的单一家具产品向综合的家居一站式购物模式转变，继潜江润基家具市场开业后，仙桃文华豪布斯卡家居商业综合体和恩施黔龙家居广场陆续落成，浠水金都家具商贸产业也于 2013 年底举行奠基仪式。新的家居商业消费模式将满足消费者和投资者的需求。

（二）企业品牌文化建设加强，对外交流与合作升级

企业经过近几年的发展，引进沿海地区优秀家具人才，大多数企业开始意识到加强品牌文化建设，企业的发展不能单纯靠买卖产品，应提升产品的附加值。

1. 湖北省家具协会积极协助企业通过 ISO9001.14025 等认证体系，指导更多的企业申报著名商标和名牌；

2. 采取多种形式扩大品牌的宣传，开展优秀企业、优秀市场的推荐活动；帮助企业开拓周边市场，与市场实施对接洽谈会；

3. 积极组织湖北家具品牌企业赴广东、浙江等地参观学习；

4. 与和平大世界联合主办的中部六省商贸洽谈会为广大汉产家具企业与经销商和消费者搭建了良好的沟通销售平台；

5. 协助西安原点家具市场组建鄂产、汉产家具一条街，成为湖北省家具走进西北市场的销售平台；

6. 与中国林业机械协会、市轻工协会联办，武汉理想新世纪工贸发展有限公司承办“华中首届现代国际家具装备博览会”也取得了相应的实效。

五、发展趋势

产业的发展不能仅依靠生产型企业和家具商贸体，必须有完善的产业链，原辅材料、生产、物流、商贸体、推广及会展都不可或缺，2014 年湖北省家具园区投产企业将进一步增加，我们在抓产业园区招商和企业投产的同时，必须做好相关配套工作，园区原辅材料市场和物流建设需要进一步完善，充分发挥协会的平台作用，办好湖北家具网和《湖北家具》杂志，为行业提供交流平台，为消费者推荐更多的优秀家具品牌，为相关政府部门出言谏策，抓住湖北省产业园建设和武汉作为中部交通枢纽城市的优越条件，积极筹备家具行业展会，为企业产品的展示提供更直观、更优越的展览平台，吸引更多的家具相关企业投资湖北家具业。

武汉市

一、行业概况

截至 2013 年底，武汉市现有家具生产企业 1000 余家，年产值 100 亿元，比上年同期增长了 20% 左右。整个行业从业人员达 10 万余人。武汉家具卖场面积已达到 180 万平方米，家具销售收入已达 160 亿元，比去年同期增长了 6.66%。武汉有优越的区位优势，按照“1+8”武汉城市圈总体规划纲要，重点发展新型家具产业园，四大家具产业园（即：汉口北金马凯旋家具 CBD、潜江华中家具产业园、红安融园家居产业园、汉川金鼓城家具产业园）承接了家具企业的转移。

二、行业发展大事件

（一）家具卖场开夜市

3 月 15 日，家居卖场开启夜市。营业时间从下午六点延长到晚上九点。武汉居然之家两家门店率先延长营业时间，欧亚达、南国大武汉家装、红旗家居等先后也展开夜间促销活动。统计发现，晚间的销售额约占全天销售额的 20%。

（二）物流规划促发展

4 月上旬，根据《全国物流园区发展规划（2013—2020 年）》，武汉市被列入全国 29 个一级城市物流园区布局城市，将吸引一大批家具企业总部前来武汉发展，融入武汉城市圈。

（三）家具成立 4s 店

5 月 1 日，海尔旗下子公司在武汉后湖成立了湖北第一家维修保养店铺，同时还承担第三方物流和售后工作，成为武汉首个家具行业“4s”店。

（四）家具装备展

6 月 23 日，由协会参与主办的“华中首届现代国际家具 · 装备技术创新博览会”在武汉经济技术开发区黄金口工业园开幕。来自德国、意大利、西班牙、比利时等地的数十家参展商，展出 100 多种、280 余台套家具装备，展出面积 2 万平方米，为期三天，填补了华中家具装备展的空白。

（五）武汉家具街开街

8月20日，武汉市家具协会组织武汉家具企业近30名代表到西安原点考察，由中国原点新城集合有意向经营武汉家具的经销商，共同搭建武汉家具厂商交流平台。11月28日，武汉家具街在西安中国原点开街，形成西部最大的武汉家具批发交易中心。

（六）国漆技艺入非遗

2013年10月，武汉国漆精制技艺入选省级非遗保护名录，将申报国家级非物质文化遗产代表性项目。

（七）自办家具博物馆

11月5日，湖北工业大学艺术设计学院教授刘显波，自办“木雁堂”收藏室，如同一个小型“博物馆”。收藏了以黄花梨为主要材质的明式家具及文房雅玩，小到文房精品玩器，如笔筒、臂搁、端砚等，大到家具如月洞式、六柱式架子床、方角柜等。主办人刘显波在自家“博物馆”讲授的《明式家具欣赏》课程，被评为国家级精品视频公开课。

（八）商业新平台“欧乐汇”开通

11月30日，欧亚达建材家居与搜狐焦点家居战略协作暨欧乐汇商城上线发布仪式隆重举行。“欧乐汇商城”是由中国家居行业领跑者欧亚达建材家居与中国最大家居门户搜狐焦点家居强强联手打造的全新商业平台，通过线上线下资源双整合，为消费者带来真正价格优惠、产品品质有保障、售后服务有保障的家居福利商城。

三、重点企业及品牌发展情况

（一）重点企业创佳绩

武汉重点企业如欧亚达集团、联乐床垫、超凡家具、荣星家具、锦天家具、龙翔床垫、台板家具、爱蒂思家具、家华家具、红旗家具、江华家具、琪发家具等产出增速较快，为武汉家具保持持续稳定发展作出了贡献。

武汉的板式家具生产企业发展势头迅猛，宏欧、石磊、金都、品尚等96家板式企业创造家具产值达到80亿元。

（二）家具摩尔城

武汉·和平家居钢谷摩尔城项目是武汉市政府“十二五”重点项目，项目由和平大世界连锁投资运营，为家居产业配备了星级写字楼、高端酒店，搭载电子商务平台，虚拟网店与实体店二合为一。成为33万平方米华中首席家居产业集群。石磊家私、联乐床垫、家华家私、民望家私、明朗家私、雅阁三星、东方明珠沙发、诺贝尔瓷砖、索菲亚衣柜、柏高地板、标王地板等百余家居品牌入驻。

（三）产业地产单铺旺销

5月4日，武汉北现代产业新城——融园·中国家具第一城以产业地产投资，实现“小商品，大订单”的巨大交易额模式，产业地产单铺销售，当日销售 200 多套商铺。

（四）家具以旧换新初探

8 月 28 日，曲美家具“以‘旧’换新，绿碳行动”在金马凯旋家居 CBD 国际名店街曲美旗舰店举行。活动持续到 10 月 8 日，消费者在金马凯旋家居曲美专卖店内参加活动，均可领取新家具销售额 10% 的补贴。

（五）品牌建设

评选出 2 个武汉名牌，即武汉超凡家具制造有限公司的超凡牌实木民用家具、武汉福祥台板家具有限公司的福祥牌办公家具。

四、建议展望

（一）低碳、绿色发展抢机遇

在全球气候变暖大环境下，低碳经济引起全球广泛关注，绿色发展成为时代主题。家具产业虽有三高特性但也同时具有低碳、环保、可再生、可循环等特性，是低碳经济和绿色产业的“生力军”。发展家具产业，将为扎实推进“国家低碳城市试点”作出突出贡献。

（二）会展经济促行业发展

展会是家具企业打造品牌和拓展业务的平台。武汉市拟尝试在武汉或者省内举办大型家具博览会，让湖北武汉家具通过展会这个平台走出湖北武汉、走向世界。

（三）不再扩大产业园区建设规模

现有四大家具产业园足以满足湖北武汉家具五年的发展需要，防止重复建设和资源浪费。建议政府重新制订家具产业发展规划，严格审批再建家具产业园，并指导四大产业园错位发展。

（四）园区建设重点招商引资

四大工业园区符合武汉“1+8”城市圈总体规划，也是武汉家具产业的“后花园”。为利用好武汉这块金字招牌，重点工作应在招商引资。潜江市委书记张桂华、市长黄剑雄作出表率，实地走访了全友、好迪、掌上明珠、润年、巨田、同元集团等成都和重庆的家具企业，招商引资，坚持用“大市场、大园区、大产业”理念，促园区发展，让转移企业早落地、早建成、早投产，力争 3 ～ 5 年内，全省及武汉家具产业年产值达到 1000 亿元，实现利税总额 200 亿元。

湖南省

一、行业概况

据林业部门和轻工行业机构统计数据显示，至2013年，湖南家具生产企业近1200家，流通企业近3300家，两者合计近4500多家。但规模型企业比重偏低，规模以上制造企业仅占10%左右，相对流通领域规模企业包括本土和全国连锁型企业占15%左右。与此同时，湖南只有1/4的家具企业在做出口贸易，贴牌比例高达80%，平均利润率徘徊在6%～30%之间。

全省家具消费零售总额450亿元，大部分家具商品来自广东、四川、山东、福建、江西等产地，是典型的家具消费为主的区域。全行业家具工业总产值320亿元，同比增长20%，从业人员超过15万人。

二、品牌发展及重点企业情况

（一）龙头骨干企业销售及新产品、新工艺等情况

湖南家具产业经过几十年的发展，出现了一批龙头企业。其中获得中国家具行业优秀品牌展示的企业有晚安、森艺、星港、新峰金属、现代美、富丽真金、梦洁、望城海绵厂、李氏等，另外一批正在快速成长的企业如顾帝、欢颜、伟特、康明等制造型企业也逐渐走出湖南，先后参加了广东几大家具展览会，在品牌建设上积极作为，寻求突破。

1. 湖南大型家居企业——湖南省晚安家居实业有限公司

湖南省晚安家居实业有限公司是一家经营中高档床垫、床上用品、软床、实木家具、沙

2013年湖南省家具行业发展情况汇总表

主要指标	2013年	2012年	同比增长（%）	2013年占全国比重（%）	2012年占全国比重（%）
企业数量（家）	126	126	0	2.67	2.86
主营业务收入（亿元）	227.33	188.73	20.45	3.52	3.34
出口值（亿美元）	2.92	1.82	60.26	0.55	0.36
家具产量（万件）	695.72	580.23	1909	1.07	0.86

统计范围：规模以上（即年主营业务收入2000万元及以上）全部工业法人企业。

发等的大型专业生产家居类企业。2013年总产值（含分子公司）约6.6亿元，增长33%。公司下设美国晚安工业集团、澳大利亚晚安分公司等。产品畅销全国，远销欧美、日本、澳大利亚、阿拉伯等国家。公司先后被评为"湖南省知名品牌企业"、"全国十大专业床垫生产企业"等多项荣誉，主导产品被评为"湖南省名牌"、"湖南省著名商标"、"中国驰名商标"等，产销量名列同行业前茅。

2. 湖南酒店、办公家具龙头企业——湖南森艺家具有限公司

湖南森艺家具有限公司业务主要针对政府办公楼、宾馆酒店、学校等大批量家具采购项目，业务全部采取订单生产形式。2013年总销售产值约2.5亿元，增长31%，企业先后获得"AA级信用单位"、"湖南省著名商标"等荣誉称号，赢得了社会及客户的广泛赞誉。2013年通过"中国驰名商标"认定。

3. 湖南民用沙发龙头企业——湖南星港家居发展有限公司

星港家居专业从事客厅及卧室家具产品的研究、开发、生产与销售，2013年总销售产值约1.33亿元，增长4%。星港家居经过27年的品牌投入与发展创新，现已成为中部地区市场占有率最高、规模最大、配套最全、设备最先进的床垫与技术孵化基地，近500个销售网点遍布全国。2010年，公司启动由单一品类到软体家居的延伸，进一步实现由"星港床垫"到"星港家居"的扩展。

4. 湖南金属材料龙头企业——湘潭市新峰金属科技有限公司

新峰金属在金属制品及压延拉丝行业有着近20年的生产销售经验，是生产高品质弹簧钢丝的专业企业。2013年总销售产值约1亿元，增长25%，在国内拥有如梦洁、星港、晚安等上市公司及全国驰名商标在内的客户群，在省内床垫钢丝拥有超过80%的市场占有率。并通过外贸公司将产品远销南非、东南亚等国外地区。

5. 湖南软体家具龙头企业——湖南现代美家俱装饰有限公司

现代美是目前国内家具行业率先通过ISO9001国际质量管理体系认证、ISO14001国际环境管理体系认证和OHSA18001职业健康认证的企业。2013年总销售产值超过2亿元，增长41%。公司产品覆盖范围广，现有办公系列、沙发系列、宾馆系列、实木家居系列等。

6. 湖南最受消费者欢迎企业——湖南富丽真金有限公司

富丽真金是一家大型高档床垫专业生产企业，2013年总销售产值约9779万元，增长34%。目前拥有床垫单品达30几个品类，近80个单品，2013年获得"2013年度最受消费者欢迎十大床垫家具品牌"和"2013中国家具行业年度最具竞争力品牌"名誉称号，同时获得2013年湖南省著名商标称号。

7. 中国家具行业优秀品牌——湖南梦洁新材料科技有限公司

梦洁主要生产床垫、床具、沙发产品。2013年户外休闲家具及用品营业收入约为1.42亿元，增长89%。有400家经销门店，在全省的销量、市场占有率名列第二。

8. 湖南家具原辅材料龙头企业——湖南望城海绵原料制品有限公司

湖南望城海绵原料制品有限公司2013年总销售产值约3200万元，增长约6%。公司主要生产沙发海绵、复合海绵、慢回海绵、再生海绵、吸音棉、工业棉。

9. 湖南酒店家具企业——伟特家具有限公司

始创于2003年，主要立足于国际五星级酒店家具市场。伟特商标荣获“中国驰名商标”等荣誉称号，通过中国环境标志产品认证（即十环认证）、CQC环保产品认证、ISO9001质量管理体系认证、ISO14001环境管理体系认证、职业健康安全管理等体系认证，荣膺中共中央直属机关定点采购单位、中央国家机关定点采购单位。2013年工业总产值6.1亿元。利税总额6454万元。

10. 湖南酒店、办公、教学家具企业——李氏家具有限公司

李氏家具有限公司2013年总销售产值约8545万元，增长5%。2013年，李氏家具有限公司荣获长沙家具行业办公酒店家具最畅销本土品牌，是湖南现代林业示范基地项目。

（二）行业特点

1. 林业优势明显

湖南是林业大省，全省森林覆盖率达57.13%，(活立木总)蓄积4.16亿平方米，林业产业总产值达1445亿元，全省已形成家具产业生产企业1200多家，木竹家具市场销售额达300亿元，木竹家具加工年产值突破100亿元，湖南家具产业正在走向绿色增长的上升通道。

2. 家具人才众多

湖南已被国内家具行业公认为“粤港家具，湖南智慧”的家具产业人才聚集地。据评估全省约15万人从事家具产业，尤其在广东、江西临近地区从事家具制造和相关产业的湖南籍人士占有率达到10%左右，在这些地区开厂兴办企业的老板多达800余家，其中佛山规模型企业500余家，江西南康近300家，这些家具企业老板均呈年轻化知识化，属于家具行业的新生代，普遍拥有家具设计、生产、营销或管理方面的从业经历，表现出大胆、自信、创新务实的“湘人”特点。

3. 注重交流学习

湖南家具企业中一部分老板，平均每年有1～3次的出国考察学习频率，与意大利等家具活跃区域展开交流访问，省内外、企业间互相考察频繁，是典型的学习型和开放型产业群体，湖南省行业商、协会组织之间也经常举行跨行业商务交流活动。

三、存在问题危及发展

除了劳动力成本、原材料成本、财务成本上升等困难外，湖南家具产业散乱现状是制约快速发展的主要瓶颈。在2014年甚至未来发展中将依然持续存在。

（一）存在问题

1. 家具产业链尚未形成

零散布局，制造成本普遍较高；原创设计水平偏低，模仿难以超越；规模化制造企业不多，个体作坊式工厂比比皆是，据各地州市反馈的数据显示，作坊工厂超过1000家，偏安一隅，品牌意识淡薄，持续发展后劲不足。这也是多年以来临近省市地区家具产业迅猛发展，而湖南本土家具产业链难以短时间形成的主要原因所在。

2. 国内市场的挑战

湖南的区域竞争对手正不断涌现。四川、成都、江西南康、一湖之隔的湖北等地专业家具板块迅速大势崛起，制造企业的“分割包围”态势，对湖南尚未形成产业集群的散乱原始状态格局构成极大的挑战，国内家具零售市场区域化越

来越明显，家具市场竞争进入新的挑战阶段。另外，政府性的楼堂馆所停建，其中涉及到办公家具、宾馆家具、休闲家具、场馆家具等公共领域的家具。这一部分家具占我省家具行业的15%左右的份额，对内需的削弱显而易见。

3. 国际市场的挑战

因为区域品牌优势缺乏，出口更是难以形成气候，湖南籍在外地企业比如广东佛山等地，借助区域产业优势，相对出口便利，而本土企业难以规模型出口，相反外贸进口家具比较活跃，贸易逆差较为凸显，这对中高端家具消费市场冲击明显。

（二）发展思路

立足本省实际，理清思路，不走简单效仿模式，无论个体企业还是行业整体，在“精、准、稳”的定位上做文章。

1. 商业模式的创新

湖南不是家具制造强省，而是家具消费大省，全年家具零售消费总额接近500亿元。家具以大卖场为主，各地州市初具规模型卖场1000多家，小型卖场3000家左右，总面积超过8000万平方米，传统模式依然稳居主流业态，仓储式销售正在悄然兴起。结合电商模式，逐渐吸引了一大批网络潮人尝试新的销售和购买方式。家具装饰整体定制化逐渐蔓延，也是家

具销售和制造相结合的一大趋势。一部分销售商和制造企业联姻，大胆创新的推进整体家装，精准客户个性化需求服务已经形成一种流行风格。

商业模式的创新突破依然十分必要，老旧传统模式与消费者日益提高的需求保持相对一致，才能更好的满足家居物质文化新要求。

2. 引导规范

稳定行业健康发展，适度引导，规范管理势在必行，行业规则需要进一步完善。小企业、尤其个体作坊式工厂的污染和不安全因素普遍存在，为此，基于政府规划，对环境改善，将有一大批家具企业被搬迁。因此湖南家具产业园的整体规划，尤其是完整产业链的形成亟待政府尽快加强介入，进行科学规划，通盘布局，最终达成低碳清洁、节能减排的家具产业集群。另外在税收管理、养老保险、安全生产、环境保护、消防设施、职业水平提升、职业病防治、财产保险、专利保护、品牌推广等方面也需要大幅度提高整体行业水平，从而促进家具长青产业持续健康发展。

3. 协会工作方向

针对湖南家具行业存在的问题，湖南省家具行业协会在2013年成立大会上结合政府相关机构的建议，提出了2014年家具协会针对全行业发展的首要任务是“摸清行业情况，找准引领方向”的工作思路。结合普查湖南家具产业状况契机，《湖南家居大全》编辑工作于2013年底启动，同时将通过业态分析，向政府提交产业集群整体布局的方案正在调研。另外，全省家具博览会，也在积极筹备，结合本省实际状况，将通过创新务实的形式持续举行家具博览会，对湖南省家具产业起到积极的导向助推作用。

广东省

一、行业概况

2013 年，广东省家具行业在新的一轮调整期中，抓住第三次转型升级的契机，坚持设计创新、内外销并举的发展策略，出口、内销继续稳居全国龙头地位。

据不完全估计，2013 年广东省家具行业销售总额 3390 亿元，比 2012 年 3080 亿元增长 10.1%。，比 2009 年 2000 亿元增长 69.5%，五年平均递增率达 14.1%，整体继续保持全国龙头地位。其中，出口方面：据海关数据，2013 年全省家具出口交货值 185.2 亿美元，比 2012 年 165 亿美元净增长 20.2 亿美元，增长率达 12.3%，比 2009 年 103.8 亿美元增长 78.4%，五年平均递增率 15.6%；内销方面：据不完全估计，2013 年全省家具内销额约 2220 亿元，比 2012 年 2010 亿元增长 10.5%，比 2009 年 1270 亿元增长 74.8%，五年平均递增率 15.0%。

二、分类统计数据

（一）规模以上家具企业情况

1. 主营业务收入

据统计部门数据显示，2013 年全省规模以上家具企业（下同）共完成主营业务收入 1460.5 亿元，比 2012 年 1256.2 亿元增长 16.3%。

2. 利润总额

据统计部门数据显示，2013 年广东省规模以上家具企业实现利润总额 65.33 亿元，比 2012 年 57.04 亿元增长 14.54%，约占全国利润总额的 16.18%。

2013 年广东省家具行业发展情况汇总表

主要指标	2013 年	2012 年	同比增长（%）	净增长（%）
总值（亿元）	3390	3080	10.1	310
出口（亿美元）	185.2	165.0	12.3	20.2
内销（亿元）	2220	2010	10.5	210

备注：以上数据整理于 2014 年 2 月 21 日，仅供参考。

（二）家具出口特点

特点一：12 个主要国家和地区的出口值约占总值的 70%，排序是：美国、香港、日本、马来西亚、阿联酋、英国、加拿大、沙特阿拉伯、德国、新加坡、澳大利亚、法国。

特点二：出口值有增有减，增长多于减少。其中，香港、阿联酋、马来西亚、新加坡增幅超过 50%，沙特阿拉伯、澳大利亚、美国、日本增幅为 13% ～ 7%，德国增幅 3%，英国、加拿大、法国负增长 3% ～ 10%。

特点三：美国仍然是广东省家具出口的第一主要国家，约占全省家具出口交货值的 30%，增幅约 8% 左右，为广东省家具出口稳步增长奠定基础。

（三）家具进口情况

据海关数据显示，2013 年全省家具进口总值 3.308 亿美元，比 2012 年 3.364 亿美元减少 1.7%，约占全国进口总值的 24.9%，仅次于上海在全国排行第二。

（四）原材料进口情况

据海关统计，2013 年全省原木、锯材、胶合板、中纤板、刨花板等五项材料进口累计完成 715.51 万立方米 / 万吨，占全国进口总量 6968.65 万立方米 / 万吨的 10.3%；进口总值 28.33 亿美元，占全国进口总值 163.74 美元的 17.3%。

其中，1. 原木：进口量 220.95 万立方米，占全国 4.9%；进口总值 9.56 亿美元，占全国 10.3%；2. 锯材：进口量 468.43 万立方米，占全国 19.6 %；进口总值 17.85 亿美元，占全国 26.3%；3. 胶合板：进口量 7.35 万立方米，占全国 47.5%；进口总值 0.33 亿美元，占全国 32%；4. 中纤板：进口量 1.59 万吨，占全国 30.7%；进口总值 0.108 亿美元，占全国 22.8%；5. 刨花板：进口量 17.19 万吨，占全国 45.1%；进口总值 0.484 亿美元，占全国 37.9%。

四、行业活动

（一）开展广货巡回促销系列活动

通过举行广东家具走进海南、安徽、扬州一系列促销活动，进一步加大广东家具销售渠道，拓宽国内市场。2013 年 5 月，“2013 年广东产品巡回展 · 海南 M3 展”在海口市海南国际会议展览中心举行（M3 即：国际酒店家具、酒店用品及培训服务展览会）。广东的酒店用品企业、酒店家具企业积极参与到海南的旅游建设中来。6 月，“2013 年广东产品巡回展 · 广东家具（合肥）精品展”在合肥第六空间家居 CBD 举行。此次活动得到广东省众多著名品牌企业及经销商的踊跃参与，其中广东品牌数量达 136 个，厂价直销，部分品牌产品更在成交价基础上补贴 3% 的现金。7 月，“2013 年广东产品巡回展 · 广东家居（扬州）精品展”在扬州国际展览中心正式启动，展会是以“新设计、新家居、新生活”为主题的精品展，其中广东品牌数量达 183 个，展出面积 12 万平方米。

（二）举办家具展览会

1. 春、秋两届中国广州国际家具博览会

2013 年 3 月，第 31 届中国广州国际家具博览会如期开幕。本届展会在 18 日至 21 日与 27 日至 30 日分两期举行。其中第一期“大家居”主题涵盖民用家具展、户外家具及休闲用品展、家居饰品及用品展和家用纺织品及辅料展等 4 大专业展会；第二期则主打办公环境、木工机械及家具配料。本届家具展贯穿行业链条的上下游产业，全景呈现行业最新发展趋势。

9 月，第 32 届中国广州国际家具博览会在广交会琶洲展馆开幕。展会总规模 20 多万平方米，搭建家具及家居装饰的“一站式”综合平台。两届展会 88 万平方米的展示规模，4500 家展商，19 万名全球采购商，在全球业界成为最契合企业“跨界经营”，也是最适应采购商“一站式”采购需求的贸易平台。来自越南、印尼、菲律宾等地的国际品牌企业参展。

2. 其他展会

2013 年 3 月、9 月国际名家具（东莞）展览会；3 月深圳国际家具展览会；3 月、9 月，龙家具展览会和亚洲国际家具材料展览会，先后如期举办，各具特色、错位发展，为广大家具企业提供展开、宣传平台，为广大 购商提供贸易平台，加大市场开拓的力度，促进行业转型升级的步伐。

3. 多项专业展会形成互补关系

2013 年 5 月海南国际酒店家具、酒店用品及培训服务展览会期间还举行了海南国际酒店及酒店服务业培训论坛、海南国际旅游岛酒店发展论坛和海南—泰国 SPA 行业对接会，与会嘉宾分别就酒店投资、酒店全球营销策略、酒店设计、人力资源管理等方面共同关注海南国际旅游岛酒店业发展软实力。10 月，第八届中国（乐从）红木家具艺术博览会期间同期举办了藏品鉴赏、精品展销、《古董》顺联杯红木争霸赛、专家鉴宝、工艺品慈善义卖等活动。11 月，广东部分企业参加第九届澳门国际酒店展，推动全省家具企业进一步开拓澳门及葡语国家市场。同月，广东家具企业还参加了 2013 中国（福州）家具建材装饰品博览会，进一步扩大广东家具品牌的影响力。

（三）品牌建设成效显著

经国家工商行政管理总局认定“中国驰名商标”的有：四海、慕思、元宗、楷模；被广东省名牌评价中心认定为“广东名牌产品”有：联邦、南海新达高梵、志豪、百利文仪、四海、优派、东泰、欧的、宜华木业、华立、城市之窗、红旗、汇雅、富邦、新马、佛山丽星、骏业、大明、星徽、鸿丽、中侨五金、嘉宝莉、信威家居、阳江长荣等 24 家。

广东省民政厅下发了《关于表彰全省社会组织模范单位和模范个人的通报》（粤民民〔2013〕398 号），广东省家具协会被授予“广东省社会组织模范单位”称号。广东省宜华股份公司荣获“2012 年度全国轻工行业先进集体”称号，深圳长江家具公司的开发部经理王志浩荣获“2012 年度全国轻工行业劳动模范”称号。

（四）积极推进标准化和质量工作

2013年5月，广东省家具制造标准化技术委员会在顺德召开成立大会，标志着广东家具制造的标准化、规范化工作进入了一个新的阶段。会议表决通过了《广东省家具制造标准化技术委员会章程》、《广东省家具制造标准化技术委员会秘书处工作细则》。

10月，广东家具行业水性涂料技术应用交流会在龙江镇举行。会议阐述了家具行业清洁生产以及水性涂料应用对于家具行业转型升级的重要性，倡导家具、涂料、喷涂企业共同解决水性涂料推广及应用问题。

（五）承办家具标准审定会

2013年11月，由全国家具标准化技术委员会、全国家具标准化中心主办，广东质检验院承办的《塑料家具通用技术条件》等5项家具标准审定会在顺德区召开。会上通过了国家标准《塑料家具通用技术条件》、国家标准《家具力学性能试验第8部分：充分向后靠时具有倾斜和斜倚机械性能的椅子和摇椅稳定性》、国家标准《家具用材料分类》、行业标准《木家具空气喷涂涂着率测定方法》、行业标准《摇椅》等5项家具标准。

（六）开展公平贸易政策研究工作

2013年7月，美国复合木制品技术性贸易措施通报评议会在广州召开。会议对《复合木制品甲醛排放标准》（G/TBT/N/USA/827）和《复合木制品甲醛标准第3方认证框架》（G/TBT/N/USA/828）中的技术要求与国际标准进行比较并分析其合理性；全面分析、评估对广东省家具、复合木制品出口美国企业在生产难度、质量要求、成本变化、出口价格、出口销量等方面造成的重要影响；根据WTO/TBT协定规则，提出对美国通报评议的意见，通过国家WTO/TBT通报咨询中心向美国提出广东省企业诉求，同时研究广东省家具、复合木制品出口美国的应对措施。

（七）开展培训宣传和信息咨询服务

8月，“解读FSC，应对欧盟木制品指令新要求专题研讨会”在广州举行，为相关企业深入解读欧盟强制执行的“木材及木制品规例和新环保设计指令”，全面介绍FSC认证，为企业及时提供所需的信息和帮助。今后，广东省将深入开展进出口公平贸易知识培训、宣传和普及工作，帮助省内家具企业相关人员掌握进出口公平贸易法律武器。

（八）积极探索协调和规范进出口经营秩序的机制

积极探索有效机制，充分开展家具行业内进出口企业的沟通和对话，协调和规范企业的经营行为，减少恶性竞争行为，通过广泛宣传和行业表彰活动，强化企业诚信自律的意识，维护公平、健康、有序的进出口贸易环境，并协助政府部门实施市场规范措施。

（九）推进信息化工作上台阶

广东省家具行业推进信息化工作小组启动仪式在广州举行，全省家具企业约300人出席。

该小组由王克担任组长，张剑峰、田建农担任副组长。工作小组的主要职责是：贯彻落实国家和省委省政府关于加快信息化工作的有关方针政策，积极引导广东省家具行业开展信息化工作；提出全省家具行业信息化建设工作的指导意见和建议，组织开展信息化培训工作，协助骨干会员企业向各级政府部门申报信息化项目立项、评估、评比。

广州市

一、行业概况

2013年，全市有家具企业5921余家，从业人员达10万人以上；全市家具商场总面积达300万平方米。

一年来，完成家具工业总产值991亿元人民币，同比上升10.1%；家具内销总额666.3亿元，同比上升10.5%；家具出口总额50亿美元，同比上升12.3%。

二、代表性产业及企业建设情况

2013年，是中国家具行业较为困难的一年，广大的家具企业面临经济趋缓，需求疲软的不利境况，广州市家具行业在不景气的大环境下仍然顶住压力，一如既往地保持高增长。据统计，广州市规模以上家具企业实现利润总额约19.60亿元，同比增长14.54%，年产总值约占广东省总产值30%。

（一）中国（广州）国际家具博览会保持持续增长

中国（广州）国际家具博览会被誉为“中国家具行业的晴雨表”，是中国乃至全球家具届每年一度的盛事。2013年第31届广州家具博览会总规模达68万平方米，共有29个国家和地区的3648家企业参展，比往年有所增长；民用现代家具与儿童青少年家具规模同比增长50%，家居饰品展和家纺展的规模同比增长10%以上。除此之外，本届展会还新增了定制家具区，并首次设立新中式、红木家具展区。

2013年广州市家具行业发展情况概况

主要指标	2013年	2012年	同比增长（%）	2013年占全国比重（%）	2012年占全国比重（%）
企业数量（家）	5921	5379	10.1	—	—
工业总产值（亿元）	991	900	10.1	29.23	29.22
出口值（亿美元）	50.6	45	12.3	27.32	27.27
内销（亿元）	666.3	603	10.5	30.1	30

数据来源：广州统计局、广州市工商局、广州红盾工商网。

场的供大于求，更造成了整个行业的压力，扩张后运营成本不断增加，加上市场并未实际回暖，销售并没有好转，很多厂商利润空间受到挤压；卖场过多导致家具行业产能过剩、卖场单位面积销量下滑，使得经销商利润下降。家具卖场的整体环境将使家居行业流通渠道开始进入调整期。

四、发展趋势

未来的家具市场需求空间更加广阔，家具企业在目前利润空间不断压缩的环境下势必寻求更多的差异化路线发展。在现有的传统卖场销售和实体连锁渠道外，将会有越来越多的企业开始涉足自定制家具、家具电商等新兴产业，各级家具行业协会将要承担起更多的责任。

（一）个性化定制设计引领家具市场新潮

个性化的设计理念将成家居市场发展的新潮流。崛起的“80后”消费群体更追求私人定制，能够结合时尚、创新、环保、舒适、崇尚设计等多个主题元素，融会贯通，体现人、空间和城市关联的定制家具将获得更大的发展空间。如何实现对中高端整体家具及配饰设计的定制需求将成为广州家具企业的重要研究方向。

（二）家具电商将成为广州家具行业新的关注点

据有关“珠三角区域家具电商状况”的统计数据显示，80%以上的家具企业高度关注电子商务，60%以上家具制造企业正在规划实施，30%左右的已深度介入，还有5%已取得不错的经济效益。

电商模式是家具行业未来发展的重要模式，这个模式已经悄然来临，但如何解决大件商品物流、诚信支付的电商商业模式仍未成熟，这是包括目前所有家居企业乃至其他电商巨头都未能顺利解决的一大困阻，一旦商业模式成熟，将会是家具电商群雄并起的另一个时代。

（三）行业协会的作用将逐渐加强

家具行业协会越来越发挥着不可替代的作用。如何让行业内的众多企业主更好地了解市场情况，如何更好地让企业主之间进行更多的有效交流，如何进行资源的合理配置，降低内耗等问题都是促进家具行业进一步发展的重要课题，也是家具行业协会急需解决的问题。

2013年，是广州市家具协会矗立潮头的第20个年头，广州市家具行业协会在未来将承担更多的社会责任，发挥中介功能和桥梁作用。

深圳市

一、行业概况

回顾2013年，整个中国的家具产业发展趋势已经很明晰，深圳家具产业的战略调整迫在眉睫。各产业区域的优劣势也发生了变化；传统大卖场模式与新兴商业模式的较量胜负难分，有待市场给出最公平的裁定；消费结构也发生变化，消费结构两极化、消费意识品质化、消费过程体验化、消费行为网络化大趋势已经形成。由城镇化进程和人均GDP水平逐年提高而带来的庞大市场消费需求给了家具市场新的机遇，但同时也要面对宏观经济低迷引发的产业结构调整、传统零售模式的单一性、思维观念传统、知识存量不足以及对未来规划能力不足的五大挑战。

针对家具行业的现状、机遇和挑战，深圳家具产业在2013年的主要发展策略就是制定相关策略以顺应产业的发展与变化。这些策略包括：深圳制造在全国的产业布局战略和新型商业模式的建立；坚持创新设计；打通定制家具的市场渠道；打造专业的传播体系、服务体系、设计等产品战略体系以及集成研发、打造一体化贸易平台等来推动居家一体化发展趋势。

二、行业及企业发展情况及存在问题

家具行业是深圳传统支柱产业之一，截至2013年底，深圳家具行业总产值已达2000亿元人民币，占全国的15%。2013年深圳家具企业达1500余家，2013年出口额106亿美元，从业人员达25万人，年产值在10亿元以上的大规模企业20家，年产值在3亿～5亿元之间的中型企业有60余家。“深圳家具”已经成为原创设计、高品质的高端家具代名词。

然而，即便如此，深圳家具仍然迫切地感受到了当下摆在面前的诸多挑战，如政府对产业结构调整的挑战、终端市场渠道单一的挑战、现代工业化水平不高的挑战。面对中国日趋城镇化的趋势，国家两横三纵的交通枢纽和城市化布局的规划，深圳家具产业正通过全国布局、通过改变传统制造模式和零售模式、通过传统渠道的变革，引导整个家具行业以更积极的态度探索更可持续发展的新空间。

三、发展趋势

深圳家具的发展布局离不开“两横三纵”的国家城市化总体布局。所以，截至目前，深圳家具行业已在坑梓、成都新都、昆明、宿州、运城、信阳等地分别规划了深圳家具总部基地、中国宿州·深圳家居产业园、中国家具 CBD（武汉）、江西南康家具产业总部基地、中国家具西南城（昆明）、成都家具集中发展区、深圳家具产业集聚基地等产业基地。

宿州项目打造的是一个新型城镇化概念，其中制造业园区占 70%，商贸区占 10% ~ 15%，园区社会占 15% ~ 25%，物流占 7% ~ 10%，首期建成 2.7 平方公里，已签约 10 多家深圳企业，4 家企业进行了土地摘牌。该项目不仅旨在深圳制造的未来发展规划，同时也打造了一个深圳制造 1 平方公里区域展厅的模式，是颠覆性的商业模式创新。

深圳家具总部基地基于深圳对传统制造业的政策，未来企业工厂都将远迁内地，设计中心、研发总部等高科技含量的部分留在深圳，所以由深圳市家具行业协会联合深圳市政府在坪山规划了 5 万平方米的深圳家具总部基地。基地分为总部办公中心、深圳家具研发院及原辅材料与饰品交易中心三部分。纳税 1000 万元以上的企业才有资格入驻，目前有 8 家入驻企业达到此标准。

同时，家具定制、居家一体化以及家具服务业与制造业的分离也是深圳家具产业未来的发展趋势。深圳有一个强项产业就是装饰业，装饰业务 80% 的份额来自酒店，设计师在其中作为主导。深圳市家具行业协会正在为深圳家具行业做一个整合，将上游的装饰材料、家具和下游的饰品整合，使他们在同一个空间发挥最大收益。

四、2014 年发展规划

基于沿海产业结构调整的大形势，利用国家城镇化进程的契机，深圳制造将继续推进向中原六省的全国布局步伐。同时，继续打造如“安徽宿州产业基地为深圳制造打造的 1 平方公里区域展厅模式”的创新商业模式，以利深圳制造的科学发展。继续发挥深圳国际家具展、深圳国际家居饰品展暨空间陈设艺术展在贸易平台、创新引领、行业定位方面的积极作用。重点打通定制家具的市场渠道；打造专业的产品设计、传播设计体系、服务体系设计等产品战略体系以及集成研发、打造一体化贸易平台等来推动居家一体化趋势的发展。

四川省

一、行业概况

2013 年的四川家具行业，在经历了 20 余年高速发展后，家具、家居，乃至整个居家产业都开始全面进入增幅平缓期。与此同时，四川家具行业现也面临着产能过剩、劳动力短缺以及白热化的市场竞争等诸多挑战。在这样特殊的历史时期下，有的企业经营逐步下滑，甚至被迫退市，但有的企业却仍在不断创造奇迹，逆势增长。总体来说，2013 年，多数四川家具企业仍在维稳发展，虽历经艰难但仍在前进。

据四川省家具行业商会统计，2013 年，四川家具行业共有家具生产企业 4550 家，实现工业总产值 838.38 亿元，同比增幅 10%；其中规模以上生产企业 3100 家，实现工业总产值 544.85 亿元，同比增幅 19.14%。2013 年全省出口值 2.46 亿美元，同比下降 2.29%。

二、品牌发展及重点企业情况

至 2013 年底，四川家具行业内拥有全友家私、掌上明珠、好风景家私、八益、双虎、浪度、南方、升达林产品等 10 多家中国驰名商标，全友板式和全友沙发两家中国名牌。荣获四川名牌和四川著名商标、成都市著名商标

2013 年四川省家具行业发展情况汇总表

主要指标	2013 年	2012 年	同比增长（%）	2013 年占全国比重（%）	2012 年占全国比重（%）
工业总产值（亿元）	838.38	762.16	10	—	—
规模以上企业工业总产值（亿元）	544.85	457.29	19.14	—	—
企业数量（家）	4550	4600	-1.09	—	—
规模以上企业数量（家）	246	217	13.36	5.22	4.92
规模以上企业家具产量（万件）	1418.68	1260.36	12.56	2.18	1.87
出口值（亿美元）	2.46	2.52	-2.29	0.46	0.50

等区域性荣誉的企业多达上百家。四川的全友、双虎、掌上明珠三大家私企业被誉为带动四川家具行业向前发展的“三驾马车”。

（一）全友家私触电成功

2013 年，全友家私积极拓展电商渠道，在 2011 年建立电子商务并入驻淘宝网，并连续三年在淘宝双十一期间，以 1.3 亿元业绩再创新高，实现连续三年荣获家具品类销售第一名，挺进淘宝亿元级店铺三强。全友家私通过有力的网络营销战略，品牌形象和营销渠道都得到了有效的提升。

（二）双虎家私继续发力品牌塑造

成都双虎实业有限公司在美国纽约时代广场正中心 1 号主屏幕上展示的形象片，以户外广告的形式进行品牌宣传，以此提升双虎及中国家具在海外市场的认可度。

同时，双虎家私自 2011 年 6 月起连续三年举办“双虎家私名品·助力高考全国公益行”，该活动由“关爱考生睡眠健康”、“爱心送考”、“双虎助学金”三个阶段组成，分别在高考前后为学生提供各种帮助。通过公益活动，双虎家私的品牌效应得到了更好的体现。

（三）掌上明珠设计创新

掌上明珠家私以设计突出重围，外聘国外家具设计大师，全面实现产品的都市化、时尚化，并与米兰理工大学设计学院签署官方战略合作协议书，使掌上明珠家私成为目前中国唯一的与米兰理工大学官方合作的中国家具企业。

（四）好风景家私用爱心传递企业文化

成都好风景家私在 2011 年，携手国际明星李嘉欣共同推出了蓝丝带创业计划和蓝丝带“博爱 100”助学计划。迄今为止，蓝丝带“博爱 100”助学计划已经援建了数十所小学。好风景家私的公益之举得到了全社会的广泛认可，其品牌知名度也得到了极大的提升。

（五）八益家具实现产业由“家居”走向“居家”

家具行业产业的融合已经逐渐显现，四川家具行业作为全国的家具产业重地，已经率先迈出转型升级的步伐。八益家具集团作为四川家具行业的领军企业之一，投资 65 亿元全新打造了以“居家”元素为主题的八益国际家具博览城，将极大融合家具行业的上下游产业，加快实现行业的转型升级。

在八益国际家居博览城打造了1000个家庭室内样板体验馆，小到牙签盒，大到沙发、地板、灯饰、橱柜、冰箱等一切与居家相关的植物、文化用品、艺术摆件等，均融合在八益国际家居博览城中。这种新模式是由家居、家具、家装等分散的卖场向聚集、整合、配套的居家博览体验消费的转换。八益国际家居博览城将颠覆传统家具卖场模式，开启从“家居”到“居家”转变的新时代。

三、行业活动

2013年，四川省家具行业商会继续深入实施四川家具“抱团拓展，销量倍增”计划，集结优势品牌，抱团出击、纵深挖掘全国家具消费市场潜力，组织会员企业抱团深耕市场，向上进军一级城市消费市场，向下深耕二三级消费市场，极大促进了四川家具在全国的市场占有率。落地项目汇总如下：

（一）携手西安中国原点新城共同举办“四川品牌城镇家具采购节”

2013年4月17—19日，四川省家具行业商会组织了118家会员企业远赴西安，携手西安中国原点新城共同举办了“中国原点四川品牌城镇家具采购节”，并在原点新城批发交易中心设立“中国原点四川家具品牌街”。

（二）组织四川家具企业首次组团参加沈阳家具展

2013年8月9—11日，四川省家具行业商会组织了会员中的部分小件家具生产企业，参加沈阳国际家具及木工机械博览会，助力会员企业发展东北家具市场。

（三）与达州市商务局共同主办首届川东家具建材博览会

2013年8月10—12日，为加强四川家具品牌在川东重镇达州的品牌推广和市场拓展，四川省家具行业商会与达州市商务局共同主办了首届川东家具建材博览会。

（四）组织百余厂商包机参加广东春季、秋季展

2013年3月16日和9月5日，四川省家具行业商会分别组织了100余家家具厂商，包机前往广东参加春季、秋季两大家具展。

（五）与成都八益家具集团联合举行向雅安芦山地震灾区捐款仪式

2013 年 4 月 25 日，四川省家具行业商会和成都八益家具集团联合在成都八益广场举行向雅安地震灾区捐款的仪式，众多四川家具企业代表、八益家具集团员工、八益家具城营业员共同参与了捐款活动。现场募集善款 17.5 万元，成都八益家具集团现场捐赠 300 床八益床垫。

（六）举办第七届八益家具城国际家居文化艺术节暨首届红色文化体验周

2013 年 7 月 2—6 日，四川省家具行业商会与成都八益家具城共同承办了第七届八益国际家居文化节。

文化节期间，还举办了“2013 中国居家产

业发展与变革高峰论坛”。论坛上的新思路和建设性意见，对加快西部乃至中国居家产业的发展提供了有益的借鉴和参考。

（七）组织企业参加雅安市家居建材展销会

2013 年雅安市家居建材博览会期间，四川省家具商会与展会主办方通力合作，组织了 30 余家四川品牌家具及建材企业参展，以物美价廉的产品惠及灾区人民，同时加速推进企业深耕三四级市场的进程。

四、发展趋势及展望

十八届三中全会指出，要“完善城镇化健康发展体制”，新型城镇化建设将成为未来经济发展的重要动力。面对新时期的刚性需求，长期耕耘在二三线市场的四川家具，将成为新型城镇化建设中最大的家居产品供应商。“面向刚需，整合营销”是四川家具企业未来相当长一段时间的发展之路。

（一）抱团拓展，加强渠道建设

四川家具企业向来擅长渠道建设，多年来，以“农村包围城市”的独特战略在全国二三级市场取得了较高的市场占有率。以此为基础，乘十八大改革春风，四川家具企业亟待抱团拓展，以提高综合实力来占领更高的市场份额。

面对时局，四川省家具行业商会将组织四川家具品牌联盟成员以及会员企业，面向国内家具消费市场，全面实施“三个 1000”工程：组织 1000 个四川家具品牌，在全国开设 1000 个四川家具馆或四川家具厅、四川家具楼层、四川家具街，实现 1000 个亿的年销售额。

（二）产业由“家居”走向“居家”形式

今后的时代是一个行业与行业之间整合的时代，也是行业内部整合的时代。围绕家具形成的家居产业链，是对整个家具行业的提升，也是对家居产业的补充。居家产业将融合更多的以居家为主的生活模式，从而实现家居企业、与其它居家相关的生产、流通企业之间有更多的融合、互补，形成新一轮的发展模式。

（三）增强企业综合实力，提升区域品牌竞争力

白热化的市场竞争不断考验着四川家具企业的综合实力。当下四川家具企业急需在生产结构、市场经营、质量、品牌等方面进行全面提升；同时，四川家具行业还要转变观念，从陈旧的发展观念向现代企业观念转变，从家族式的生产经营方式向现代化的经营模式转变，由注重单体的优势向注重区域品牌优势转变。实现硬件设施和软实力并重的发展步伐，实现四川家具的大发展。

贵州省

一、行业概况

根据贵州省经信委和省统计局对全省 1020 家企业统计：2013 年，贵州省家具产量 157 万件，同比增长 15.13 个百分点。据贵州省家具行业协会统计，2013 年，贵州省共有家具生产企业 1020 家，从业人员 21.5 万；全行业完成工业总产值 13.35 亿元，同比增长 14.29%。

2013 年是贵州家具行业快速发展的一年，在 2013 年，数十家企业建设了新的现代化厂房，大批企业也正在建设或筹划建设新的生产基地；在 2013 年，贵州各地州开设多家高档次的卖场，也有多地正在筹建，这些市场行为表明贵州的家居建材行业正进入一个飞速发展的时期。

二、重点品牌及产业园建设情况

（一）重点品牌情况

近几年来，随着贵州工业化、城镇化建设的快速推进，贵州省家具市场尤其是贵阳市家具市场有了很大扩展。根据《贵州省家具产品监督管理办法》，贵州省对具有一定规模、深受消费者欢迎的生产企业和经销商、家具商场进行严格审查、评定，向社会推荐出“贵州省家具产品质量推荐品牌”、“绿色环保家具产品”、“贵州省家具行业流通领域诚信经销商”、“中国十八省市诚信企业和示范商场”，以规范企业发展。

2013 年，西南国际家居装饰博览城、南明青禾家具城被评选为中国家具行业先进流通企

2013 年贵州省家具行业发展情况汇总表

主要指标	2013 年	2012 年	同比增长（%）	2013 年占全国比重（%）	2012 年占全国比重（%）
企业数量（家）	1020	945	7.93	—	—
工业总产值（亿元）	13.35	11.68	14.29	—	—
内销（亿元）	13.35	11.68	14.29	—	—
规模以上企业家具产量（件）	832469	357856	132.63	0.13	0.05

业；大自然、长田、嘉和家、子洋、合众、卡罗兰等被评选为中国家具产业先进生产企业。这些企业为贵州省家居企业树立了榜样，带动了企业发展。

（二）产业园区建设进展情况

2013 年 10 月 25 日，贵州省第二次工业发展大会及项目观摩总结会在贵阳召开。大会强调要坚定不移实施工业强省战略，大力推动贵州省工业发展实现转型升级，推进工业发展的载体和平台建设。贵州省家具协会根据贵州家具产业的发展状况，积极帮助企业进入园区生产。一是抓园区平台。以坚定不移、因地制宜的基本态度，大力支持推进产业园区成长，把产业项目装进去。二是抓产业培育。同贵州长田家具产业孵化园有限公司一起，按照产业高端化、规模化、品牌化的思路，强化产业配套，旨在把贵州家具产业孵化园打造成产业集群区，加快产业结构转型升级。三是抓企业发展。支持企业入园区，坚持做大做强骨干企业和培育发展中小企业并举，培育发展一批大企业，扶持催生一批中小企业，力争打造创建一批知名品牌。目前，已经有贵阳南明黎航床垫厂、贵阳市花溪能发教学设备有限公司等企业在贵州长田家具产业孵化园内的办公楼和生产场地初步建成，预计年初将正式投产。根据 2013 年贵州省工业大会的精神，今后所有生产企业都要进入园区生产。

三、行业活动

（一）走进企业做调查，针对情况做帮扶

为推动贵州家具行业整体水平的提高，适应现代家具市场的发展，提高企业的竞争力，从 2013 年 2 月开始，贵州省经济和信息化委员会相关领导、贵阳市工业和信息化委员会冯守明副主任及相关部门等，在贵州省家具协会名誉理事长孔黔筑、秘书长陈豫黔的陪同下，对贵州部分家具生产企业进行实地考察和调研活动。先后考察了贵州长田家具产业孵化园、贵州子洋家具有限公司工厂、贵州大自然科技有限公司，以及贵阳市乌当区佳美金属柜厂、贵州嘉和家装饰家具有限公司等企业。这次调研活动是贵州省家具协会帮助企业发展的一次实践，旨在实际了解贵州省家具生产企业的实际情况，并从调研活动中找出切实帮助家具企业发展的办法，帮助贵州家具企业发展壮大。

（二）加强信息交流、为行业发展服务

为适应家具产业的快速发展，协会加强了信息化服务工作，通过协会门户网站贵州家具网和《贵州家具》杂志、通过深圳亚太传媒股份有限公司旗下的《居舍 · 亚太家具》等数十本行业刊物、腾讯 · 亚太家居网以及《中国家具协会通讯》等媒体渠道，及时宣传报道贵州家居建材行业、生产企业以及经销商在市场行为中的活动。同时，以权威数据为依据，准确传达国内外家具行业信息，及时传达政府有关部门的方针、政策、行业规划、产品质量法规、标准和引导市场消费等全方位工作的载体，同时也是沟通政府、行业、企业、各地协会、会员单位的重要桥梁。

（三）举办中国 - 东盟（贵阳）红木家具与木雕根艺收藏品巡回展

2013 年，贵州省家具协会继续组织企业及经销商积极参与各大家具展、以及亚太经济论坛。通过协会引进，2013 年 9 月 27—29 日，

中国-东盟（贵阳）红木家具与木雕根艺收藏品巡回展以全国巡展模式首次在贵阳举办，活动为培育贵阳红木文化，提高贵阳客户对红木的了解和品鉴能力，提升贵阳红木市场的活跃度和影响力作出一定贡献。2014年，本次展会将与贵州家具展同期举办，并将通过同浙江省经济和信息化委员会、浙江省家具协会、河南家具协会等合作，将展会打造成为西南地区集展示、交易、赏鉴、投资于一体的专业展之一。

（四）召开“帮助贵州家具生产企业解决木材运输过程中的诸多问题”专题汇报会

2013年8月1日，贵州省林业厅对“如何帮助贵州家具生产企业解决进口木材在运输过程中的诸多问题”召开专题汇报会，贵州省家具协会秘书长陈豫黔以及企业代表对林业厅为家具企业排忧解难的实际工作做了汇报。自上世纪90年代起，贵阳市部分家具由于产品开发和公司发展需要，生产企业开始使用进口木材，运输途中就遭遇了很多麻烦。贵州省纪委驻林业厅纪检组组长黄勇表示：为了支持贵州省家具生产企业发展，如果企业在家具生产原材料方面，不管进口还是省内开发，只要有需求，林业部门都应该协调各部门，大力支持企业发展。政府的表态，解决了贵州省家具企业被困扰了十多年的老大难问题。

（五）成立贵州省家具行业城市商业合作社

目前，贵州省家具行业很多生产企业和经销商还处于发展初期，迫切需要资金投入，谋求更大发展。而很多企业的融资渠道仍然依靠自筹和民间借贷，只有很少的企业通过银行贷款获得融资。在资金筹集方面面临的诸多困难，从而阻碍了企业的进一步发展，不

利于企业进一步做大做强。2013年10月15日，由贵州省经济和信息化委员会融资服务处牵头，贵州省家具协会与中国民生银行贵阳分行合作的“贵州省家具行业城市商业合作社”成立仪式在贵阳隆重举行。通过与民生银行的友好合作，特别是合作社的成立，为广大贵州家居行业企业开创一条更加便捷的融资通道。截至2013年年末，已发放流动资金贷款5000万余元。

陕西省

一、行业概况

2013 年，陕西家具行业运行相对平稳，家具生产量和上年相比增减变化不大，完成产值达到 30 亿元。规模以上企业 18 家，其中亏损企业 1 家，从业人员约 3000 人。规模以上企业完成产值 17.15 亿元，比上年增长 32.8%，实现利润 1.68 亿元，比上年增长 15.47 %。

二、品牌发展及重点企业情况

（一）陕西名牌

2013 年 8 月 28 日，福乐顺利通过陕西省名牌产品专家审查组的现场复查，保持了陕西名牌的称号；8 月 29 日，南洋迪克顺利通过陕西省名牌产品专家审查组的现场评审，取得了陕西名牌的称号。各项评审的荣誉加冕，再次提升了福乐和南洋迪克品牌的公信力和核心竞争力。

（二）企业新品开发情况

面对家具行业低迷的大环境，大多数企业努力创新，向创新要市场。企业积极研发新产品，在精、专、特、新和个性化、人性化上下功夫，以求开拓市场。 福乐、南洋迪克、陕西大明普威、源木、盛百世、中南家具、渭南雅典等企业都在开发新品上下功夫，并取得了好的业绩。

1. 西安福乐家具有限公司

创新经营思路，突破市场寒冰，根据销售市场的区域性，加强产品的差异化，开发区域

2013 年陕西省家具行业发展情况汇总表

主要指标	2013 年	2012 年	同比增长（%）	2013 年占全国比重（%）	2012 年占全国比重（%）
企业数量（家）	18	16	12.5	0.38	0.36
主营业务收入（亿元）	15.80	11.78	34.09	0.24	0.21
出口值（亿美元）	1.21	1.60	-24.05	0.23	0.32
家具产量（万件）	75.97	68.55	10.82	0.12	0.10

统计范围：规模以上（即年主营业务收入 2000 万元及以上）全部工业法人企业。

专供产品，培育重点销售区域。研发制作出了38款新品床垫投入市场，取得2项国家外观设计专利。

2. 西安南洋迪克家具公司

西安南洋迪克家具公司开发了“乌金至品”实木系列产品200多款，取得国家外观设计专利近210项，至此南洋迪克产品取得国家外观设计专利已超过400项。

3. 陕西大明普威公司

陕西大明普威公司注重低碳环保，关注客户健康与舒心，2013年先后开发了宴会家具、餐厅家具、客厅家具及不锈钢整体橱柜以及厨房污水处理设备20多种，取得国家专利8项，新产品推出后深受市场的欢迎。2013年公司董事长刘朋立当选为中国民企协会厨具环保节能委员会副主任委员。

4. 中瑞时代家具有限公司

中瑞开发了3个系列120个款式的新产品，取得6项国家外观设计专利，累计国家外观设计专利已超过40项。

5. 西安源木艺术家居有限公司

西安源木艺术家居有限公司的“源木”实木家具兼容并蓄，坚持绿色环保家具的品牌路线，在产品设计上形成了自己独特的风格，2013年推出了唐境系列。取得国家外观设计专利4项，2013年申报的20项正在办理之中。

6. 盛百世木艺有限公司

盛百世木艺有限公司在2013年设计的福运系列产品中有7项获得了国家外观设计专利。首次向公众推出的“清宫御床”以及“和谐—神韵之中国梦”创意木雕，在第十二届西安国际家具博览会分别荣获金奖。“清宫御床”获得了2013年武汉第十四届中国工艺美术大师作品暨国际艺术精品博览会最高奖项——百花奖金奖，并荣获原全国人大委员会副委员长、中国工艺美术协会主席李铁映先生的亲笔题词。

（三）企业品牌宣传及销售情况

1. 西安福乐家具有限公司

福乐家具有限公司创新经营思路，加强产品的差异化，开发区域专供产品，培育重点销售区域。对市场深耕细做，一级市场加强改变销售策略，二三级市场加强开发力度。打造新的形象店店面形象，完成形象店的升级。2013年共建立形象店32家，培养经销大户16家。同时，与居然之家强强联手，先后在陕西延安、宝鸡、甘肃兰州、天水等地建立了福乐家居形象店。

2. 西安南洋迪克家具制造有限公司

2013年，公司在不同报刊上刊登了宣传广告，同时由著名表演艺术家唐国强先生代言的南洋

迪克品牌广告在中央电视台准黄金时段播出，引发行业轰动。

为满足广大消费者对南洋迪克品牌的深度认知和放心选购，2013年6月2日和8月25日，举办工厂直销节，诚邀消费者亲临现代化生产基地品鉴产品。9月2—4日，举办以“点燃激情·永争第一”为主题的全国导购特训营。10月6日，品牌代言人唐国强先生飞抵西安，参与南洋迪克签售活动。一系列的宣传营销活动使大型营销活动南洋迪克的生产和销售上升了新的台阶。

3. 宝鸡华保家具有限责任公司

宝鸡华保家具有限责任公司的家具产品面向中小城市和农村市场，除注重产品质量和新品的开发外，更注重销售队伍的建设，销售代理商已发展过千户。2013年4月至5月，公司相继在陕西渭南、甘肃天水、山西省运城举办了3次暨新品发布会，参会的代理商超过千名，签约额达5000多万元。6月25—26日，宝鸡华保家具公司2013陕西大区商务年会隆重举行，来自陕西全省各地区1200多名经销商参会，签约额3400多万元。

（四）企业固定资产投资情况

1. 福乐公司福乐家具工业园

福乐家具工业园目前已开始建设，福乐工业园是一个具备现代气息和现代生产环境的家具、家纺生产基地。基地的整体规划和厂房的设计将达到较高的水平，节能、环保、消防、绿化、作业环境等严格执行国家标准，投入先进生产设备，年产床垫达35余万张，同时建立沙发生产线、家具生产线、床品生产线等。

2. 西北家具工业园区

西北家具工业园区距离西安东绕城高速仅7公里，交通便利，区位优势明显。园区规划7平方公里，总投资超过100亿元人民币。

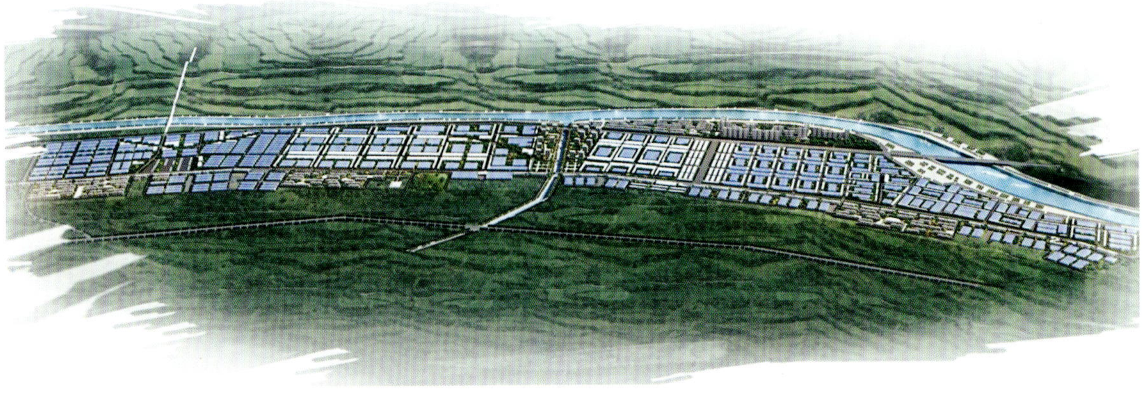

2013年底入园企业130余家，完成投资13亿元，投产企业30家，1.4万平方米的仓储区已建成开始招商。已成为西北地区规模最大的专业家具工业集中区。园区二期招商正在热火进行中。

3. 宝鸡华保家具有限责任公司

2013年3月，华保公司投资3500万元的高档板式家具生产线三期技术改造工程开工，于年底建成并投产，新增生产能力2万套，公司生产能力达到了10万套。

4. 盛百世红木生产基地

2013年1月，盛百世木艺有限公司投巨资在西安西咸新区新建盛百世红木生产基地开工建设。

（五）企业变化情况

生产民用板式的西安西航鹏飞家具有限公司和富平新民家具有限公司，基本处于停产状态，厂房出租或公司转让；生产办公酒店家具的陕西新瑞家具制造有限公司，由于工厂效益下滑，转行搞房地产开发。

（六）卖场发展情况

陕西是家具销售大于生产的地区，家居卖场发展比较快。2013年，建成招商、开始或部分开始营业的卖场有大明宫三桥店、延安红景天、富平千禧龙、旬阳鼎业家具建材商城。

1. 大明宫实业集团

大明宫实业集团2013年建成大明宫建材家居三桥店，至此商业总面积达300万平方米，荣获“2013年优秀家具市场”、“全国五一劳动奖状”等多项荣誉称号。

2. 明珠国际集团

明珠国际集团是西北地区知名大型民营企业，下辖西安明珠家居、咸阳明珠家居、中国原点新城，涵盖家具、建材、灯饰、皮革、酒店用品、五金、石材、住宅8大业态12大商场，营业面积超百万平方米。中国原点新城的发展不仅推动了行业的发展，更带动了区域经济发展。2013年，与陕西家协、四川省家具行业商会、湖北家协、南康家协等各地家协合作打造“西北城镇家具采购中心”，继2012年南康街营业后成功举办西安、四川和武汉三条家具街开街仪式及城镇家具采购节，搭建起了中国家具品牌走向二三级市场的平台，促进家具在二三级市场的流通。

三、行业活动

（一）陕西省家具协会第三届换届大会

2013年5月28日，陕西省家具协会召开

了第三届会员大会，进行了换届选举。大会选出了以靳喜凤为会长的新一届协会工作机构。中国家协理事长朱长岭出席了会议，并对大会表示祝贺并对陕西家具行业提出了希望。

（二）交流学习

2013 年，陕西省家具协会加强了同兄弟省市家具协会的来往与交流学习，先后参加了河北香河家居文化节、河南家具展、河北正定家居卖场十周年庆典及家具展销会、江西南康家具节、浙江安吉家具节、河北环渤海家具产业发展论坛；同时接待了前来陕西、辽宁、河北、四川、湖北、南康等家具协会代表，共同交流对行业发展的看法，交流协会工作的经验。

2013 年 9 月 9 日，由韩国家具协会会长裴贞立带领的，包括五金、办公家具、实木家具、床垫等与家具相关的韩国企业家一行八人来到陕西源木家具公司举行会谈，双方就由韩方提供资金与设备，源木提供人力、技术与场地的合作并携手打开韩国高端实木家具市场事宜签署了合作协议。

（三）第十二届西安国家家具博览会

第十二届西安国际家具博览会于 2013 年 10 月 18—21 日在西安曲江国际会展中心举办。本届博览会汇聚了国内外近 700 个厂家，上千个品牌，展位数达到 2232 个，首次有来自美国、越南、印尼等国外的厂家参展。展会四天共接待国内外经销商 5 万余人次，成交量近 1.5 亿人民币，达成意向 2 亿人民币，成为西安历届展会中最为成功的一次家具贸易型展会。

西安市

一、行业概况

截至 2013 年底，西安市共有家具企业七百余家，从业人员约十万人。规模以上企业近百家，大中型家具卖场十余家，年销售额约 30 亿元，市场总营业面积已超过 165 万平方米，涉及家具生产、原辅材料供应、成品销售、包装配套、流通等领域，门类基本齐全，行业整体规模和竞争力有了明显提高。2013 年西安家具行业虽有进展，但受房地产调控、信贷规模收紧等宏观经济因素影响，基本面变化不大。受生产成本不断增加影响，企业利润空间压缩，大部分企业选择压缩内部成本等方法自我消化一部分成本，以此来最大限度地化解市场不景气与原材料涨价带来的双重压力。

二、品牌发展及重点企业情况

本土有实力的家具企业，越来越注重品牌的塑造，用原创设计产品去占领市场，突破地域性，走向更广阔的国内国际市场，南洋迪克、中瑞、金金博士、富丽、福乐、威龙等已成为国内知名品牌。

南洋迪克家具制造有限公司以其实木工艺，融合中西家居艺术，引领绿色、环保、健康消费，在业界和市场享有广泛口碑，先后荣获西安市著名商标、陕西省名牌产品等荣誉，已成为国产实木家具的佼佼者。

西安金金博士家居用品有限责任公司创立于 1985 年，产品曾荣获“轻工部优质产品”、“陕西名牌产品”、“西安市名牌产品”。从创业至今，“金金博士”坚持走自主研发设计的创

2013 年西安市家具行业发展情况汇总表

主要指标	2013 年	2012 年	同比增长（%）
企业数量（家）	705	708	-0.4
工业总产值（万元）	177632	170800	4
出口值（万美元）	2070	1800	1.5
内销（万元）	165000	160000	3
规模以上企业家具产量（万件）	50	49	2

新之路，目前已有十六款的产品设计获得了国家专利保护。工艺技术不断改革创新，根据内部成本控制的统计：工艺改革后的产量在时间、场地面积、人力、耗能相同的情况下，相比工艺改革前提高了 39.6%。在高耗能低产出方面，“金金博士”在节能降耗上成绩突出。

本土成长起来的家具流通企业大明宫建材家居城，1993 年扎根西安，2013 年新建成大明宫三桥店，终结了西安城西地区没有大型家具商业卖场的历史，完成了在西安“东西南北中”连锁经营的战略布局。

三、存在问题

外埠家具大量涌入，本地家具企业竞争更加激烈，如何突破同质化的竞争，营造品牌的个性，提供特色服务，已成西安本地家具企业研究的重点。本地生产型企业成本增长过快，原辅材料不断上涨，劳动力成本提高，且出现不同程度用工荒，好技工匮乏，诸多因素都制约了企业的发展。企业有两极分化趋势，强者愈强，弱者愈弱，中小企业生存更加艰难，有关闭，有新开，更替变化较大。

四、发展趋势

国际化大都市建设步伐的加快，也带动家具产业持续发展。2014 年西安家具市场预期将有所回暖，具有以下发展趋势：本土有实力的家具企业，越来越注重品牌的塑造，用原创设计产品去占领市场，突破地域性，走向更广阔的国内国际市场；家具营销将呈现多元化发展，由以经销商为主体、以卖场为流通平台的传统模式，转变为新型的多元立体化发展，更多的家具企业尝试网络电子商务；生产企业逐渐迁到离城区较远的郊区，部分企业进入专业化工业园，形成几个家具企业集聚地。

甘肃省

一、行业概况

2013年甘肃家具行业保持快速增长，完成工业总产值18.45亿元，同比增长20.13%；完成销售产值17.55亿元，同比增长21%。全省较大的销售市场有20多家，营业面积100多万平方米，其中经营面积超过1万平方米的商场有六家，全省年家具销售额约在100亿元以上。其中中高档家具外省约占60%以上，本地家具中低档居多。

二、品牌发展及重点企业情况

（一）品牌建设

随着行业发展和企业对品牌的重视，甘肃省酒泉富康、武威振威、兰州东西荣获“甘肃

名牌”称号，酒泉富康获得“甘肃省家具行业龙头企业”荣誉。

（二）园区建设

甘肃徽商产业园家具区项目签约。在第十九届兰洽会，甘肃省承接产业转移系列对接活动中，促成安徽省徽商产业园家具区项目与中国家具协会成功签约，为行业发展打下坚实

2013年甘肃省家具行业发展情况汇总表

主要指标	2013年	2012年	同比增长（%）	2013年占全国比重（%）	2012年占全国比重（%）
企业数量（家）	3	1	200	0.06	0.02
工业总产值（亿元）	18.45	—	20.13	—	—
出口值（万美元）	1541.79	8601.37	-82.08	—	—
规模以上企业家具产量（万件）	6.16	6.19	-0.47	0.01	0.01

基础。积极培育新的园区项目，推助本省家具企业快速发展。兰州青白石大浪家居园初见成效，入驻企业 200 多家，形成一定的集聚效应。随着兰州城市建设的逐步推进，城市发展对土地的需求已严重制约兰州大浪家居园区进一步开发建设，甘肃省家具协会和企业利用各种平台和优势，多方联系，对于组建新的园区有了初步意见和规划。

（三）重点企业

1. 武威市宁海商贸有限责任公司，是行业后起之秀，专业生产高档家具及装饰装修材料的非公有制企业，也是甘肃省目前最大的家具制造企业。现在公司正在投入人力、物力开发、设计三大系列 81 个品种的民用家具。

2. 酒泉富康家具有限公司，经过 20 多年的发展，年销售近亿元，现有职工 300 多人，年产值 6000 多万元。2008 年在酒泉工业园占地 45 亩新建布局合理、工艺先进的新厂，使企业发展有了新的平台。

三、发展优势

（一）政策支持

甘肃发展家具产业，符合《关于进一步支持甘肃经济社会发展的若干意见》和《甘肃省循环经济总体规划》等国家层面的特殊政策支持。由于甘肃非公有制经济发展较之发达省市比较滞后，自我发展能力弱、活力不足。因此，省委、省政府加大整治投资环境的力度，硬软环境明显提高。随着发展环境的不断改善，甘肃家具行业将进入一个快速增长的阶段。

（二）劳动力低廉

甘肃省是一个农业大省，农村人口比重高，占全省总人口的 67.4%，劳动力资源充足，人工成本相对较低，相对于沿海家具企业的用工荒的问题，优势明显。

（三）售后服务便捷

在甘肃建设家具生产企业，还可以节省运输成本，企业压力相对较小。在售后服务上，外省企业在维修及更换家具上比较困难，消费者在购买外地产品出现质量问题时，往往不能得到较好的售后服务，而本地企业售后服务便捷，容易为消费者提供售后质量保证。

四、存在问题

2013 年，伴随全国经济增速趋缓，家具行业也面临新的挑战，为此，甘肃省家具协会加强了对行业的调查研究，具体问题如下：

（一）流通业竞争加剧

全国连锁性家居卖场——居然之家进驻兰州，使趋于饱和的家居卖场竞争更趋激烈。除了厂商、经销商与卖场的博弈外，卖场之间的竞争也开始影响到家居产业链的生态环境。随着家居卖场品牌的增多，在家居行业生存空间更加严峻的情势下，家居厂商、经销商与卖场之间的矛盾变得突出起来。

（二）生产企业产能过剩

由于家具行业准入门槛低，行业准入机制或标准缺乏，导致盲目投资、产能过剩、有效产品供给不足和即期消费乏力，制约了行业的进一步发展。

（三）办公家具产品同质化严重，经济效益较低

尽管五年内国家停建所有楼堂馆所，但随着甘肃省城镇化建设稳步推进和兰州新区建设步伐加快，行政事业单位的办公条件改善，银行、学校、医院等单位不断扩大，使得办公家具需求量猛增，人们对办公家具的需求已不仅仅停留在功能层面上，在满足办公要求的基础上，舒适、美观、环保的办公家具在现代市场中更具竞争力。低附加值、低利润、低技术含量的“三低”办公家具将逐渐被市场淘汰。而甘肃省办公家具生产企业产品多数仍属“三低”产品，如果不加快转型升级，将会失去良好的发展机遇。

（四）销售渠道单一，企业创新意识不强

我国家具流通渠道已成多元化格局，不同的流通渠道各具特色。电子商务销售模式逐渐被更多的企业和消费者所认可。2013 年以来家具电商爆发式发展，双十一天猫活动期间，林氏木业及全友家居更是销售过亿，成为了行业内最热门的话题之一。而甘肃省家具企业目前还没有一家“触电”，有些企业在持观望态度，有些家具企业认为“电商”销售模式离自己还很远。

五、应对措施

（一）会员企业要解放思想，改变经营理念，创建现代企业管理制度，同时规范生产、经营自律行为，加强品牌培育，引导行业和企业转型跨越发展。

（二）加强行业间、企业间的交流与合作，在大的宏观调控政策趋紧的形势下，卖场与卖场之间，家具厂商、经销商与卖场之间，应积极应对，达成共识，形成一种合作与竞争共存的模式，避免恶性无序竞争，两败俱伤。

（三）推进科技创新，促进产业升级。着力构建以企业为主体市场导向，产学研结合的技术创新体系，加强技术引进和消化吸收再创新能力的建设，广泛推广和应用新技术新工艺、新材料、新设备，引导企业向依靠技术创新的发展方式转变。

（四）加大市场开拓力度。随着国家经济调控政策的深入和加强，家具行业已经进入低增长阶段，市场竞争日趋激烈。在行业产能过剩的情况下，甘肃省家具企业急需转型升级、重新整合，不断开拓新的市场，放弃盲目扩张方式和恶性竞争的做法，应该找准定位，适应市场变化，积极开拓城乡二三级市场，适应新型城镇化建设创新发展的新时期。

云南省

一、行业概况

党的十八大召开后，给家具行业带来了很好的发展机遇，云南家具业伴随着云南省整体经济平稳增长，2013 年全省家具据不完全统计实现工业总产值 36.81 亿元，较上年同比增长 16.3 %。据行业统计，云南省家具市场销售总额为 131 亿元，比上年同比增长 11%，面向南亚东南亚家具出口额 396 万美元，较上年同比增长 43.4%。全省家具企业数为 2887 家，比上年同比减少 3%。规模以上企业 49 家，全省家具行业完成总产值占全国的比重为 1.69%，几年来行业平均增长速度为 14.5%。

二、区域发展情况

在贯彻中央将云南建成中国面向西南开放和重要桥头堡建设的战略中，云南省家具产业迎来了良好的发展机遇，东盟自由贸易区的建立，泛亚铁路及昆曼、昆仰、昆河公路、昆明国际长水机场有效地推动了云南家具产业和林产业的快速发展。云南木材资源得天独厚，具有发展家具产业的先天优势，按照《云南省家具产业十二五发展规划》，在全省建成不同区域的家具产业集群。现由云南省家具行业协会策划，经各级政府批准，目前在全省已起动建设的家具产业园大小共 11 个，其中：省级重点项目 2 个、昆明市重点项目 2 个、与中国家

2013 年云南省家具行业发展情况汇总表

主要指标	2013 年	2012 年	同比增长（%）	2013 年占全国比重（%）	2012 年占全国比重（%）
企业数量（家）	2887	2974	-3	—	—
工业总产值（亿元）	36.81	31.65	16.3	—	—
出口值（万美元）	396	276	43.4	—	—
销售总额（亿元）	131	118	11	—	—
规模以上企业家具产量（件）	64153	127430	-49.66	0.01	0.02

具协会共建产业园 2 个，分别如下：

1. 中国瑞丽红木家具产业基地（已完成一期建设入驻企业 40 多家，目前正在起动二期建设）

2. 中国剑川民族木雕家具产业基地

3. 腾冲石头山家具木雕产业园

4. 西双版纳名贵木材家具加工产业园

5. 中国家具西南城、泛亚木具产业园（云南省重点）

6. 中国昆明（杨林）木业家具产业基地（云南省重点）

7. 中国 · 昆明泛亚国际林业产业园（昆明市重点）

8. 云南家居家具文化商业中心（昆明市重点）

9. 昆明晋城泛亚容纳国际建材家居 CBD

10. 昆明（富民）林产工业精品园

11. 昆明（宜良）（木材）工业园

云南省家具行业协会将一如继往地配合家具企业和各级政府在全省不同的区域建成各具特色的家具产业园，以家具产业的大突破实现云南省家具产业和林产品深加工的跨越式发展，打造云南家具千亿产值的新型产业，特别是南亚、东南亚出口贸易的不断增长，区域性优势将成为云南经济走向东盟的一个重要支柱，实现产业集群可持速发展。

三、家具展会开办情况

家具展会是促进家具行业发展的有效途径，为家具企业搭建信息和技术交流、产品交易的平台。云南省现已成功举办了三届国际家具家居红木制品博览会，参展的展位面积达 36000 平方米，展会现场成交额达 6550 余万元，参展商十分看好展会贸易交流平台，特别是在面向欧美家具出口呈下滑趋势的情况下，面向南亚、东南亚的出口贸易不断上升，展会作为连接东盟的“桥头堡”优势在不断提升。展会不仅有专业的云南瑞丽高端红木家具展馆，还有来自缅甸、越南、老挝、泰国、尼泊尔、巴基斯坦、阿富汗、新加坡、马来西亚等国家的境外商家踊跃参与，国内广东、广西、四川、江西、福建、台湾、香港的 200 余家商家也积极参会。云南省将竭尽全力地办好家具专业展会，着力打响东盟名片，使中国（昆明）泛亚家居家具博览会成为面向南亚、东南亚家具界的风向标，有效地推动南亚、东南亚、东盟与中国经贸合作和红木产业的跨越式发展，充分发挥桥头堡战略的优势。

随着云南家具特色产业园区建设的不断推进，产业集群和产业链的优化、延伸，将为云南家具行业提高规模效应和经济效益发挥作用。

产业集群篇

INDUSTRIAL CLUSTERS

中国红木家具生产专业镇——大涌

颁牌时间：2003 年 3 月
所属省市：广东省中山市

地区概况

大涌镇地处中山市西南部，随卓旗山起伏错落之势环拥而建，距中山市城区约 8 公里，东临岐江，西靠西江，总面积 40.5 平方公里，常住人口 7 万多人，其中户籍人口 2.93 万人，处广州、深圳、珠海、香港、澳门两小时生活圈内。改革开放 30 年来，大涌从一个边陲小镇迅速发展成为我国著名的红木家具和牛仔服装生产专业镇，拥有省级以上名牌名标 31 个，荣膺“中国红木产业之都”、“中国红木家具生产专业镇”、“中国红木雕刻艺术之乡”、“中国牛仔服装名镇”、“中山市工业强镇”、“广东省教育强镇”、“中国千强镇”、“国家卫生镇”、“全国环境优美乡镇”等称号，成为我国镇域经济的一颗璀璨明珠。

近年运营情况

大涌实现生产总值 41.94 亿元，比增 13.3%；工业总产值 94.04 亿元，比增 18.7%；规模以上工业增加值 19.29 亿元，比增 18.2%；第三产业增加值 15.02 亿元，比增 15.8%；固定资产投资 12.52 亿元，比增 17%。

2013 年，由大涌镇政府推动，中山首次评选市级工艺美术大师，首批 21 名来自红木家具行业的从业人员将被授予“中山市工艺美术大师”称号。为引进人才、留住人才、用好人才和培养人才提供良好环境，大涌着力培养自己的红木雕刻艺术大师群体、红木家具设计大师群体。

中国椅业之乡——安吉

颁牌时间：2003 年 8 月
所属省市：浙江省湖州市

地区概况

安吉是国内外闻名的“中国椅业之乡”，是全国最大的办公椅生产基地。从 1981 年成功研发出中国第一把转椅，安吉椅业已有 30 多年的发展历史。先后荣获“浙江区域名牌”、“浙江省出口基地”和“浙江省椅业专业商标品牌基地”、“中国家具优秀产业集群”等多项称号。产品由原来单一的转椅生产向椅业系列化方向发展，目前已经形成办公椅、休闲椅、功能椅、吧椅、餐椅、沙发及各类配件七大系列，其中办公椅约占产品总产量的 68%。拥有省级以上各类名牌、商标 37 个。拥有国家级高新技术企业 5 家（永艺家具、恒林椅业、大康控股、盛信办公家具、永裕竹业），省级技术中心 2 家（大康控股、永艺家具），省级工业企业研发机构 2 家（永艺家具、永裕竹业），省级工业设计中心 3 家（永艺家具、恒林椅业、永裕竹业），公共检测平台 2 家（SGS 通标标准公司、浙江省椅业检测中心），公共综合平台 2 家（省级区域科技创新服务中心、安吉县知识产权服务中心），创新平台建设促进了企业研发。

2013 年运营情况

2013 年安吉椅业销售收入达到 280 亿元，同比增长 7.7%，规模以上企业实现销售收入 154 亿元，同比增长 12.6%，占全县规模以上企业销售收入总额的 35.6%，自营出口额达到 16.4 亿美元。2013 年，椅业企业总数达到 755 家。其中规模以上企业 139 家，42 家企业位列安吉工业经济 100 强。2013 年，出口企业从 2005 年末的 46 家增加到 290 家，28 家椅业企业的自营出口额在 1000 万美元以上，其中恒林、永艺、嘉瑞福、强龙四家椅业企业的自营出口额在 6000 万美元以上；全县椅业产品自营出口量从 2005 年末的 2 亿美元增加到 2013 年的 16.4 亿美元，比 2012 年增长 11.1%。2013 年 3 月的广州展组织了 65 家企业参加，展示面积达 10674 平方米，获意向订单 35 亿元。

中国家具商贸之都——乐从

颁牌时间：2004 年 3 月
所属省市：广东省佛山市

地区概况

乐从家具市场是国内最早的家具专业市场，起源于 20 世纪 80 年代初期，目前，乐从家具市场已建成 180 多座现代化的家具城，商铺总面积达 350 多万平方米，市场拥有家具销售、安装、运输等从业人员 5 万多人，容纳了海内外 4000 多家家具经销商和 1300 多家家具生产厂家，汇聚了国内外高、中档的家具品种 3 万多种，每天前来参观购物的顾客达 2 万人次以上，进出乐从运送家具的车辆超过 2 万台次，产品畅销世界 100 多个国家和地区，年促成交易额约 500 亿元，家具销售量居全国家具市场之冠，是全国公认的乃至全世界最大规模的家具市场。

2013 年运营情况

2013 年全省家具出口贸易额达到 185.2 亿美元，据行业内人士估算，广东省家具产品出口总额的 50% 是由乐从家具市场促成交易的。乐从家具市场在行业内获得高度认同，成为广东省家具产品走向世界的一个重要窗口。

乐从家具城商会整合资源，加强对外宣传推介，每年划拨 1600 万元推广经费，将拓展海外市场项目列入常规性工作内容，有效提升了“乐从家具”在海内外市场的品牌知名度。

据统计，在乐从设立的家具进出口贸易公司和贸易代表处有 100 多家，常驻乐从进行家具贸易采购的外国客商有 500 多人，每日来往乐从采购家具的外国客商更多达 1000 人，多来自印度、马来西亚、中东、非洲、俄罗斯、欧美等国家和地区。

中国桌椅之乡——宁津

颁牌时间：2004 年 8 月
所属省市：山东省德州市

地区概况

宁津家具产业起源于 20 世纪 90 年代，起始由加工业主自发形成，经政府引导，逐步由小到大、由散到聚、由弱到强跨越发展成为全县的支柱产业和富民产业，成为宁津最靓丽的名片。2004 年，宁津县被中国轻工业联合会与中国家具协会授予“中国桌椅之乡”特色区域荣誉称号，先后被评为“山东省优质木质家具生产基地”、“山东省实木家具示范县”和“山东省出口木制品及家具质量安全监管示范区”；2011 年家具产业被列入山东省 30 个过百亿元省级产业集群，获得中国家具产业链模式创新金奖。

2013 年运营情况

目前，宁津家具产业已呈遍地开花之势，全县共有家具生产加工企业 3078 家，其中规模以上企业 58 家，从业人员达到 4.7 万人。2013 年全行业实现销售收入 158 亿元，利税 14.8 亿元。为推动家具产业更好更快发展，县委、县政府投资建立了建筑面积 5 万平方米的中国宁津家具大世界，集中展销宁津精品家具，目前已入驻企业 300 余家，并以此为平台举办一年一度的家具文化节。投入资金 3000 余万元，建成了家具行业技术中心。

中国家具出口第一镇——大岭山

颁牌时间：2004年9月
所属省市：广东省东莞市

地区概况

大岭山是亚太地区规模最大的家具制造基地，拥有上市公司3家，投资超亿元企业19家，超5000万元企业28家。大岭山的家具是外向型的，90%以上的家具产品销往世界各地。先后被授予“中国家具出口重镇”、“中国家具出口第一镇”、“家具产业集群升级示范区”等荣誉称号。

2012—2013届设计大赛共收到参赛作品1325幅，其中院校组作品1212幅，数量同比增长15%；专业组作品113幅，增幅超过200%。近年来，家具产品最新的设计思路、创意元素，以及家具生产最高的技术水平将通过“大岭山杯”金斧奖设计大赛体现出来，并由此达到一个新的高度。

2013年，大岭山镇家具企业获得的专利认证再创新高。截至目前，大岭山镇家具企业获得的外观设计专利、实用新型专利累计已超过3000项，在全市乃至全省均处于领先位置。这一方面表明企业尊重知识产权，通过法律途径维护正当权益；另一方面也表明发明专利有效转化为现实生产力，为企业提供切实的经济效益。大岭山镇家具企业注重研发创新、专利申请的举措体现企业发展思想的进步，完善研发——制造——销售的产业链条，抢占市场制高点、争取市场主动权。

2013年运营情况

2013年，大岭山家具企业总计约550家，规模以上企业约330家，其中上市公司或投资超过亿元的公司30家。行业总产值约109亿元，家具及其配套产业税收5.73亿元，出口额13亿美元，内销额31亿元。

中国西部家具商贸之都——武侯

颁牌时间：2005 年 7 月
所属省市：四川省成都市

地区概况

武侯区成立于 1990 年，经过 20 余年的发展，现辖 13 个街道办事处，全区有 59 个社区、27 个村，户籍人口 60.91 万人，常住人口 124.4 万人，幅员面积 75.56 平方公里，是国务院确立的高科技文化区。

武侯区功能区竣工项目 48 个，建筑面积 295 万平方米，功能区建成面积达 864 万平方米；77 个项目加快建设，建筑面积 689 万平方米。人民南路科技商务区：新增保利中心等 6 个竣工项目，建筑面积达 68.9 万平方米；魏玛等 6 个项目加快建设，建筑面积达 85.9 万平方米；顺利完成高攀片区整体城市设计。红牌楼商圈：新增莱蒙置地广场等 13 个竣工项目，建筑面积达 99.5 万平方米；红牌楼广场二期等 21 个项目加快建设，建筑面积达 234 万平方米。

近年运营情况

武侯区家具建材市场 9 个，市场总面积达 347.35 万平方米，年销售额达到 300 多亿元。以八益家具城和太平园家私广场为中心的家具市场，经营面积已达 75 万平方米，聚集商家 3000 余户，年销售额达到 80 亿元，已成为中国西部的家具重要集散地。

中国家具制造重镇——龙江

颁牌时间：2005 年 8 月
所属省市：广东省佛山市

地区概况

龙江家具产业经过 30 多年的发展，目前全镇家具制造企业已发展至 2500 多家，家具材料销售企业 3000 多家，相关家具行业的从业人员达 10 多万人。同时，还拥有龙山材料城、豪俊材料城、亚太木业城、亚洲国际家具材料交易中心、龙城家具材料城、龙头家具材料城和东信石材市场等七大家具材料专业市场，总经营面积达 400 多万平方米。目前，龙江镇的电子商务发展渐成规模，已聚集 600 多家家具成品类私人网店、商城及旗舰店。下阶段将重点推进龙家具电商港建设，总规划面积约 150 亩，经营面积约 50 万平方米。

2013 年运营情况

2013 年全镇工业总产值 535 亿元，同比增加 14.3%；家具产品工业总产值约 300 亿元，同比增加 25%；规模企业约 350 家，主导产品约 95 万套，获得专利授权产品约 1625 个。

中国金属玻璃产业基地——胜芳

颁牌时间：2005 年 9 月
所属省市：河北省廊坊市

地区概况

胜芳镇位于霸州市东南部，地处京津保三角中心，属于环首都经济圈，东距天津 35 公里，北距北京 120 公里，西距保定 130 公里。112 国道毗邻胜芳，津保高速公路在胜芳设有出口，交通便捷。

胜芳镇拥有各类工商企业 5600 余家，其中投资亿元以上企业 30 余家，千万元以上企业 86 家，形成了钢铁、家具、玻璃、板材等九大重点行业和完整的金属玻璃家具产业链条。全镇纳税超 1000 万元的企业达 14 家，钢铁生产加工和金属玻璃家具制造行业成为全镇的主导产业。

运营情况

胜芳镇是金属玻璃家具产业基地镇，拥有家具企业 1600 余家，年产家具 8000 万台（套），产品涉及办公、家居、体育、教学用品等十余类，3400 多个品种，近万种规格，占全国同类家具总量的 70%，行销全国各地，并出口欧美、日韩、东南亚和非洲等 60 余个国家和地区，总出口额近 7 亿美元，并以每年 30% ~ 40% 的速度递增。家具产业的发展相应带动了金属压延、玻璃、板材等相关产业发展，家具及相关产业产值占全镇工业产值的 97% 以上，家具产业已成为带动胜芳经济发展的重要支撑。

中国实木家具产业基地——庄河

颁牌时间：2006 年 12 月
所属省市：辽宁省大连市

地区概况

庄河家具业起步于 20 世纪 50 年代，发展于 90 年代。特别是 2006 年庄河被中国轻工业联合会、中国家具协会授予“中国实木家具产业基地”以来，大连、庄河两级政府紧紧抓住这一有利契机，为打造庄河家具整体品牌出台了一系列政策，推动了家具产业的迅猛发展。家具产业已形成了以集群发展为特点、家具制造与家具材料相配套、生产和流通相衔接、生产与研发相促进的产业格局；形成了集原材料供应、家具生产加工、包装、产业配套、展销、物流配送的完整产业链。培育出了华丰、华夏、华特、科冕、艺腾等一批家具精英企业。产品远销日本、美国、东南亚及欧洲等国家和地区；在全国 60 多个城市建立了销售分公司，销售网点达 650 多个，国际、国内销售体系日臻完善。

中国北方家具商贸之都——香河

颁牌时间：2007 年 3 月
所属省市：河北省廊坊市

地区概况

2013 年底，香河家具城已经实现了由“家具之乡”到“家具之都”，由“闻名全国”到“享誉世界”的转变。香河家具城面积达到 260 万平方米，包括 30 座特色各异、品类齐全的家具展厅，产品除销往全国各地外，还远销东北亚、欧洲和非洲等国家和地区。香河家具城的蓬勃发展也促进了家具制造、原辅材料等相关产业和运输、仓储、餐饮住宿、休闲、旅游等相关行业发展，直接和间接带动 6 万多人的巨大群体就业，从业人数占全县人口的五分之一。

作为北方家具商城的领军品牌，香河家具城致力于打造“诚信、高端、融合、共赢”的家具行业发展交流平台，集购物、观光、休闲、商贸等多种功能于一体的家具产业聚集典范。按照香河县委、县政府的规划部署，将把亚太材料城、香江全球家居 CBD 纳入到香河家具产业统筹中来，形成集研发、生产、服务为一体的上下游紧密相联的家具产业链条。香河家具城将严格按照香河县委、县政府和中国家具协会的精神指示，为中国家具行业屹立世界家具行业高端品牌阵营而不懈奋斗。

中国欧式古典家具生产基地——玉环

颁牌时间：2007 年 5 月
所属省市：浙江省台州市

地区概况

家具作为玉环工业的特色产业，起步于 20 世纪 90 年初期，经过 20 多年的发展，已从手工制造迈入机械化生产，从家庭作坊式工场发展到集设计、开发、生产、销售和服务于一体的现代制造企业。全县现有家具企业 263 家（其中能生产成套家具的企业 82 家），拥有自营出口权企业 60 家，从业人员近 4 万人。

玉环拥有中国驰名商标 3 个、浙江省名牌产品 6 个、省著名商标 3 个、省知名商号 1 个、省出口名牌 1 个、台州市名牌产品 18 个、市著名商标 8 个。2013 年国森、宫廷壹 、欧宜风、飞龙、圣杰罗、皇家凯旋宫等品牌分别获中国家具行业年度领袖品牌（欧美）1 个、中国家具行业年度最具影响力品牌 1 个、最受消费者欢迎十大欧美家具品牌 5 个、最受消费者欢迎十大套房家具品牌 1 个、中国家具行业最具竞争力品牌 2 个、中国家具行业年度十佳健康品牌 4 个、中国家具行业年度十佳时尚品牌 1 个。

2013 年运营情况

2013 年底，玉环家具企业已在全国建立 1600 多家销售网点，产品远销美国、日本、澳大利亚、东南亚、中东等 80 多个国家和地区，成为华东地区重要的家具生产销售和出口基地。2013 年全县家具总产值 45.6 亿元，同比增长 24.85%，其中出口 2.50 亿美元，同比下降 9.20%；规模以上企业 33 家，产值 20.87 亿元，同比增长 2.82%。

中国传统家具专业镇——江门

颁牌时间：2008 年 1 月
所属省市：广东省台山市

地区概况

江门五邑地区的广式家具是中国传统家具的重要组成部分，产业包括：木材销售、古典家具铜件生产、木工艺雕花、古典家具生产、古典家具销售上下游配套的产业链，目前已形成了以新会古典家具第一街、河北古典家具十里长街、古典家具产业区等产业基地为中心的方圆 20 公里的产业集群，及从台山大江圩镇沿着高铜线一路往公益圩一带的产业集群。

江门市古典家具企业主要分布在“中国传统家具专业镇”台山大江镇及“中国古典家具之都”新会区。2013 年底，江门市古典家具企业约有近 2000 家，关联从业人口达 10 万人，有效拉动了就业、房地产、汽车、餐饮及出租等行业的发展。江门古典家具历史悠久，经过几十年的长足发展，涌现出一批批如伍氏兴隆、国胜、侨发、华润等等优秀的古典家具企业，来自台山的伍氏兴隆为其中的佼佼者。伍氏兴隆明式家具艺术有限公司始于 1986 年，主要以从事生产高仿明清黄花梨、紫檀等珍贵的红木家具为主，家具以“型”“艺”“材”“韵”作为设计生产制作方向与评鉴标准，其中“黄花梨无束腰霸王枨画案”被中国国家博物馆收藏，“紫檀三屏风大地座屏”被国务院收藏，“老红酸枝灵芝纹大翘头案”被北京恭王府收藏。除此之外，利兴、建宇轩、烜宝御品三家企业被评为中国红木家具优秀企业，这对于推动江门市古典家具品牌建设有着重要的标杆作用。

中国古典家具名镇——三乡

颁牌时间：2008 年 5 月
所属省市：广东省中山市

地区概况

三乡镇位于中山市南部，毗邻珠海，属于珠中江城市“半小时生活圈”和珠三角城市“一小时生活圈”，是中国最大的明清古旧家具集散地，规模的专业古文化市场有巨龙国际古玩博览城、华财古玩城和三联明清古典家具市场，年销售总额超过 15 亿元。以中山市齐家家具有限公司、中山恒富家具有限公司、中山华福工艺家具有限公司、中山市恒海家具有限公司、中山兴华家具木器有限公司等为代表，在国内形成了实力强劲的彩绘家具生产基地。产品远销日本、中东、美国、加拿大、澳大利亚、欧洲等国家和地区。目前，各生产厂商纷纷创立自己的品牌，拓展国内市场。

三乡镇古文化市场容量大，据不完全统计，三乡镇古文化市场有 20 多万平方米的商铺、过千户商家、数万个品种的商品，还有 300 多家古典家具加工厂和作坊，包括仿古家具生产企业，全镇从业人员过万；同时，三乡镇欧美古典家具生产实力强劲，形成了年产值 23 亿元的欧美古典家具企业集群，以家具彩绘特色著称，全镇有几十家西式彩绘古典家具生产厂家，拥有 20 多个自有品牌以及自主知识产权、外观专利和技术专利 100 多项。

中国东部家具商贸之都——蠡口

颁牌时间：2009年6月
所属省市：江苏省苏州市

地区概况

蠡口家具市场1998年初建立，通过10多年来的发展，在华东地区乃至全国家具业树立起了一面旗帜，在市场辐射区域、市场占有份额、行业影响力等方面在全国同行业处于领先地位，建立起了自身优势和发展资源。目前市场总投资超过28亿元，已经形成了39栋家具大厅和金源路、广登路两条家具大道，总建筑面积120余万平方米，经营面积60余万平方米，仓储面积近30万平方米，市场内汇聚了全国大部分的家具知名品牌，有来自全国的近4000家经营户在市场内设摊经营，市场批零兼营，产品齐全。年销售额达到150亿元。市场内各类从业人员5万余人。市场规模、经营业态等综合实力在全国位列前茅，在行业内具有较高的知名度。1998年省工商局核准为省级专业市场，2006年12月被苏州市人民政府命名为“苏州市家具（相城）特色产业基地”；2007年4月被苏州市人民政府授予“苏州市服务业重点集聚区”称号；2009年6月被中国家具协会授予“中国东部家具商贸之都”称号；2011年被苏州市人民政府命名“苏州市特色商业街”称号。

近几年，品牌建设与发展是蠡口家具市场发展的主要部分。积极引导企业在提高自身内涵上下功夫，生产上规模、管理上水平、产品上档次。通过每年组织企业申报“苏州名牌产品”，截至2013年底，已有新宏基、斯可馨、依福园、瑞特、金顺龙、迪高乐、华强、鑫唐、柏 、名耀、蠡口兄弟等22个企业的产品被评为“苏州名牌产品”，亚博家艺被评为苏州服务业名牌，新宏基、金顺龙被评为苏州市知名商标。通过这项工作，对外展示了蠡口家具市场的良好形象，也对同行厂商起到了示范作用。

中国民族木雕家具产业基地——剑川

颁牌时间：2009 年 12 月
所属省市：云南省大理市

地区概况

剑川县地处滇西北交通要冲，位于滇西北横断山脉中段、“三江并流”世界自然遗产南端、大理州西北部，是大理州连接丽江，通往香格里拉、北进川藏的门户，214 国道纵贯县境，剑兰公路连接西部两镇三乡。剑川县木雕家具发展历史悠久，全县从事木器木雕人员中，经国家、省、州、县确认颁发专业技术证书的各种技术人员 980 人，其中联合国教科文组织授予民间工艺美术师 2 人，国家级工艺美术大师 1 人。剑川木器木雕产品多达 2000 多种，分为七大类：剑川木器木雕、古典家具类、寺庙木雕类、旅游木雕产品类、壁画地屏类、室内精品工艺装饰类、出口欧式木雕类，产品适应高、中、低档不同消费者的需求，产品集艺术价值、观赏价值、实用价值、收藏价值和民族特色于一身，产品销往国内各地及远销日本、扎伊尔、美国、英国、加拿大等 100 多个国家和地区，享誉海内外。

剑川已形成以古典木雕家俱厂和华艺木雕有限公司为主的“公司 + 基地 + 木雕户”良性发展格局，同时重点培育发展了狮河文化旅游木雕专业村。项目规划为新建白族民居式的集木雕生产、销售、休闲旅游为一体的区域，包括水、电、路、美化亮化、民族木雕文化广场等基础实施建设，木器木雕生产企业、木材加工企业、民族木雕商贸一条街、休闲玩乐旅游片区、生态休闲饮食服务商贸一条街、文化农家乐等片区及民族木雕博物馆、木雕文化宣传等项目，概算总投资 1.28 亿元，征地 1007.5 亩，规划建设时间为 2008 年至 2020 年分三期实施，目前各项工作按计划稳步实施。

中国板式家具产业基地——崇州

颁牌时间：2010 年 4 月
所属省市：四川省成都市

地区概况

崇州是国内最大的板式家具生产基地，企业规模已实现西部第一。目前崇州市拥有各类家具企业 300 多家，从业人员 6 万人以上，主要从事现代板式家具、藤编家具、艺雕仿古家具、部分实木、钢木家具的研发、生产及销售。拥有国家级产品质量检测中心 2 个，省级企业技术中心 2 个、成都市级企业技术中心 3 个，是西部地区家具产业发展地区中获得国家级、省级荣誉称号及认证最密集的区域之一，目前，园区家具企业中有中国名牌企业 3 个，中国驰名商标 3 个，四川名牌 14 个，四川省著名商标 8 个。代表企业有全友家私、掌上明珠，地区年产板式家具 250 万套以上。

2013 年运营情况

2013 年，园区家具产业规模以上企业总产值 40.65 亿元，同比增长 22.43%，行业比重为 28.7%；主营业务收入 38.1 亿元，同比增长 21.35%，行业比重为 28.42%；利润总额 5.41 亿元，同比增长 46.6%，行业比重为 11.75%；上缴税收 2 亿元以上。

中国出口沙发产业基地——海宁

颁牌时间：2011 年 4 月
所属省市：浙江省嘉兴市

地区概况

海宁市家具主要以出口为主，大量出口让整个产业发展初期高速度的增长。行业接下来的重心转移到产品结构和产业的调整升级期，转变行业发展方式，增强自主创新能力，推进企业向高新化转变、产品向高附加值延伸。外销方面，海宁市家具企业根据自身特性和战略规划，制定企业发展的方向。在生产上，很多企业不再盲目追求做大，将品质控制、生产效率、企业效益放在首位，产品追求差异化，根据自身定位，做精做细。卡森集团高层集体赴美国考察取经，力求在生产上提升效率和成本控制。佳联沙发、兄弟家具、舒友家具、汉盛家具、维龙家居等企业加大自主研发能力的投入，提升企业竞争力。蒙努集团在 2011 年收购了美国知名家具流通企业“杰妮芙”90.1% 的股份，直接拥有了其在美国东西海岸大半城市 78 家门店，改变了企业单纯出口赚取微薄加工费的现状。海宁市家具出口 76% 销往美国市场，在主要市场直接面对终端客户，不失为拓宽销售渠道的方法，也为整个家具出口从加工输出转型为品牌输出首开先河。

内销方面，卡森、蒙努、澳森、博洋、和通、金郑、恋尚家、汉盛、腾大、川洋、米罗、维特拉等家企业在开拓国内市场方面都花了大力气，取得了一定的成效。通过多年努力，海宁家具内销产种类日益丰富，卡森的美式家具、澳森的功能沙发、和通的欧式家具、博洋的实木民用家具、恋尚家的板材家具、金郑、川洋等企业的软体家具以及其他杭迁家具企业的办公家具在业内都具有一定的知名度。企业内销市场定位逐渐清晰。卡森、蒙努针对高端市场，推出了卡森之家、慕容家居等家具品牌。

中国中部家具产业基地——南康

颁牌时间：2011 年 6 月
所属省市：江西省赣州市

地区概况

南康市是地处江西南部赣南苏区的一个县级市，国土面积 1722 平方公里，人口 82 万，辖 18 个乡镇 2 个街道办事处。南康人多地少，资源贫乏。但南康人民吃苦耐劳、敢闯敢拼，富有创业精神，非公有制经济发展活跃，家具产业就是其中的代表产业。南康家具产业起步于 20 世纪 90 年代初，经过 20 多年发展，这个最初由少数南康木匠和返乡农民自发做起来的草根产业，现在已经成长为南康的一个最重要的支柱产业、民生产业，在江西省乃至全国都有一定的影响力。2011 年国家质监总局同意南康筹建“全国实木家具产业知名品牌示范区”，中国家具协会授予南康“中国中部家具产业基地”称号并连续两年将南康评为“全国优秀家具产业集群”。

近年来，南康市委、市政府深入贯彻落实科学发展观，紧紧抓住苏区振兴发展历史机遇，致力于推进家具产业转型升级。主要按照园区化、规模化、品牌化、产业化、工艺化的总体思路，大力推进家具产业园区的建设，吸引综合实力较强的企业进驻，不断引导企业提升工艺，打造特色，培育品牌，壮大规模。家具行业获得中国驰名商标 3 个——“大澳”漆、“吉祥百得”（蓝天木业）、“维平创业”家具（维平创业），江西省著名商标 33 个，赣州市知名商标 58 个。江西名牌产品 8 个，江西省质量守信 AAA 级企业 6 个。

越来越多的企业抓住了发展机遇，苦练内功，形成了以维平创业、蓝天木业、怡嘉豪家具、文华家瑞家具、赣派家具等企业为代表的龙头企业，这些企业无论是产值、规模还是品牌知名度、研发能力均走在南康家具企业的前列，且具有较为先进的发展理念和完善的发展规划。这些企业将在南康家具产业转型升级的路上起到带头示范作用。随着南康家具品牌影响力逐渐扩大，从省内到周边省份以及苏州、义乌、青岛、西安等地行业组织开始主动来到南康寻求合作，同时南康创建全国实木家具产业知名品牌示范区工作也正在快速推进，品牌化进程速度加快。

中国古典家具文化产业基地——阳信

颁牌时间：2011 年 7 月
所属省市：山东省滨州市

地区概况

阳信县位于黄河三角洲高效生态经济区及山东半岛蓝色经济区核心区，是闻名的中国鸭梨之乡。县域面积 793 平方公里，人口 45 万。“三高一铁”（长深高速、荣乌高速、济东高速、德龙烟铁路）多元化交通新格局逐步形成，使阳信县进一步融入国家重要交通网络，良好的交通和区位优势支撑经济发展的能力显著增强。

阳信县收购、加工古家具萌发于 20 世纪 60 年代，随着经济社会的不断发展，民间文化品收藏者的视野不断拓宽，走出县门、省门，走遍全国各地收集民间文化藏品，特别是对古家具的收购、加工，进而形成了阳信县水落坡古旧家具市场。古典家具产业规模化生产形成于 2002 年。截至 2013 年底，全县古典家具加工企业 60 余家，从业人员 3 万余人，拥有仿古家具营销加工专业村 37 个，年营销额达 40 亿元。

2013 年运营情况

2013 年，阳信县规划建设民俗文化产业园，已形成购买、修复、加工、销售联动模式，成为全国最大的古典家具加工、存储、销售集散地之一，产品销往北京、上海、广州等大城市，并出口到美国、韩国、新加坡等国家。

2013 年以来，阳信县充分发挥民俗文化产业园市场优势，开展多次大规模的经贸洽谈活动，企业也加大了市场开拓的力度，国内和国外市场并重。古典家具产业保持了良好的发展态势。2013 年该产业规模以上企业实现主营业务收入 25 亿元，利税 4.2 亿元，利润 2.6 亿元。

中国北方家具出口产业基地——杜村

颁牌时间：2011 年 7 月
所属省市：山东省胶州市

地区概况

杜村镇位于青岛市西南部。青岛家具产业园现有木制家具生产企业 90 家，其中规模以上企业 26 家。产业基地内已落户内外资实木、弯曲木家具和木材加工经营企业 87 家，木工机械、纸箱、塑料、五金、海绵、包装等配套企业 36 家，其中规模以上企业 37 家，家具生产企业 23 家，年产值过亿元企业 4 家，全部从业人员近 3 万人。年家具综合产值达 20 亿元。同时，杜村镇积极帮助企业培育和申请名牌，通过努力，青岛一木及金羽木业在杜村镇设立了青岛市级研发中心，“一木”、“双李”、“绿可”等一批名牌企业及名牌产品走出杜村、走向世界。产业基地先后设立了“中俄木材市场”、“山东省家具出口安全监管示范区”、“木制品检测中心（实验室）”、“家具展销一条街”、“青岛木工机械展销市场”、“家具职业培训学院”等产学研相结合的科研实习机构，为产业园进一步深化发展奠定了坚实的基础。

产业园的进一步发展壮大体现了巨大的龙头带动作用，杜村镇周边百公里范围内逐渐形成了以青岛一木集团、青岛艺德木业、青岛宏洋木业为龙头的生产制造类企业集群，以及以青岛海博家居、青岛禧莱乐国际名品家具广场等为代表的商贸流通产业链条。

杜村镇紧紧围绕“一镇一业”，突出培育家具产业特色，重点打造产业链条，逐步形成镇域经济板块的核心竞争力。通过对外加大选商，对内强化培育，杜村镇家具产业已初成规模，从家具研发、制造、销售到配套、服务的各个产业链环节逐步完善，海内外的影响一步步加大。

中国华中家具产业园——潜江

颁牌时间：2011 年 7 月
所属省市：湖北省潜江市

地区概况

华中家具产业园是潜江市重点建设项目，被湖北省政府列为全省“十二五”期间重点在建项目，是承接东部沿海家具产业转移和西部家具产业扩张的重要载体。公司系中国家具行业协会理事单位、湖北省家具协会副会长单位。园区总规划面积 3 万亩，计划总投资 300 亿元，分 3 期建成，其中一期工程占地 1 万亩，总投资 100 亿元。

园区按功能划分为“四个基地、五个中心、一个市场”，即低碳家具生产基地、创业孵化基地、家具产业创意研发基地、企业总部基地；产品展销中心、商业服务配套中心、废水废料处理中心、原辅材料交易中心、人力资源培训中心；多功能专业物流市场。项目建成后可实现年销售收入 1000 亿元，利税 200 亿元，可解决 15 万人就业。园区建成后将成为高标准、现代化的低碳产业园和中国家具产业新的聚集地，形成集家具材料研发、生产、销售、物流、配套服务为一体的综合性新型家具产业园和产业新城。

华中家具产业园坚持在全国范围内“承接企业精英，承接产业精品，走产业集群化之路”。在沿海地区产业大转移以及“中三角”城市集群建设的大背景下，园区已与 13 家全国有影响的家具企业协会签订了招商合作协议，共成功引进四川全友、好迪，广东汉淇、金天拓等企业 93 家（占地 1.1 万亩）。其中全国名牌家具企业 2 家、省级品牌 18 家。

中国家具彰武新型产业园区——彰武

颁牌时间：2011 年 7 月
所属省市：辽宁省阜新市

地区概况

中国家具彰武新型产业园区经过五年多的发展建设已经初具规模。截至 2013 年底，基地“六通一平”配套面积达到 5.2 平方公里，投入基础设施建设资金 9 亿元。铺设排水管线 41.7 公里；建 2 万千瓦时变电所一座，架设电路 21.8 公里；修筑三横三纵公路骨干路网 15.4 公里；预埋通讯线路 16 公里；引入燃气管线 4 公里；建成标准工业厂房 42 万平方米。

2013 年运营情况

2013 年项目投资完成 10 亿元，累计已达 52 亿元；新签约项目 20 个；新开工项目 15 个；新竣工项目 13 个；储备项目 32 个。在新签约项目中，亿元以上项目 4 个，5000 万元至 1 亿元项目 12 个。

2013 年实现销售收入 60 亿元，与 2012 年（49 亿元）相比增长 23%；利润 1.3 亿元，与 2012 年（1 亿元）相比增长 30%；实现企业税收 3815 万元，同比 2012 年的 2252 万元，增长 69.4%；全年企业生产用电 1075.6 万度，同比 2012 年的 676.2 万度增加 400 万度，增长 59%。培育出龙头企业 12 户，其中，省级 7 户，市级 5 户，打造出名牌产品 30 个。以板材加工、家具制造、地板生产、包装配套、商贸物流等产业为一体的家居产业集群已初步形成。

中国金属家具产业基地——樟树

颁牌时间：2012年4月
所属省市：江西省樟树市

地区概况

樟树市地处江西“大十字架”生产力布局的天心地胆之位，自古就是“八省通衢”、“四会要冲”的水陆交通要津，境内沪昆铁路纵贯东西，京九铁路衔接南北，赣粤高速、沪昆高速、105国道、清宜公路、清高公路在境内相互衔接并向外延伸，市区距南昌机场仅1小时车程，赣江黄金水道中分樟树，区位优势十分明显。

樟树市金属家具产业起源于1973年，通过40年的发展，产业发展走过一段不平凡发展历程，产业从小到大，从弱到强，历经艰辛，不断发展，从地地道道的草根经济逐渐成长樟树市第四大特色产业，从规模上站在了中国金属家具产业区域的前茅，形成了较为成熟的产业集群，随着产业基地建设的推进，金属家具产业集群优势将进一步得到发挥。

樟树市金属家具产业历经40年的发展，产品销售覆盖全国30个省（市、自治区），部分产品已销往港、澳地区和越南等东南亚国家。随着金属家具产业的不断发展壮大，与之配套的相关企业也逐步发展起来。樟树市共有金属家具产业的配套企业12家，主要产品为模具制造、钢材加工、塑粉生产、纸箱包装等，部分满足了樟树金属家具产业的生产需要，同时还推动了樟树市的运输业、服务业、房产业等行业的发展。服务于金属家具产业的配套企业已基本形成了较为完整的产业链，大大降低了企业的生产销售成本，提高了企业综合竞争力。

中国办公家具产业基地——杭州

颁牌时间：2012 年 4 月
所属省市：浙江省杭州市

地区概况

杭州市是浙江省省会城市、全国副省级城市、长三角南翼中心，是我国经济发展较快的城市之一。经过 20 多年的发展，如今杭州市家具行业已初步形成了以办公家具、户外家具和软体家具等制造为主，家具辅料材料、五金和木工机械等相配套的各类产品，尤其是办公家具，其产品无论是研发设计、工艺制作和品牌建设，在国内外同类产品中均具有较高的行业知名度和市场占有率，其产业集群雏形初步显现。

杭州市有家具企业近 1300 家，杭州家具业年销售额超过 2000 万元规模以上的企业约 480 余家，占全行业总数 40% 左右，同时相关的板材、涂料、五金配件、木工机械、胶料等家具配套企业近 100 余家，民营企业占到 95% 以上。杭州市办公家具在国内市场占有率在 10% 左右，浙江省占有率为 75%，产销率为 98%。“十一五”期间杭州家具行业征用土地 5375 亩，企业技术改造投资 30 亿元，近三年来家具企业固定资产投入总额约为 100 亿元。产品由原来的单一办公桌（椅）向办公家具系列化发展，形成了办公桌、办公椅、文件柜、OA 屏风、办公沙发、转椅、智能办公家具、IT 家具、户外椅及各类配件等十大系列产品。初步形成了以办公、沙发、钢木家具为特色的家具产业，特别是杭州办公家具独树一帜，成为浙江省家具业非常典型的板块之一。

2013 年运营情况

2013 年，全市家具制造规模以上企业总产值：109.54 亿元，同比增长 5.2%。销售产值：108.28 亿元，同比增长 4.4%。预计全市家具行业完成 2013 全年工业产值 216 亿元，同比下降 6.4%。杭州家具行业 2013 年 1 月至 10 月全市出口家具及其零件 10.8 亿美元，同比下降 1%。

中国浴柜之乡——党山

颁牌时间：2012 年 10 月
所属省市：浙江省杭州市

地区概况

装饰卫浴行业的集中产地在党山，历年发展下来聚集了一大批具有产业规模的企业，并解决了一部分下岗员工从业难的问题。形成了较为明显的产业集群圈，用当地话说“每走 100 米，就能看到一家卫浴企业”，充分体现了产业集中的特点。

装饰卫浴产品还具有产业链长的优势，在产业链上形成以浴柜为主体，向上延伸至 PVC 贴膜、木塑新型材料、橡木板材、PVC 板材的生产；向下延伸至玻璃台盆的烧制，不锈钢支架的加工，陶瓷台盆和五金配件的采购与经营，浴柜的组装、浴柜表面的处理、面漆的加工、浴柜包装物料的制作、浴柜生产加工机械的研制开发。形成了行业的有效分工细化，并与此建立了良好的合作团队，突显区域特色经济的产业优势。

党山的装饰卫浴品牌在国内外市场上都具有一定的知名度。全镇拥有国内注册商标 959 个，国外注册商标 421 个，其中中国驰名商标 5 个，全国知名品牌 1 个，全国十大示范品牌 1 个，省、市名牌产品 34 个，著名商标 32 个，其中不乏一些优势品牌。和合科技集团的“和合”商标、浙江金迪控股集团的“金迪”商标、杭州桑莱特公司的“桑莱特”商标、康利达的“康利达”商标先后成功认定为中国驰名商标；“和合”和“金迪”还荣获“浙江省著名商标”、“浙江省知名商号”；“和合牌”浴柜钢化玻璃和“金迪牌”整体浴室家具被评定为浙江省名牌产品和杭州市级名牌产品。金迪木塑型材公司、合玻璃工业公司先后认定为国家级高新技术企业和省级企业技术中心、省级研发中心，也是浙江省科技创新、管理创新示范企业。其国内市场各大城市营销网络完备，并在国外市场具有较高的占有率，同时积极在国外市场注册商标，具备了创建国际品牌的基本条件。

中国苏作红木家具名镇——海虞

颁牌时间：2012 年 11 月
所属省市：江苏省常熟市

地区概况

江苏省常熟市海虞镇红木家具制作至今已有近百年历史，是中国明清家具和古典家具生产基地的代表之一。改革开放后，海虞镇红木制作企业只有唯一一家，时至 21 世纪初，拥有各类红木家具生产企业近 80 家，从业人员 5000 多人。2012 年，共实现各类红木家具产销总值近 10 个亿，形成了一批以金蝙蝠红木、远东家具、汇生红木、明艺红木等企业为代表的龙头企业，产品畅销国内沿海城市和中东部城市，部份产品远销海外十几个国家和地区。

虞镇苏作红木家具生产，历史悠久。在民间“能工巧匠”生产的基础上，早在 20 世纪 60 年代，海虞镇就建立了红木家具生产企业。海虞的经济是从红木家具产业起步的。在发展的道路上，一贯以“市场、艺术、质量”为经营理念，使海虞镇苏作红木家具产品从 20 世纪 80 年代开始就在国内外市场享有较高声誉，直至现在。进入 21 世纪，海虞镇注重品牌培育、突出品牌文化理念，通过加强市场营销，树立品牌形象、产品形象，同时运用区域性传媒、专业传媒、大众传媒和网络传媒相结合，并积极参加各种展销会、博览会，逐步扩大了海虞红木家具品牌知名度。海虞镇拥有江苏省名牌产品 1 件、著名商标等 3 个、苏州名牌产品 5 件。龙头企业生产的“金蝙蝠”牌红木家具，1998 年进入北京中南海紫光阁，1999 年进入钓鱼台国宾馆。曾被著名社会活动家、原全国人大副委员长程思远亲笔题词“弘扬民族优秀文化”。

中国苏作红木家具名镇——碧溪

颁牌时间：2012 年 11 月
所属省市：江苏省常熟市

地区概况

江苏省常熟市碧溪镇地处长江下游沿岸，东倚上海、南接苏州、西邻无锡、北濒国家级万吨港口——常熟港，有204国道与高速公路、苏通大桥相贯通，地理位置优越、环境优美、交通便利，区域总面积110.2平方公里，户籍人口10.45万人，登记外来人口4.5万人。碧溪是常熟市经济重镇，列江苏省百强镇第14位。

作为碧溪传统产业的一支重要力量，碧溪苏作红木家具素有“儒雅苏作、红木碧溪”的美名，是苏作红木家具的代表，历史悠久，底蕴深厚，简约清秀，优美流畅。中国古代绘画书法中常有“惜墨如金”之说，碧溪红木家具也已达到了“惜木如金”的境界。

近年来，碧溪红木家具在继承传统苏作工艺的基础上，逐步由家庭作坊向规模经营发展。碧溪创造了大量的红木艺术珍品，培养了众多能工巧匠，塑造了具有碧溪特色的苏作红木家具文化。碧溪苏作红木家具作品多次在国内外家具展中获奖，名佳红木的“雕精龙宝座”获首届中国家具设计大赛金奖，“明式仿古沙发椅几”获首届中国精品红木坐具品鉴大会金奖。

多年来，碧溪苏作红木家具产业支持走精品化高端化路线，逐步形成了以名佳红木、东达红木等骨干企业为龙头，集选材、裁料、烘干、精细化加工等生产流程于一体的区域性红木家具产业基地和完整价值链体系，一个规模庞大、技术领先、产品优质的现代化红木家具产业集群已经初具雏型。

中国家具红安新兴产业园——红安

颁牌时间：2012 年 12 月
所属省市：湖北省黄冈市

地区概况

湖北融园家具产业园有限公司是融园控股集团的全资子公司，注册成立于 2011 年 6 月，注册地址为红安县新型产业园，位于武麻高速红安出口，总规划面积 13.3 平方公里，约 20000 余亩，共分 4 期建设，总投资 200 亿元人民币。由融园控股集团与黄冈市委、市政府，红安县委、县政府、开发区管委会倾力打造，按照“产业聚集，特色突出”的要求，园区的建设划分为家具制造基地区、家具原辅材料交易区、生活配套区、家具配套产品加工区和仓储物流集中管理区等五大板块和一个汉产家具孵化基地，吸引众多国内外家具名企及汉产家具实力企业入驻，形成完整的产业链优势以及产业集群优势，通过 5 至 6 年的发展届时将成为华中地区产业链最完善、配套服务最齐全的家具产业城。

湖北（红安）融园家具产业城是红安县一号重点工程，在基础配套、行政税收、金融政策等方面给予全力的支持：园区工业项目企业增值税三免两减半；入驻园区时首付最低 5 成，生产设备可 100% 担保贷款；为园区企业提供“一站式”专人手续办理服务；让园区企业可以全心投入到生产和销售当中去。

围绕园区开发、产业聚集、产业链延伸，企业逐步入园，产业聚集程度明显提高，工业企业遍地开花，园区成为红安新型产业园招商引资的重要平台。同时，通过加快产业结构调整和转型升级，推动一批知名品牌落户园区，提升了园区项目的科技含量和产品档次。

中国西南家具产业基地——新都

颁牌时间：2012 年 12 月
所属省市：四川省成都市

地区概况

2005 年，经成都市人民政府批准设立的占地 6 平方公里的成都家具产业园落户新都，开创了成都家具产业的集中集群发展之路。园区总投资 280 亿元以上，其中高端制造区投资 40 亿元以上，家居商贸区投资 240 亿元以上。截至 2013 年底，已有 70 家知名家具制造企业入驻园区，10 大商贸项目正加快建设，部分项目已建成。至 2015 年园区全面建成后可实现制造业年总产值 300 亿元以上、第三产业年交易额 700 亿元以上，解决就业 15 万人以上。

2012 年，成都家具产业园区完成投资近百亿元，家具高端制造区入驻的好迪、帝标、金虎、景上等 65 家知名家具制造企业已全部建成投产；家具原辅材料市场引进并建成投运好迪、运开、吉宇、力美等 4 个材料城。现代商贸区采用错位发展、泛家居形态规划，引进项目 10 个，总投资 240 亿元，计划 2015 年全部建成。其中香江 · 全球家居 CBD、家和家园国际家居商城、中润 · 欧洲城、爱灯堡西部灯饰采购中心等 4 个项目陆续建成投运，已经形成了家居商业集群形态；大煌宫国际陶瓷展贸中心、家百年国际布艺纺织城等家居商贸项目正按计划进度推进。

2013 年运营情况

2013 年园区完成工业总产值 140.1 亿元，同比增长 16.7%，完成规模以上企业增加值 49.1 亿元，同比增长 19.8%；完成商业销售额 8.1 亿元，同比增长 179%；获国家质监总局“全国知名品牌创建示范区”和四川省“首批现代商贸集聚区”称号。

2013 年 9 月，新都区政府整合园区资源，以“一座新城、年年盛会”为宣传核心，以家具行业和家居终端为目标受众，举办了首届中国西南家居博览会并全方位推出“中国龙桥家居博览城”这一区域品牌。中国龙桥家博城拥有展厅面积超过 300 万平方米，65 家知名家居制造企业。

中国（瑞丽）红木家具产业基地

颁牌时间：2013 年 4 月
所属省市：云南省瑞丽市

地区概况

瑞丽地处云南西部，全市总面积 1020 平方公里，三面与缅甸接壤，国境线长 169.8 公里，辖 3 乡 3 镇 2 区，总人口 18 万余人，其中，少数民族人口占总人口的 46.1%。瑞丽口岸有丰富的木材资源优势。邻国缅甸素有“森林王国”的美称，森林覆盖率达 60% 以上，木材储量多，交易量大。改革开放以来，中缅贸易发展迅速，瑞丽口岸贸易进口量年均增长两位数以上。进口商品中，木材进口比重一直较高，依托邻国丰富的森林资源发展林产品加工业前景十分看好。

瑞丽口岸毗邻缅甸，已成为东南亚重要的木材集散地。加之当地较为廉价的劳动力成本，瑞丽已涌现出一批以瑞丽市德冠恒隆红木家具有限公司、瑞丽市千紫木业发展有限公司、瑞丽市儒艺经典家具实业有限公司、瑞丽市居家宜红木家具有限责任公司等为代表的红木家具加工龙头企业。

瑞丽的红木产业已从最初的低层次过境贩卖发展到今天的集原料采购、生产加工、销售服务于一体的较完整的产业体系。林产品加工从单一型开始向多品种、多规格型转变；原材料利用从粗放型开始向综合利用型转变；产品从初加工型向终端产品加工型转变；从传统的手工雕刻向电脑全自动雕刻转变。短短几年时间，瑞丽一跃成为云南最大、西部最具竞争优势的红木家具、红木工艺品产销集散地。而随着大瑞铁路、龙瑞高速公路的建设，围绕缅甸的当地木材资源优势，使用国内外先进生产技术和设备，提升木材的附加值，开发高档红木家具，市场潜力巨大，红木加工逐渐成为瑞丽特色工业的一项重要产业。

瑞丽市委、市政府本着结构合理化、环境生态化、产业集群化的思路，强力推进“工业强市”发展战略，大力发展红木加工产业，以工业园区为载体，打造红木家具加工园区，提高红木产业的集中度，促进红木家具特色优势产业的快速发展。经过不懈的努力与付出，瑞丽一跃成为云南最大、西部最具竞争优势的红木家具、红木工艺品产销集散地；瑞丽工业园区红木家具园更成为了瑞丽市迎接各级领导参观考察的亮点之一。

中国仙作红木家具产业基地——仙游

颁牌时间：2013 年 4 月
所属省市：福建省莆田市

地区概况

仙游县地处福建东南沿海中部，县域总面积1835平方公里，境内分布“七山一水二分田”，辖 17 个乡镇、1 个街道、6 个管委会，总人口 112 万人，旅外华侨 20 万多人，台港澳同胞 6 万多人。

仙游县工艺美术产区涵盖 10 个镇（街），形成了榜头、度尾、大济、 赖店四个生产集聚区和三条特色工艺走廊。正在推进建设的仙游工艺创意产业园完成投资 4 亿多元，已列入福建省特色文化产业园和福建省六大创意产业园之一。生产规模不断壮大，全县共有工艺美术厂家 3350 多家，其中“仙作”红木家具 厂家 2600 多家，工艺美术产业产值超过 160 亿元，其中：规模以上工艺企业 144 家，完成产值 89.8 亿元，占全县规模工业总产值 39.0%。

运营情况

仙游县已成为全国最大的木雕生产基地和三大红木古典家具主产地之一。规模企业不断做大，产业效益不断增强。整个工艺美术行业创税 1.3 亿元，占财政总收入 13. 5 亿元的 9.6%，其中：144 家规模以上工艺企业创税 6894 万元，占规模工业税收 20.8%。86 家规模以上工艺企业创税突破亿元，增长 44.8%，占规模工业税收 19.2%。工艺美术产业的快速发展，不仅促进了就业、增加了收入，而且带动了房地产、住宿 餐饮、娱乐、交通运输等产业的发展。

中国红木（雕刻）家具之都——东阳

颁牌时间：2013 年 8 月
所属省市：浙江省东阳市

地区概况

东阳地处浙江省中部，总人口 82 万，地域面积 1739 平方公里，已有 1800 多年的历史，是省级历史文化名城、全国经济百强县市，集教育之乡、木雕之乡、建筑之乡、影视旅游名城等美誉于一身。东阳木雕与红木家具工艺有机融合而成的“东作”红木家具，集实用性、观赏性和收藏性于一体，在行业中独树一帜，盛名远扬国内外市场。随着东阳市委、市政府扶持力度的不断加大，近年来产业迅猛发展，已形成东阳中国木雕城、东阳红木家具市场等两大交易市场和南马、横店、城北等三大生产基地，成为东阳的主导产业之一。

东阳市是著名的“工艺美术之乡”。现有“亚太手工艺大师”2 位、中国工艺美术大师 9 位、省级工艺美术大师 24 位，先后被命名为“中国木雕之都”、“全球木雕产业合作基地”。东阳人勇于抓住机遇，将千年传统木雕工艺与现代红木家具完美结合，形成了“东作”红木家具独特工艺风格。

东阳中国木雕城、东阳红木家具市场所在的东阳工艺创意集聚区已成为国内最大的木制工艺品和红木家具集散地。城北工业新区产业园首期 1100 多亩产业基地已经建设。南马红木家具产业基地、横店红木家具产业基地相继建成。市政府将联手复星集团、阿里巴巴等一批优秀浙商团队，投巨资建设“中国木雕文化博览城暨中国木雕博物馆”项目。

连续 4 年开展“东阳市木雕 · 红木家具龙头骨干企业”评选，每年召开专题大会进行表彰。将龙头骨干企业资料汇编成宣传画册，以市政府名义进行宣传推介，在行业内引起强烈反响，企业争先创优的氛围日益浓厚，对行业健康发展发挥了良好的导向作用。积极实施“名品、名企、名家”战略，提升自主创新能力扶持，鼓励企业设立技术中心、大师创作设计室等。引导企业综合运用技术、标准、品牌、专利等手段，积极开发新产品、新技术、新工艺。走出一条独具特色的“东作”红木家具产业发展道路，成为名副其实的“中国红木（雕刻）家具之都”和“中国木雕之都”。

中国东部家具产业基地——海安

颁牌时间：2013 年 8 月
所属省市：江苏省南通市

地区概况

海安隶属江苏省，靠江靠海靠上海，全县总面积 1180 平方公里，人口 96 万，辖 4 区 7 镇。近年来，海安抢抓机遇，放大优势，乘势而上，经济建设蓬勃发展，社会事业欣欣向荣，连续多年跻身全国县域经济基本竞争力百强县。2013 年，名列全国中心城市综合实力百强县第 33 位，全国最具投资潜力中小城市百强县第 12 位。实现地区生产总值 539 亿元，增长 12.5%，财政总收入 115.2 亿元，公共财政预算收入 46.6 亿元，增长 24.3%，工业开票销售 764 亿元，增长 18.4%，规模以上企业总数 840 家，其中开票销售超亿元企业 170 家。

以全球化视野、产业化高度、超大型规模打造以产城一体化、全产业集群、人文体验为核心的全球家居产业新城，做成华东地区条件最好、平台最大、政策最优的产业转移目的地，全县谋篇布局、构建“一区四园”的发展框架。“一区”就是在国家级海安经济技术开发区划出 12 平方公里、设立家具核心发展区；以市场为龙头，选址沈海高速出口 1200 亩土地。规划建设 180 万平方米的“全球家居采购中心”。第一幢 20 万平方米批发市场已封顶装修。第二期 20 万平方米即将动工。规划建设 30 万平方米的原辅材料市场。第一期 15 万平方米已经开工，全国供销集团在这里建设占地 500 亩的木材市场。沪商投资的物流中心已经建成投运。集聚行业多方力量联合打造的“东部家具智慧谷”、“家具产业教育学院”以及“家具创意产业园”都已策划启动。“四园”是在滨海新区、曲塘镇、大公镇、雅周镇设定 4 个“东部家具产业园”。每个园区 3000 至 5000 亩，定位各有特色，先行做好规划，高标准做好基础设施，筑巢引凤、招引品牌家具生产企业落户。

按照“产业集中、发展集聚、资源共享、功能互补”的要求，实现重点突破。坚持家具市场和家具工业双轮驱动，使“东部家具”成为海安辐射性强、美誉度高的一张亮丽的名片。

专业篇

PROFESSIONAL ARTICLES

新型材料在家具中的应用

吴智慧 南京林业大学

摘 要：随着科技的发展，新材料不断进入人们的视野。本文从家具基材角度着眼新材料，分别从新型人造板、改性木材、复合材料、其他新型材料四个方面对现有家具中应用的新材料进行了简单的介绍。

关键词：家具；新材料；基材

一、新型人造板

（一）木质材料强化蜂窝纸芯复合板

木质材料强化蜂窝纸芯复合板是指在传统蜂窝纸芯单元的粘结处添加一块中密度纤维板支撑条加工成木质材料强化蜂窝纸芯，再将蜂窝芯与中密度纤维板或胶合板覆贴形成的木质材料强化蜂窝纸芯复合板。由于复合时胶合面积增加，提高了支撑强度，因此提高了木质蜂窝复合板的各项力学性能，同时保留了蜂窝结构的隔音隔热性能，增强了蜂窝复合板防水防潮性。

木质材料强化蜂窝纸芯复合板具有质轻、省材、表面平整、隔音、隔热、比强度和比模量高等特点，是制作家具、平板门以及室内隔断的理想材料，且这种材料节约木材资源、环保并且可回收，具有广泛的发展与应用前景。

（二）非结构用单板层积材

单板层积材，又称 LVL，是由厚单板经多层顺纹（也可以加入横纹）单板拼接胶压而成的高性能、高附加值产品。图 2 所示的非结构

图 1 蜂窝纸芯

图 2 非结构用单板层积材

用 LVL，指厚度在 45 mm 以下，主要用于室内的家具制作和装饰装修的单板层基材。非结构用单板层积材的材料特性可以和实木相媲美，甚至在强度和韧性上都超过实木锯材，其变异性小、质量稳定、规格精确，同时还有规格多样化、结构均匀、强度高、尺寸稳定性强、经济性好、有叠层纹理等多种优良特性。多用于沙发的内部框架，装饰线条等。

（三）竹集成材

竹集成材是以竹材为原料加工成一定规格的矩形竹片，经三防（防腐、防虫、防蛀）、干燥和涂胶等工艺处理进行组坯胶合而成的竹质板方材（图 3）。其不仅继承了竹材物理力学性能好、收缩率低的优良特性，还具有幅面大、变形小、尺寸稳定、强度大、刚度好、耐磨损的特点，并可进行锯截、刨削、镂铣、开榫、钻孔、砂光、装配和表面装饰等加工方式。

图 3　竹集成材

其作为家具用材还具有不开裂、防虫蛀、防霉变的性能，由于其采用改性的 UF 树脂胶，相较于传统木质家具所使用的复合材料，具有游离甲醛挥发成分更低和耐候性更好等优点，同时环保自然。

竹集成材表面有天然的致密通直的纹理，竹节错落有致，板的边缘只需经铣削加工即可显示出板边缘竹材的天然质感，降低了封边等工序的生产成本。同时，竹集成材还可进行雕刻、镶嵌和烙花等多种表面装饰，很适于制造家具。

（四）重组竹

重组竹又称重竹，是将竹材小径级材、枝丫材等低质材，经辗搓设备加工为横向不断裂、纵向松散而交错相连的竹丝或竹束，然后经干燥或热处理、施胶、组坯、热压而成的一种强度高、规格大、具有天然竹材纹理结构的新型竹质人造板材，也是一种高强度竹基纤维复合材料，如图 4 所示。

重组竹材料利用率高，具有优异的物理力学性能、加工性能、环保性能，其强度大，密度高，材质和色泽近似硬阔叶材，完全能够满足家具制造的要求，特别是在继承传统造型与

图 4　重组竹

工艺方面有着巨大的优势，但其纹理和质感相比天然木材有所不足，且价格偏高，在家具产业中的应用还处于初步探索阶段。

二、改性木材

（一）炭化木

炭化木是指用160℃至230℃的过热蒸汽对木材进行长时间热解处理得到的木材（图5）。其尺寸稳定性高，颜色内外一致，防潮性强，耐腐和耐候性能较高，环保安全，易于保存。针对不同的处理工艺以及不同的木材，使用场合也略有差别。在欧洲市场，炭化热处理的松木与云杉主要用于室内建筑材料，如花园家具、门、窗及墙壁等。炭化热处理白桦和白杨木材可以用于室内家具、厨房家具、玉石装饰、镶板材料及橡木地板等。炭化的松木、杉木因为树脂被基本排除，所以特别适合做桑拿房。随着炭化技术的发展，一些密度较大的硬阔叶材也可用于炭化处理，如水曲柳、榆木等，以满足家具、地板等的使用要求。

图5　炭化木

（二）浸渍木

浸渍木是指将木材浸泡在水溶性低分子量树脂溶液中，树脂通过扩散进入木材细胞壁，而使木材增容，然后经干燥除去水分，最后加热使树脂固化得到的木材（图6）。

图6　浸渍木

浸渍木的尺寸稳定性好，硬度相对增加，通过不同树脂的浸渍能得到不同程度的性能改善，如酚醛树脂浸渍木在耐腐、耐酸、绝缘性能方向有很大提高。浸渍木目前主要用于制作刀、枪的手柄和笔托，以及对强度、耐磨性、耐化学腐蚀等性能要求较高的领域。也可用在建筑、家具行业。

（三）压缩木及弯曲木

压缩木及弯曲木是借湿热或其他方法，先将木材塑化，然后通过热压处理，制得质地坚硬、密度高和强度大或弯曲形状的木材，如图7所示。压缩木表面物理性能、强度以及加工性能较好，且材质均匀。经压缩处理的软质人工林木材，可以代替普通硬质甚至高档阔叶树材，如黑檀等，用于制作室内楼梯扶手、门窗框、横木、家具腿、框架、工艺品、装饰家具、工具柄、图章等产品。运用这种技术，人们可以随心所欲地把木材弯曲成S形、螺旋形、渐开线型，为家具造形的多样化开拓了新领域。

图 7　压缩木

图 8　乙酰化木材地板

（四）塑合木

塑合木是指通过向木材中注入不饱和烯烃类单体或低聚物、预聚体后，利用射线照射或自由基引剂——热引发手段提供能量，使其内部聚合固化的木材。塑合木不仅保留了木材天然的优良性能，其尺寸稳定、硬度、耐磨、耐腐蚀、耐虫蚁等性能都大幅提高，有些能够达到甚至超过天然珍贵木材。此外，还可以进行着色处理和赋予阻燃功能。塑合木可以用于生产地板、家具、运动器材、工艺品、乐器等产品。

（五）乙酰化木材

乙酰化木材是通过乙酰剂处理后得到的木材。乙酰化木材具有密度均匀、表面平整、尺寸稳定性高、耐腐性强、热延展性低、不增加毒性、木材本身强度不降低等优点。由于乙酰化木材成本较高，主要用于制作高附加值产品。有研究表明：杨木、樟子松等人工速生林木材经过乙酰化处理后，木材的热塑性提高，尺寸稳定性增强，漆膜附着力无显著变化，但胶合强度有所下降。因此建议对乙酰化木材进一步进行压缩处理，以提升其密度和表面硬度等性能，满足家具，特别是厨卫家具用材料的要求。乙酰化实木的首推应用领域为室外平台（甲板），乙酰化纤维则可用于制造锥形挤压成型聚丙烯热塑复合材料。图 8 为乙酰化木材所制作的地板。

（六）染色木

染色木是指通过采用能改变木材颜色及防止木材变色的物理或化学方法得到的木材。染色木提高了普通或低质木材的装饰性和附加值，特别是人工林木材，通过漂白、染色、模拟木纹等技术加工，可以消除心边材、早晚材和涡旋纹之间的色差，或模拟珍贵树种木材的装饰效果，满足人们对于高档木材用品的观赏需求，如图 9 所示。目前主要应用于薄木染色

图 9 染色木皮

和以科技木为代表的重组装饰材和重组装饰单板制造。对厚度较大的实木染色，由于存在常规条件下难以均匀染透的问题，相关技术目前仍然处于探索阶段。

三、复合材料

（一）碳纤维复合材料

碳纤维多作为增强材料加入到树脂、金属、陶瓷、橡胶、木材等材料中，构成复合材料。其具有传统材料难以达到的超轻质量，易于组合、搬动和运输，且能在视觉上表现出自然轻盈的美感。比强度高、拉伸强度及弯曲强度高。碳纤维布具有布匹的柔软特质和极强的可设计性，在三维空间里可以任意的扭曲，与树脂胶合可以拥有各种靓丽的色彩。碳纤维增强木材可以利用木材天然纹理装饰家具的表面，碳纤维优良的力学性能也可用以结构支撑。目前，家具用碳纤维复合材料主要为碳纤维增强树脂基复合材料，碳纤维增强木材复合材料在建筑行业中也有部分应用。

（二）木塑复合材料

木塑复合材料（Wood-Plastic Composites，WPC）是国内外近几年蓬勃兴起的一类新型复合材料，指利用聚乙烯、聚丙烯和聚氯乙烯等代替通常的树脂胶黏剂，与超过 50% 以上的木粉、稻壳、秸秆等废植物纤维混合成新的木质材料。主要用于建材、家具、物流包装等行业（图 10）。

图 10　木塑复合材料

木塑复合材料兼有木材和塑料的特点，能耐虫蛀、耐腐蚀、耐老化、吸水性小、寿命长，尺寸稳定性好，且无木材疤痕，同时可切割、粘贴、用于五金连接件固定。制成品的表面光滑、平整、坚固，并可压制出立体图案和其他形状要求。加入各种着色剂或覆膜，能够生产色彩绚丽的各种制品，装饰效果好。同时，木塑复合材料硬度高，能重复使用和回收再利用，也可生物降解，对环境友好。

木塑复合材料目前在家具市场应用主要集中在户外家具、卫浴家具、厨柜家具以及桌、凳类家具。

（三）铝塑复合板

铝塑复合板是以经过化学处理的涂装铝板为表层材料，用聚乙烯塑料为芯材，在专用铝塑板生产设备上加工而成的复合材料（图 11）。

铝塑板融合了铝及塑料两种材料的性能优点，强度高、表面平整，不仅具有防水、防火、隔音、隔热、耐腐蚀、耐冲击、可弯曲、可钉

图11 铝塑复合板

刨、施工简便、易清洗等优点，且自重轻，可以大大降低建筑结构的荷载。铝塑板价格适中，用途广泛。内外墙装饰，门厅、饭店、商店、会议室的装饰，旧房装修以及巨台、家具的面层均可使用。使用简单的加工机具就可进行多种复杂形状的加工，满足现代装饰高品质和施工简易性的要求。

（四）柔性木质纤维复合板

柔性木质纤维复合板是一种由天然植物纤维、原生态树脂、石灰石粉、柔性剂等原料经特殊的成型工艺生产而成的一种同质透心结构的复合材料。

柔性木质纤维复合板原材料来源广泛，不需要添加人造板常用的脲醛、酚醛等醛类胶黏剂，无甲醛、苯等有害气体释放。且其生产过程低碳节能、无污水排放，产品可回收利用。柔性木质纤维复合板具有有良好的耐磨性、抗冲击性、尺寸稳定性，铺装效果美观大方，适合于公共场所、商场、医院、学校的地面铺装，也可用作家具材料及室内装饰材料，可以代替纤维板、刨花板等材料用作家具的表面装饰及构件，具有施工简单、绿色环保等特点。

四、其他新型材料

（一）新型陶瓷

陶瓷是一种既传统又新型的材料，它本身具有硬度强、耐磨、耐酸、耐碱等优越性能和独特的装饰美感，被运用于现代装饰中。在近两年的一些大型家具展中，已经出现了将陶瓷材料应用于家具的设计，且颇受欢迎。

纳米陶瓷的超塑性使陶瓷具有像金属一样的柔韧性和可加工性，进一步开拓了陶瓷材料的应用领域。

柔软陶瓷用普通泥土代替陶土作原材料，成分中除含有黏土外，还含有合成橡胶，在一般情况下可任意折曲变形，小半径弯曲、反复柔曲也不易断裂，颠覆了传统瓷砖的概念，打破了瓷砖的固有形态（图12）。

泡沫陶瓷是具有三维空间网架结构的高气孔率的多孔陶瓷体。泡沫陶瓷为产品造型设计提供了多样化的形式，利用泡沫陶瓷为连通网状结构的形态结构与肌理，可以直接运用于产品形态上。如图13用作室内灯具的外观设计或者室外环境灯的造型设计，利用泡沫陶瓷网

图12 柔软陶瓷

图 13　泡沫陶瓷灯具

状结构对灯光进行反射作用，可以制造出柔和的光线，渲染出的软光效果无疑是对环境的烘托，散发出质朴的原始美与现代的细腻的科技美。

（二）新型塑料

亚克力

亚克力，俗名有机玻璃。亚克力具备透明的质感、色彩丰富、造型时尚个性且具有质量轻、表面硬度高、耐高温、耐候性、耐化学性等特性，除此之外亚克力绝缘性优良，易制造加工，可锯、可刨、易于热弯成型，具有经久耐用的特性。同时亚克力材料还可回收利用。广泛用于在建筑业、家具制品、卫生洁具中。如图 14 为亚克力制作的精灵椅。

可耐力

可耐力，面材是一种由天然矿物、甲基丙烯酸甲酯和颜料组成的高科技产品。它的主要特点就是色泽艳丽，绚丽多彩，表面无毛细孔，具有极强的耐污、耐酸、耐腐蚀、耐磨损性能、易清洁。可耐力质地非常坚硬，像花岗岩一样。具有温暖感，这点像木材的特征。有很好的光泽感。没有接缝或者很紧密，视觉很完美。可以塑造任何种造型。图 15 所示为可耐力所制作的板材通过旋转等方式铺设的室内空间。可

图 14　亚克力精灵椅

图 15　可耐力室内空间

耐力广泛地应用于橱柜台面、洗手台台面、窗台、室内外墙面、家具、照明等多种领域。

（三）新型玻璃

纳米金刚玻璃又称纳米金刚膜玻璃，它的表面是一层由碳组成的，晶相和金刚石接近的纳米缴涂层。该材料质地坚，像镜面一样晶莹剔透，极具金属质感。具有防沾染、耐磨性好等特点。主要用于工业产品领域，如手机屏幕（图 16）等。

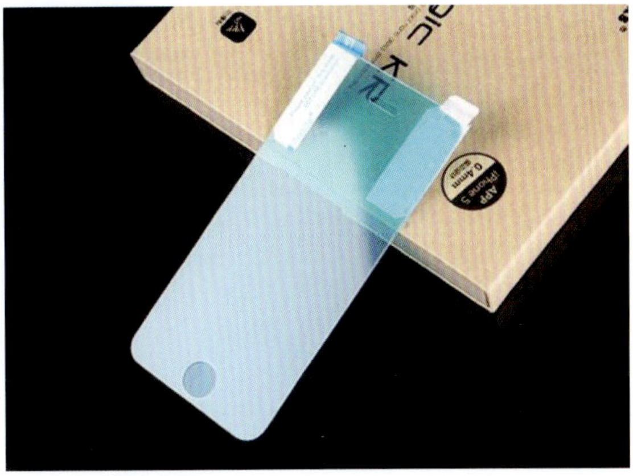

■图 16　纳米金刚玻璃膜

■图 17　首届托斯卡纳大赛获奖作品

（四）其他混合新材料

在首届托斯卡纳国际家具设计竞赛中，出现了一种混合新材料（图 17），其结构分为三层，核心层是纸在模具中模压而成中空的壳体结构，有一定的刚性；包裹在纸外的是水溶性发泡材料，具有较高的密度，既舒适又耐久；最外层为纤维织物。该材料取材广泛，且在水中浸泡 20 小时以上整个家具可融化，很好地解决了材料的循环问题。可用于家具制造领域。

五、结 语

材料是产品的生命，其外观、结构及性能均在很大程度上受到材料的影响。随着科技的不断发展，人们对于材料重要性的认识也逐步清晰。目前还有很多在其他行业中普及但未应用于家具行业的材料，家具新材料的开发还任重而道远。

中国家具电商现状与发展趋势分析 [1]

刘晓红 顺德职业技术学院

前言

在家具行业里，“电商”应该说是最热的词。正如当年家具行业面临是否上“ERP”一样，家具企业和家具卖场似乎也都面临着“不上电商等死，上了电商找死”的两难选择。

然而，电商时代来了，没有人能绕得开。

电商，即电子商务，是指在互联网（Internet）、企业内部网（Intranet）和增值网（VAN，Value Added Network）上以电子交易方式进行交易活动和相关服务活动，是传统商业活动各环节的电子化、网络化的商务活动。它是Internet爆炸式发展的直接产物，是网络技术应用的全新发展方向。Internet本身所具有的开放性、全球性、低成本、高效率的特点，也成为电子商务的内在特征，并使得电子商务大大超越了作为一种新的贸易形式所具有的价值，它不仅会改变企业本身的生产、经营、管理活动，而且将影响到整个社会的经济运行与结构，也必将成为人类商业史上一次新的跃迁。

本文以家具电商为主题，通过对当前家具电商的现状、类别、特征与问题以及未来发展方向的分析与探讨，以及电商对传统家具市场格局的影响等问题的反思，使我们清楚地认识到电商潮流是科技和消费观念共同作用的结果，是客户需求和体验对渠道提出的新的要求，而且电商的性质和方式也在发生不断的变化，因此，如何深刻地了解电商的内涵，掌握电商的规律，从而借势而上，顺应并引领潮流是我们值得思考的问题。

下面，我们就从电商与店商的博弈开始，从各个角度去探讨家具电商的今天与明天。

一、电商与店商的博弈

家具行业早在8年前就有人开始谈论“电商”，那时上网还不是很普及，尤其是手机上网用户很少。说到“电商”只是新鲜，好奇，时髦，好像在说别人的事情，尤其是家具电商，很多人都认为是昙花一现。然而，2013年全国家具电商的销售额就已超过1000亿人民币，且“双11”当天家具销售达到25亿元。像美

[1] 本文是笔者主持的广东省家具制造领域的第一个省级重点研究平台——“广东高校家具制造工程技术开发中心”项目（项目编号：GCZX-B1305）的一个建设任务，也是顺德职业技术学院《家具设计与制造产学研创新团队》的一项建设成果。

乐乐，林氏木业，大森林等，出身于电商企业，影响力和销售额快速超过了绝大多数经营了几十年的家具企业，仅林氏木业“双 11”当天销售过亿，令行业震惊。

接踵而来的结果就是电商与店商的冲突与博弈。数据显示，早在 2012 年上半年国内家居销售额与 2011 年同期相比下滑了 35%，绝大多数卖场上半年营业收入只能达到全年业绩指标的 1/5，经营成本却逐年攀升，“亏损”已成家居卖场业的关键词。

电商与店商的博弈，主要体现在五大力量的消长上，即快递取代渠道、网银支付取代终端、SNS[1]（社交化媒体）取代传统媒体、SEO[2]（搜索引擎优化）取代广告、客户端取代逛街。淘宝天猫、京东等，曾经是博弈的主要力量，这种力量又正被新的电商平台所挑战，同时也都被“微信”所挑战。

电商的顾客在“空中”即被拦截，央视媒体的饱和轰炸，也不能改变消费者购物路径迁移的趋势。2013 年马云与王健林 1 亿元对赌电商份额，以 2014 年王健林的主动取消而告终。形势比人强，线下店商无法阻挡线上电商对零售份额的瓜分。2013 年，从家具卖场的纷纷关店潮，到“美特斯·邦威”与“好想你”的关店，卖场的关店潮已经蔓延到品牌连锁店。这充分说明，传统商业形态的模式红利已经走到了尽头。

在电商生态消解店商生态五大力量的冲击下，涉及的绝不仅仅是渠道、终端、传播、支付等的变革，而是在商业生态背后社会形态发生的“巨变”。应该说，线上营销（含电商与移动电商）正在使社会的四大基础结构发生着本质改变，即时间、空间、媒体和关系。我们来分析一下。

（一）时间——无时不在

电商尤其是移动电商，让商业变成了真正的 365 天 ×24 小时的“不眠商城”。截至 2014 年 1 月，中国移动互联网用户总数达到 8.38 亿户，接踵而至，微信又快速成为渠道主流，今年用户将突破 7 亿，全球则将突破 10 亿。这个数据将使微信在沟通上成为国内第一大“运营商”，无时不商业、时时销售变成了现实，朝九晚五、门店营业时间变成了“落后”的代名词。商业无时不在。

（二）空间——无处不在

电商时代，空间障碍有了创新解决方式，物流成本大幅减少，交付速度大幅提高，理论上，企业的好产品，可以不需要借助传统的渠道模式去经销。小米手机、阿卡服饰，这些没有一家实体零售店，却用三四年就实现 300 亿元、几个亿的新品牌，反映了电商时代的空间障碍已经不再是品牌打造的必然障碍。家具体验店是否一定需要，也值得探讨，没有什么是一定要存在的，要谨防 O2O 的线下大量铺设体验店的做法，否则会重蹈大卖场的后尘。

---

1 SNS，Social Network Service，社交网络服务，依据六度理论，以认识朋友的朋友为基础，扩展自己的人脉。并且无限扩张自己的人脉，在需要的时候，可以随时获取一点，得到该人脉的帮助。SNS 网站，

2 SEO，Search Engine Optimization，汉译为搜索引擎优化。搜索引擎优化是一种利用搜索引擎的搜索规则来提高目前网站在有关搜索引擎内的排名的方式。

（三）媒体——随时随地

社会化（SNS[1]，）媒体、IM[2]（即时通讯）媒体的出现，使人类历史上第一次实现了信息无障碍、自由化、高保真、即时化的传递以及互动。这种新媒体让每个人都可以走出地域、生活圈的限制，与互联网上的任何一个人实现交流。六度分隔理论，论证了社交化媒体时代传播到达率的基本规则（通过六次传递，可以让人与任何预期的对象建立联系）。

（四）关系——人人传播

“人人传播”的巨大威力在于，不仅用六度分隔理论构建起有效传播的新模型，而且第一次让人与人之间形成跨越地域的社交网络。自此，全国性品牌不用跨越万水千山，也无须到强势媒体上狂轰滥炸，只要掌握新媒体的社交化属性，可以用另一种方式与目标顾客建立关系。“小米”、“罗辑思维”等，是运用人人传播形成滚雪球粉丝的创新实践者。

作为营销最重要的资源都被改变时，家具行业的格局就已经被打破，重构市场“爱你没商量”。电商与店商的博弈关系也许会从现在的“零和[3]”关系转向“竞合[4]”，最终共同利用彼此的优势占领市场。这也许是未来的一个发展方向。

二、家具电商类型与问题分析

据一组有关“珠三角区域家具电商状况”的统计数据显示，80% 以上的家具企业高度关注电子商务，60% 以上家具制造企业正在规划实施，30% 左右的已深度介入，仅有 5% 已取得不错的经济效益。

从早年轻舟联合家居易站、曲美家居 e 商城上线，到美乐乐进出淘宝、“家居就”落地集美、“爱蜂潮”迁址城外诚、蓝景商城低调上线，再到红星美凯龙斥巨资做红美商城、居然之家强势推居然在线……应该说主流卖场，无一不与电商有染。尽管一些卖场也曾经抵制店家的电商行为，但最终自己挡不住电商洪流，无奈也得趟进电商的红海中跟随潮流。

家具企业涉足电商的更是越来越多。如在天猫上，曲美、华日、红苹果、芝华士、全友、顾家、百强等赫然在列；其他建材类品牌，如飞利浦、科勒、美标、圣象、立邦、多乐士等也早已涉足，并声名显赫。这种局面在变化之中，它们也在探索新的平台和发展路径。

---

1 SNS，Social Network Service，社交网络服务，依据六度理论，以认识朋友的朋友为基础，扩展自己的人脉。并且无限扩张自己的人脉，在需要的时候，可以随时获取一点，得到该人脉的帮助。SNS 网站，

2 IM，即时通讯（Instant Messenger，简称 IM），是一种基于互联网的即时交流消息的业务，个人级应用的 IM 代表有：百度 Hi、YY 语音、腾讯 QQ、飞信 Fetion、微信，易信，来往，新浪 UC、网易 CC、网易泡泡、Skype、Lync、FastMsg、蚁傲、Active Messenger、苏宁、豆芽、云信、阿里旺旺等。企业级应用的 IM 代表有：协达软件、点击科技 。

3 零和博弈（zero-sum game），又称零和游戏，与非零和博弈相对，是博弈论的一个概念，属非合作博弈。指参与博弈的各方，在严格竞争下，一方的收益必然意味着另一方的损失，博弈各方的收益和损失相加总和永远为“零”，双方不存在合作的可能。

4 竞合：来源于合作竞争理论（cooperation-competition theory）。合作竞争理论，源于对竞争对抗性本身固有的缺点的认识和适应当今复杂的经营环境。企业经营活动是一种特殊的博弈，是一种可以实现双赢的非零和博弈。

（一）目前出现的家具电商类型

电商对于大家来说都是新生事物，还很难把握它的规律和好的运营方法。但是，经过几年的摸索与发展，已经出现了不同形式的电商模式来适应不同类型和背景的企业、市场和目标。总结起来大致可以分为五类：

第一类，综合电商平台。特点是流量大，如占据了绝大部分市场份额的天猫、京东、苏宁易购、当当以及亚马逊等。家居制造商在平台上开设品牌网店，通过天猫、京东等导入客流，销售专门的网络专供产品以及部分线上线下同步的产品。如曲美、全友等就在这类综合平台上做电商。中国商业缔造的“双 11”销售狂欢日，在综合电商平台上，2012 年当日销售额达 191 亿，2013 年就到了 350 亿人民币，年增长 83%。目前是电商最大的平台，但已经受到其他新型渠道的冲击。

第二类，家居行业的垂直电商平台。特点是大小不一、良莠不齐，尚无企业一枝独秀。在这一大品类之下，又有三种存在方式：①如美乐乐、一统等，以销售自有品牌为主，既有线上展示，也有线下的全国连锁体验店。②如齐家、家居就、牛窝一类中小型专业网站，它们资金投入有限，品牌销售是开放的。③如红星美凯龙和居然之家两大卖场斥巨资打造的红星家品会和居然在线。这种模式投资最大，争议也最大，支持者认为它能彻底改变竞争格局，反对者则认为它不符合客观规律，投再多钱也没用。这两个“高富帅”的“网二代”都已于 2013 年的 9 月和 11 月上线，静观市场评判。

第三类，传统家居卖场以及品牌的网上商城。如蓝景商城、曲美网络商城等，一般通过主题活动形式促进销售。

第四类，具备一定媒体属性的大型家居网站，如搜房、新浪家居、搜狐家居等，通过活动进行客群导流，并通过与供应商分成等方式获益。

第五类，中小型家居团购网站，如一起装修网、城市家居网等，方式基本同上。

不同类型电商平台的存在是必然的，也是合理的，它们的目标客户不同，客户诉求不同，服务方式也不同。但永远相同的是，只有最大限度地持续地满足目标客户的直接需求或潜在需求，才能持续赢得市场。无论采取什么方式，最根本的是产品和服务。内容为王，渠道制胜。

（二）目前家具电商存在的问题

目前家具电商存在的问题，主要集中在以下几个方面：

首先，是“定价”问题。就是线上与线下的价格无法一致的问题。首先是相同产品，价格一致无法经营，在实体店可以卖的价格，在电商就没有竞争优势。如果电商价格低于实体店价格，对实体店就是毁灭性打击，等于“自相残杀”。很多企业调整战略，使得线上线下产品不一致，似乎可以避开价格互相打架的问题。然而，目前的家具企业根本没有这个能力（包括开发能力，生产能力，组织能力和管理能力等）去开辟和做好另一套产品线和服务。目前大多数企业所谓的产品不一样，其实只是略有差别，或者尽管产品反差很大，但数量很少，产品开发一般，无法体现出设计和产品价值的优势，因此，即使在电商这个平台上，数量不大，特点不明显，性价比不高，一样没有竞争力。所以，凡是走这条路的企业，最终也以失败而告终，有的虽然硬撑着，但已经没有什么活力了。

因此，解决这个问题，必须从供应链的角度重新考虑分工，就是如何让已有的渠道成为电商的支撑和优势，而不是互相剥离。

另外，就是物流和服务问题。物流的安全，速度和服务还有待提高，但这是个过程，不可能一蹴而就。而且，物流的发展日新月异，正在不断完善。物流越来越专业化、社会化、客户化、及时化。2013 年我国电子商务总交易额已超 10 万亿元，快递业务量已连续 34 个月同比增速超过 50%。2013 年快递业务收入累计完成 1441.7 亿元，同比增长 36.6%。家具物流问题，关键还是在家具企业，就是对产品的产品设计、结构、包装以及运输问题尽量优化，达到既经济，又安全，消费者操作便利，再加上与物流企业的良好合作与促进，就能很好解决物流贵、慢、损的问题。

至于安装问题，也是实体店和家具大卖场面临的问题，但已经得到较好解决，就是安装社会化、外包化。市场已有这样的公司专门负责家具的物流和安装服务。做电商，绝不能什么都自己做，结果什么都做不好，必须利用社会分工，集约社会力量，进行供应链的整合和再设计。其实，问题永远都是存在的，关键是如何面对和解决。同样的问题，美乐乐和林氏木业不是解决的挺好吗？他们都是“外行”进入“内行”，各方面经验和积累远不如传统企业，然而，同样的问题，为什么他们能较好解决，而传统家具企业出身的人却做不好？值得反思。

巴菲特曾说，当台风来的时候猪都会飞。然而，电商的到来，意味着“猪都会飞” 的时代结束了。改变观念，改变思维，改变模式，改变方法……变，才是唯一不变的真理。

其次，家具企业的生产方式变革是家具电商最大的瓶颈之一。目前大多数生产企业生产方式都是传统的刚性，柔性较弱，生产周期普遍偏长，生产和技术体系不完整，很难满足顾客“短周期”和“多品种小批量”的市场需求。这将制约电商的快速发展。另外一个问题就是，如果定制能力弱，自然库存问题严重，对电商企业也是一个极大的包袱和风险。其实，这个问题才是最难解决的问题。

最后，就是竞争问题。我们要清醒地认识到，昨天在家具大卖场上演的竞争，今天还会在电商平台上上演。其实，电商本质上跟大卖场没有没有多少区别，只是方式不同，都是销售产品和提供服务。一个是实体，一个是虚拟。要想在茫茫的淘宝、京东或别的电商海洋里成为弄潮儿，进入“蓝海”，避开正面和恶性竞争，一样需要产品有特色，成为“唯一”或“第一”，因此，电商同样的核心还是产品设计、品牌策划和包装。电商以“便宜货”为主起步，但发展趋势，必然是向上走，不是便宜就好，而是特色和品质更重要。

至于诚信问题、质量问题、定价问题、线上线下的利益问题等，在任何形式的商业模式下也都是常见问题，随着市场发展和完善，必然会得到改善。

三、家具几大电商的发展方式分析

作为活跃在中国家具电商舞台上的几个主角，通过分析可以以点概面地看到目前存在的不同的电商发展模式，并通过了解他们而反观自己，对徘徊中的企业寻找自己的发展路径非常有意义。以下分别对美乐乐、齐家、海尔和居然之家的电商平台做一简介。

（一）美乐乐

美乐乐（http://www.meilele.com/article_cat-12/article-85.html）隶属于天津美维信息技术有限公司，从2008年公司创立发展至今，已有员工近3000人，280多家体验馆遍布全国，美乐乐家居网注册会员逾千万，已成为目前中国家具电商第一品牌。

它无疑是目前家居电商O2O模式实施比较好的公司，销售额近20亿。在家居电商整体为O2O烦恼时，美乐乐已经布好局，开始从纯粹商城向综合平台转型。

另外，美乐乐已经开始的5000～10000平方米的商场体系，以及投巨资在越南建立的分公司，都证明了美乐乐设计和打造海内外供应链的战略布局。

“未来的竞争不是企业和企业之间的竞争，而是供应链之间的竞争”，这是Martin-christopher教授于1992年提出的，这句话被认为是供应链管理最经典语录。由此可见，供应链和供应商的全球化是未来电商的发展趋势，也是最重要的竞争要素。美乐乐看得很准。

美乐乐这一战略布局，至少有三项改变：一是从家具商品品牌向家居渠道品牌的转变；二是与传统家居企业结成新的战略联盟；三是打造统一销售统一收银的家居商场新秩序。很多品牌厂家愿意牵手美乐乐，还是看中了它比传统卖场更有活力和较高的利益增长点。这也是时代发展的必然规律，新的总在取代旧的。如果旧的不能与时俱进，就必然被取代。

值得一提的是，美乐乐的移动互联网“微信”营销也已经拉开了序幕，希望通过微信能承接更多便于用户的交互性功能。

（二）齐家网

齐家网（http://www.jia.com/51/）定位在家装电商服务。在O2O基础上重造传统商场加盟其O2O网络团购的新模式，2014年实施百城加盟的战略布局。

齐家网的网络团购O2O模式，在众多的O2O模式中较为特殊，它是依托线上召集网友并组织到线下集中采购的业务模式。采用线下商场加盟形式，使得齐家网的O2O模式比较简单，相当于“婚介所”，把消费者和商家找到一起，实现共赢。

不过，齐家网要顺利发展期新的O2O战略，可能还需要重新打造线上商城、线下商场以及网络团购业务流程，以简洁明了的业务结构进行新的战略定位，在今后的家居电商O2O大战中实行差异化战略。

对齐家网或者对任何电商来说，一句话说清“我是谁”都至关重要，并且要在线上线下的各个环节让消费者知道“我是谁”。只有在茫茫大海中具有“可识别性”，你的客户才可能找到你。网站及业务的精准定位，以及定位之后的对应服务体系建立，是决定齐家网这一新O2O模式是否有足够发展后劲的决定性因素。

（三）天猫海尔日日顺

海尔日日顺家居（http://www.rrs.com/Channel/jiaju.htm）上线无疑是2013年家居电商的一大看点。有人认为日日顺家居服务，将成为家居电商O2O大战中的一支主力军。2013年底阿里战略投资海尔日日顺，又将日日顺推到了家居电商O2O大战的最前沿。阿里投资日日顺是否仅仅为了其家电家居物流服务？日日顺所拥有的17000家社区店在张瑞敏马云的战略布局中又起到怎样的作用？日日顺的优势是什么？卖电器的跟卖家居的整合到一起，就一定有优势吗？

本人也逐个登陆了这些网站，逐一点开每一类别的家具。感觉这个平台就像一艘运家电的船上顺带捎了一些家具。在“定制家具”的类别里，竟然放着红木家具。日日顺家居商城的线下体验店已经有两个。马云协同线下张瑞敏联手，就一定能做好家居电商的O2O吗？未来的体验店是否又像今天过剩的卖场一样的命运呢？难道电商之路一定是O2O吗？

本人认为，专注对任何企业和个人来说都很重要，尤其是竞争白热化的今天，多元化到今天为止，没有一个企业是长久的。在2006《财富》全美500强的前十名，以及在2006《福布斯》全球2000强的前十名的企业排名中，除了美国的通用电气是多元化之外，其他企业无一不是靠专业化经营取胜的典范。不久，通用也在2008年100年的特殊日子里走到了尽头。

本人始终认为，深耕才能厚收，广种只能薄收。专注，专心，专业，才能把一件事情做好。多元化，其结果总是不尽如人意。

（四）居然之家

在家居电商大战中，目前的格局似乎是电商处于正面进攻，而传统商场似乎是被动防御。双十一购物狂欢节线下商场联合抵制天猫的O2O计划，就是一种消极被动的防御手段。2013年双十一家居电商的另一个关注点是居然电商上线。这是一个不同于其他传统家居商场的电商，居然在线（http://www.juran.com.cn/）应该是第一个典型的以“商场电商化”为目标建设的传统大家居商场的电商。

传统家居商场发展电商，是自然而为，一点不奇怪，也没有什么新鲜。就像“大写字楼”的白领过去用钢笔写字，后来用鼠标和键盘写字，再后来用“语音”写字，武器在不断更换而已，做的还是一样的事情。商场电商化就是让“有线”变成了“无线”，让“封闭”转向“开放”，让“有限”成为“无限”。居然在线目前基本上是为线下商场服务而存在的，线上商城甚至没有销售目标的考核，它只承担协助线下商场电商发展的重任。本人想，以后其作用也许会有所调整。一切都在变化之中。

居然在线在商场电商化方向上做了非常有益的尝试，并希望能走出一条新的路来，本人认为，它打的不应该是与线上电商的“防御战”，也不是“保卫战”，而是“突围战”。它利用这个平台，开展了很多关于家居相关的文化讲座，活动，尤其是投巨资在意大利举办了“居然·中国设计进行时”的设计展亮相米兰设计周，以此扩大影响力，提升品牌的内涵和高度。

以上对目前主流的几种类型的电商代表进行了分析，从中可以看出出身不同，起点不同，因此，电商本身的定位、目的和渠道也不同。没有什么高低之分，适合自己的就是最好的方式。只有市场是检验真理的唯一标准。

四、家具电商未来的发展格局

未来，是令人期待和扑朔迷离的。但是，尽管有众多的变数，依然可以看到一些方向性的趋势。关注未来，对指导我们的决策是非常关键的。下面，只是谈几点个人认识，未必能把握住核心，仅供参考。

（一）家具企业商业模式向O2M（全渠道）转变

在我们讨论“O2O”的时候，时代又呼唤

着“O2M（全渠道）”，即 Offline 2 Mobile，或 Online 2 Mobile，是 O 2 Money 模式。它以更系统、更及时、更客户化的“全渠道战略”出现在我们眼前。

人类全天候、实时连接的移动互联网时代已经到来。全球 50 亿人在未来 10 年，将由社交媒体、移动互联网、可穿戴设备连接起来，在大数据，物联网，云计算等技术浪潮以及云制造、3D 打印、能源互联网形成的第三次工业革命浪潮的推动下，将迎来第三次渠道革命，其主角就是全渠道、全天候、全频道和个性化的消费者。尽管整个全球零售业还处在传统秩序的斜阳余辉之下，消费者寻求个性服务的太阳却已经升起。不论是服装还是家具，都在发生着巨变，个性化已成趋势。

全渠道 (Omni-Channel, Omni 是 omnipotent 的缩写)，就是企业为了满足消费者任何时候、任何地点、任何方式购买的需求，采取实体渠道、电子商务渠道和移动电子商务渠道整合的方式进行销售，提供给顾客无差别的购买体验。其中，实体渠道的类型包括：实体自营店、实体加盟店、电子货架、异业联盟等；电子商务渠道的类型包括：自建官方 B2C 商城、进驻电子商务平台如淘宝店、天猫店、拍拍店、QQ 商城店、京东店、苏宁店、亚马逊店等；移动商务渠道的类型包括：自建官方手机商城、自建 APP 商城[1]、微商城、进驻移动商务平台如微淘店等。

我们知道，渠道演变经过了三步曲：从单渠道时代、多渠道时代，现在迎来了全渠道时代。其主要特征为：①移动将成为全渠道中电商业务的主流渠道。②社交将进入全渠道的枢纽位置。③电子商务贡献超过销售的 50%。④大数据是全渠道营销的基石，是全渠道决战的核武器。没有大数据，就没有竞争高地；大数据是数字石油，可以实现与每个顾客的亲密对话、一对一推荐和一对一精确营销。⑤持久的情感连接和一致性的顾客体验是全渠道的核心工作。

全渠道概念要在中国家具企业生根落地，还有较长的路要走，但未必要用长的时间去实现。其中，渠道选择与疏通成为全渠道战略的难点和成功与否的关键。

（二）家具零售业从 LDF 向 SSS 转变

传统零售业一直有一句口诀，即 LDF：Location（位置）、Detail（细节）、Franchise（连锁化）。LDF 代表了传统零售业的基本商业模式和关键成功因素。然而，在新的商业形态里，零售业的关键成功因素不再是 LDF，而是 SSS：Social（社群化），Service（服务化），Supply-chain（供应链）。企业与顾客不能只是交易关系，必须是社群化的生活伙伴关系，才能生存；传统零售的服务仅限于卖场内的便利，未来零售的服务必须提供直达家庭的服务；在渠道决定购买的阶段，供应链体现为采购的强权与压价，未来供应链则体现为对优质供应资源的争夺与供应链关系的维护。因此，未来家

[1] 应用（外语缩写：APP、外语全称：APPlication）；移动应用服务，就是针对手机这种移动连接到互联网的业务或者无线网卡业务而开发的应用程序服务。

随着移动智能终端的广泛应用，移动终端正向功能增强化、多模化、定制化、平台开放化的方向发展，而移动终端营销（APP）——作为 SNS 新的开拓渠道，正逐渐崭露头角。

具电商之争就是“供应链”之争。

（三）家具产业跨界无障碍

没有任何限制的随意跨界，是家具产业的大趋势。由此出现的另一个新名词“MI+”，就是反映这种趋势的。MI+，就是社会元素的再定义。MI+，即 Mobile Internet Plus 的简写，就是基于移动互联网之上，可以添加一切社会元素。MI+ 时代不是微信时代，也不是一切都“微”（微信、微店、微支付、微博、微活动、微推送、微服务、微创新）的时代，MI+ 时代里不仅有“微”创新，更有“巨”创新，可以由“微”创新创造“巨”收益。

（四）家具品牌知名度无先后

电商时代让品牌商拥有了更广阔的战略空间，摆脱渠道与媒体的进入门槛：传统模式下，进入全国性 KA 卖场[1]与连锁便利店，至少需要 2000 万元以上的进店费，这是在没有任何销售额承诺下的一次性投入；实现全国化市场布局的费用更很惊人，累计投入的渠道建设费用以数亿、十几亿元计。

移动互联网时代，上述门槛费规则都被打破。奢侈品牌 Yoox 创始人马尔凯迪说：“奢侈品牌栖身网络营销行列，这在之前看来简直就是天方夜谭，因为他们认为网络营销太低端，但是现在看来却恰恰相反。”品牌大势正在从拼历史转向拼创意，这给独立品牌的崛起、创意产品的风行提供了便利。过去不可能做大的产品，借助电商，都可以做大，无论是烧饼，还是家具。

五、结语

马云曾经说，“今天电子商务不是一个技术，不是一个商业模式，而是一场革命，它是一个生活方式的变革，只是刚刚开始。但绝大部分的人都没有意识到这场革命带来了什么。”

我们必须要站在企业生存与发展的高度去认识电商，而不是卖家具的角度去看电商。之所以很多企业“触电”失败，并不是电商本身的问题，而是自身认识的问题。

没有永远的赢家，只有暂时的胜利；没有成功的企业，只有时代的企业。也许电商也只是一个过客，下一个“名角儿”是谁，不得而知，但我相信不久就会有其他的“名词”出现，就像“微信”取代了“微博”，“微博”取代了“博客”一样。世界每天都不同，唯一不变的就是变化。

[1] KA 即 KeyAccount，中文意为"重要客户"，重点客户，对于企业来说 KA 卖场 -- 就是营业面积、客流量和发展潜力等方面都处于优势的大终端。国际著名零售商如沃尔玛、家乐福、麦德龙、佰宜万购等，或者在区域性零售渠道中占据主导地位的销售终端，如上海联华、北京华联，深圳万佳等，都是企业的 KA 卖场。

方法改变设计——家具·设计·方法

张帆 北京林业大学

摘要：现代家具设计是一个涉及产品前期调研、设计研究，产品的研发、生产制造、销售推广、使用及维护，以及回收处理的完整生命周期的“系统工程”，在这个设计过程中设计方法的引领至关重要。本文在对方法、家具设计、设计方法等几个基本概念阐述的基础上，结合实例分析了创造性思维以及设计方法在家具设计中的应用，探讨了家具设计发展的新途径与方向。

关键词：家具设计，设计方法，创造性思维

引言

“现代设计”伴随着社会的进步、人类文明的发展，也经历了一个多世纪的成长。当今的设计早已不仅仅是简单的造型设计或纯粹的艺术创作，而是综合社会、人类、经济、技术、艺术、心理、生理等各种因素，以满足人类新的需求，创造人们新的生活方式为最终目的的综合的活动。同时，“现代设计”是一个系统工程，它应深入到产品的前期调研、设计研究，产品的研发、生产制造、销售推广、使用及维护，以及之后的回收处理这样一个完整的产品生命周期。因此当今的设计师不能再仅凭主观感受或经验去思考并解决问题，设计灵感的闪现也不可能不断重复，设计师则应具有广阔的视野，以现代科技和经济为基础，能够通过充分的想象、观察、认识、分析、判断、选择、综合等能力客观真实地发现问题，发掘人们真正的需求，并以正确的途径最终达到预期的目标。这就要求设计应有正确方法的引领，正如人们要建立正确的人生观、价值观一样，设计师也应建立正确的设计观。设计可以改变生活，而正确的方法则可以改变设计。

一、家具设计与家具设计方法的几个基本概念

（一）方法、方法论、设计方法论

1. 方法

人们在认识世界和改造世界的过程中会有一系列的思维和实践活动，引领这些思维和活动朝着正确方向发展的各种方式的总和即为方法。方法是人活动的法则，是“行事之条理和判定方向之标准”。所谓“工欲善其事，必先利其器”，方法的正误、优劣会直接影响工作的效果与成败。人们认识世界与改造世界的目的、途径、策略、工具与操作技能这五个层次有机组合成一个选择性系统，在这个系统中，即使目的一样，但采取了不同的途径、策略与

工具后，效率、效果则可能不尽相同。

2. 方法论

方法论是“方法的方法”，是关于方法的规律的理论。它以方法本身为研究对象，对方法的合理性、有效性、效率与效果进行系统的研究、讨论和分析。科学方法论是关于科学的一般研究方法的理论，它探索方法的一般结构、发展趋势和方向，以及学科研究中各种方法的互相关系。科学方法论大体上可以分为四个层次：

(1) 各种技术手段、操作规程等构成科学方法论的最低的层次——经验层次。

(2) 反映各门学科中的一些具体方法，它属于各门学科本身的研究对象。

(3) 科学研究中的一般方法，是从各门学科中总结、概括出来的，不是某一学科独有的，而是各门学科共同使用的方法。

(4) 最高层次是哲学方法，它普遍适用于自然科学、社会科学和思维科学，是一切科学最一般的方法。

3. 设计方法论

设计方法论亦称为“设计哲学”、“设计科学”、“设计工程”或“设计方法学”，是20世纪60年代以来新兴的一门学科，主要探讨工程设计、建筑设计和工业设计的一般规律和方法，涉及哲学、心理学、生理学、工程学等领域，是研究开发和设计的方法论的学科。设计方法论是对设计方法的再研究，是关于认识和改造广义设计的根本科学方法的学说，是设计领域最一般规律的科学，也是对设计领域的研究方式、方法的综合。

随着时代的发展，当今现代设计的内涵与外延都在发生变化，适应于各种设计领域的不同的设计方法也应运而生。但设计方法学最基本的关注点却一直没有改变，技术与艺术的结合、功能与形式的关系始终是现代设计的焦点。

（二）设计、家具设计、家具设计方法

1. 设计、家具设计

汉语中“设计”中的“设”意为“制图、计划”；“计”意为“特定的方法、策略”。英文Design一词源于拉丁语Designare，由De：“记下”和Signare：“符号、记号、图形等”组成，因此design最初含义是将符号、记号和图形之类记下来的意思。在现代汉语中，“设计”是指在正式做某项工作之前，根据一定的目的和要求，预先制定方法、图样等。其最基本的意义是计划，即为实现具体的目标而建立的方案。现代设计从广义角度理解，包含社会、科学和经济等多重意义的构成形式，体现了从构思、行为到实现其价值的创造性过程。现代设计可谓包罗万象，人造的任何对象都可以看作是设计的产物，“设计其实就是人类把自己的意志加在自然界之上，用以创造人类文明的一种广泛的活动——设计是一种文明”[1]。

家具设计是现代工业产品设计的一个分支，是对家具进行事先构想、计划与绘制。家具设计不是发明一件产品，而是根据功能设计其形式、传达其用途。家具设计也不是单纯的艺术创作，而是综合造型、审美文化、结构、材料、制造工艺等多种因素的设计创造。家具具有物质性与精神性这二重功能，它是物质文化、艺术文化和精神文化的整合，是生活方式的缩影，设计家具其实是在设计一种生活方式。

2. 家具设计方法

家具设计同其他工业产品的设计一样，应是一项计划性极强的创造活动，应有完善正确

的方法的引领。家具设计的创造活动也包括最基本的技术手段、具体的设计方法、通用的设计原则，最后再上升到设计哲学这样一个由低到高、由点及面的全过程（图 1）。家具设计方法论就是以家具为研究对象、探讨家具设计的一般规律和方法的科学。对家具设计方法的研究及其在设计实践中恰当的应用，对家具设计最终的效果至关重要。

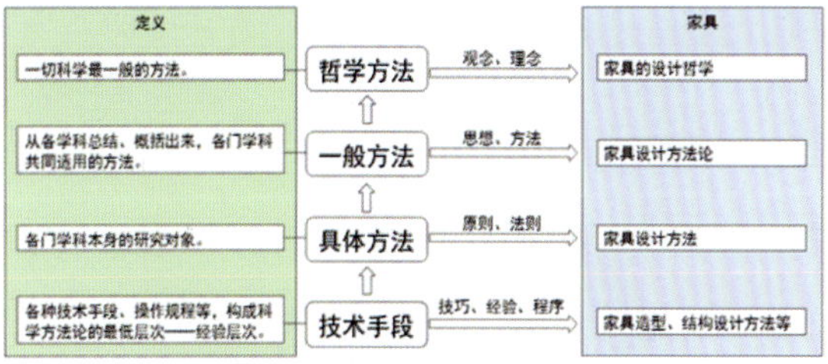

图 1　家具设计创造活动所包含的几个层级

二、家具设计中的创造性思维与方法

（一）创造性思维

创造的意义在于突破已有事物的束缚，以独创性、新颖性的崭新观念和形式体现人类主动改造客观世界，开拓新的价值体系和生活方式的有目的的活动。创造性思维又称“变革性思维”，是以各种智力和非智力因素为基础，在创造活动中表现出的具有独创性的、产生新成果的高级、复杂的思维活动，是整个创造活动的实质和核心[2]。

设计的历史即是一部创造的历史。创新是家具产品设计的基础，创造性思维是设计创意的核心，是设计创造力的源泉，同时也是设计人才最重要的素质。家具设计中创造性思维的表达途径多种多样，可以是思想创新、思维方法创新、功能创新、技术创新、形式创新或者是意义创新等等。

（二）家具设计创造性思维的一般过程

创造性思维的过程一般要经过选择、突破、重新建构三个阶段。选择就是通过充分思维，对思维过程中出现的众多设想进行有意识、有目的的舍弃。只有选择符合设计需求的、有价值的、与设计目的相符的设想，避开非本质的、无价值的设想，才能有效地进行创新设计；突破是选择的目的，是在选择的基础上孕育出新观点、新理论、新方案[3]；重新建构是家具创造性思维的关键，要利用各种创造方法构筑全新的设计理念，实现设计设想（图 2）。

对于家具设计师来说，不仅要具有卓越的形象思维能力，而且还要有高度的逻辑思维能力，以及最终能把这两种能力和谐交融从而形成创造性思维的能力。家具设计从发掘人们的行为需求到最终实现设计目标应包括：发现问题、认识问题、提出问题、解决问题四个过程，设计师也应具有相应的这四种能力。“发现问题的能力”体现的是对设计的敏锐性和设计感觉；“认识问题的能力”体现在知识面的广度和深度；“提出问题的能力”表现的是创造和思维的活跃程度；“解决问题的能力”体现的则是设计师的技术水平和综合的设计能力。

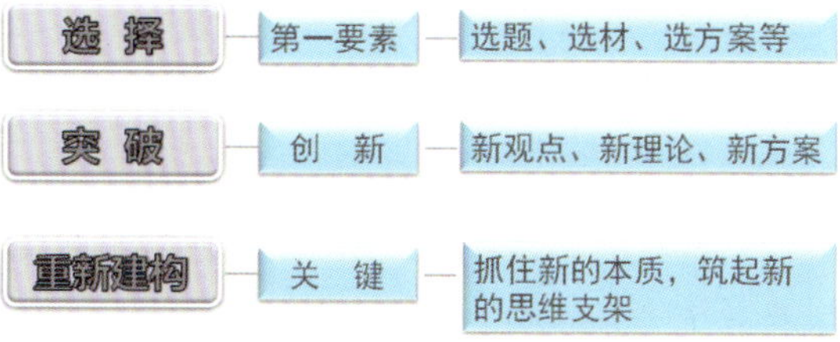

图 2　创造性思维的三个阶段

三、方法无处不在——创造性思维与方法在家具设计中的应用

如前所述，家具产品设计不能仅仅依靠昙花一现的灵感和激情，而是一个需要有正确方法引领的系统工程。同时，创新是家具产品设计的基础，创造性思维与方法的合理运用是现代家具设计实现设计目标的重要途径。下文就以几个典型的创造性思维工作方法在家具设计中的应用为例，对家具设计及其设计方法进行探讨。

（一）分合思维与技术组合法

分合思维即把思考对象在思想中加以分解或合并，以产生新思路、新方案。“分”是思维的发散和求异，即要冲破原先事物的原貌，将研究对象予以分离，创造出新概念、新产品；“合”是思维的收敛和求同，即将两种或两种以上的理念、技术或产品的一部分或全部进行适当结合，形成新原理、新技术或新产品。方便面的发明即是将面块与汤料做了分离，数控机床则是将普通机床与计算机的合并。

家具设计中运用分合思维可以将设计目标或设计需求分解后再合并，从而将复杂的问题化整为零，提高设计效率；也可以将现有的设计技术或产品合并，创造新的形式。多功能沙发床即是将坐与卧两种功能的分解与再合并（图 3）；带按摩功能的沙发则是将按摩保健与坐相结合的设计（图 4）。

技术组合法是以分合思维为构思基础，按一定的技术原理或功能目的，将两个或两个以上独立的技术因素通过巧妙地结合或重组，获得具有统一整体功能以及新技术的创造手法。家具设计中技术组合法常常可以帮助设计师创

图 3　多功能沙发床

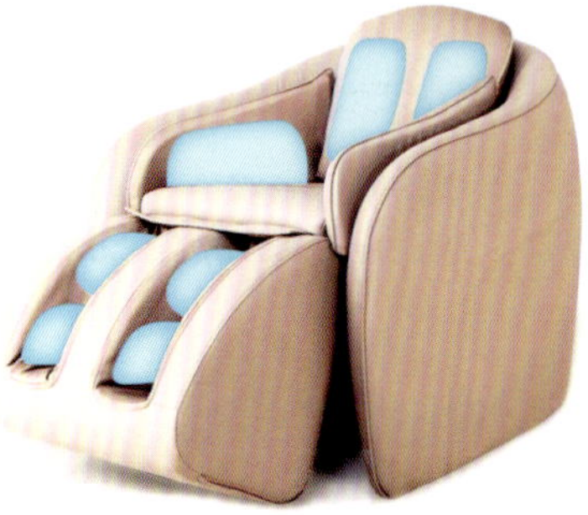

图 4　按摩功能性沙发

造合理而完善的功能。如下列设计构思：拐杖 + 折叠椅 = 带折叠椅的拐杖（图 5）；玩具 + 推车 = 婴儿学步车（图 6）。

（二）逆向思维设计

逆向思维是指把思维方向逆转，用与原来

图 5　老年拐杖椅

图 6　婴儿学步车

图 9　书架

的想法对立的，或表面上看来似乎不可能并存的两条思路去寻求解决问题的办法 。家具设计中常表现为一种反传统、反常规、反顺向的思维模式。可以在设计构思中常常以“为什么不？……”来提问，从而打破常规思维的束缚，取得意想不到的设计效果。

“为什么椅子不能是三条腿？”：丹麦坐具设计大师汉斯·威格纳（Hans Wegner）1953 年设计的侍从椅（Valet chair），后腿与靠背为一根构件，实现了椅子的三足而立（图 7）。“为什么椅子不能是一条腿？”：有机主义设计大师埃罗·沙里宁（Eero Saarinen）1956 年设计的郁金香椅（Tulip chair），源于花朵茎的生长，利用玻璃纤维模压成型简化了椅子腿足的形态(图 8)。“为什么书一定要放在搁板上方？”(图 9）……

（三）替代设计

替代设计是在产品设计开发中，将现有产品进行要素分解，通过比较和分析，把主要的要素提取出来进行替代方案的思考与联想，从而形成新思路、新产品。随着技术的革新与发展，旧的技术和材料会被新的取代，人们的需求也会随着社会发展而不断变化，因此替代设计可以体现在材料替代、技术替代、零部件替代、方法的替代等多个方面。

如现代家具的发展离不开材料的推陈出新，从最常用的木材，到金属、塑料、玻璃、陶瓷等材料的应用，家具产品的造型、结构与制造工艺也得以不断更新。尤其是 20 世纪初期金属在家具中的应用，以及 20 世纪 60 年代塑料的出现，都为家具设计带来了重要的变革。图 10 为马歇尔 · 布劳耶（Marcel Breuer）1925 设计的瓦西里椅（Wassily chair），是现代家具最早利用弯曲钢管取代传统材料而设计制造的现代金属家具之一，开创了家具的新结构、新

图 7　侍从椅

图 8　郁金香椅

图 10　瓦西里椅

风格。

方法与设计理念的更新与替代也为当今许多“再设计”（Re-design）提供了设计思路。亚历山德罗·曼迪尼（Alessandro Mendini）1978年以瓦西里椅为原型，用极具装饰性的无定形的图案和朦胧的色彩代替了原来黑色或其他单色的皮革，设计创作了翻版“瓦西里椅”，表现出一种强烈的装饰性以及幽默的设计形象（图11）。

图11　翻版“瓦西里椅”

（四）希望点列举法与缺点列举法的设计

希望点列举法是指根据人们对事物的愿望要求来进行创造发明的技法，需要在了解人们心理期待达到的某种目的的基础上确定产品研发的方向。希望点列举法要重视人类需求的分析，善于发现潜在的需求，同时应特别注意特殊群体的需求和希望。希望点列举法可以针对固定的目标或已确定的创造对象“找希望”，如对某个产品希望拥有的功能点的列举。例如床的设计，除了基本睡觉休息的功能外，还可以列举若干人们希望床具具有的新的功能：收纳物品、播放音乐、阅读照明、上网、按摩保健、健身、加热取暖……

缺点列举法是指找出所有事物的缺点，将其一一列举出来，再从中选出最容易下手、最有经济价值的对象作为创新主题。家具产品研发可以针对已有的设计列举所存在的问题，并选择一点或若干点进行改进。缺点列举的过程可以先将问题一一罗列，再进行头脑风暴找出各个问题的解决方案，最后确定改进的思路并指导新设计的完成。

（五）修辞的设计方法

诗歌等文学艺术作品中的修辞也同样可以出现在产品的设计表达中。语言中的隐喻、换喻等手法，在产品设计中就体现为各种设计符号与符号意义之间的不同关联关系。家具设计中运用修辞的设计方法往往能以一种生动、形象的手法表达较为抽象或深层的观点理念。抑或是在家具设计中传达设计师丰富是情感，创造轻松幽默的设计感受。

设计中的隐喻是指以一种形象取代另一种形象而实质意义并不改变，或是以另一种更为明显，更为熟悉的观念的符号来表示某种较为抽象的观念。如北京奥运火炬的设计，造型以中国四大发明之一的纸，以及云纹和红色传达中华悠久的文明以及天地自然、和谐共生的文化精神（图12）。朱小杰设计的钱椅，结合明式圈椅的形态，以中国艺术白描的手法，创造了上圆下方、外曲内直的造型意境，也隐喻着中国天圆地方、外柔内刚的文化精髓与民族性格（图13）。

结语

现代设计的发展伴随着设计风格、材料、生产技术的发展，同样也离不开设计方法的引

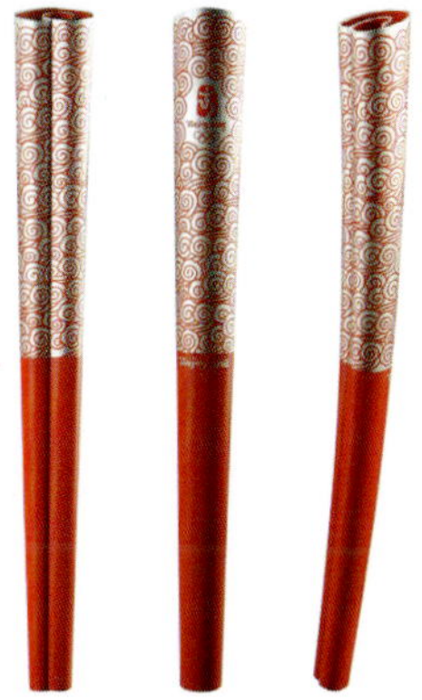

■图 12　北京奥运会祥云火炬

■图 13　“钱”椅

领与推动。现代家具设计早已不是以前工匠们依靠个人经验和艺术水平手工制作的单件作品，而是面向产品的整个生命周期的设计系统。创造性的思维、设计方法科学与合理的应用，对于家具产品设计愈发重要。创新是设计的灵魂，中国的家具设计正处于设计转型的关键时期，中国的设计师除了应具备基本的设计技能、技巧之外，更应加强设计思维的训练与设计方法的研究与实践，从而引领中国家具以源源不断的创新动力走上良性、可持续的发展之路。

参考文献：

[1] 尹定邦 . 设计学概论 [M]. 长沙：湖南科学技术出版社，2000.

[2] 简召全 . 工业设计方法学 [M]. 北京：北京理工大学出版社，2000.

[3] 郑建启，胡飞 . 艺术设计方法学 [M]. 北京：清华大学出版社，2009.

[4] 孙颖莹，傅晓云 . 设计的展开 [M]. 北京：建筑工业出版社，2009.

[5] 韩春明 . 产品设计原理与方法 [M]. 合肥：合肥工业大学出版社，2009.

FURNITURE CHINA 2014

第二十届中国国际家具展览会

The 20th China International Furniture Expo

2014年9月10-14日 10-14 September, 2014

上海新国际博览中心 Shanghai New International Expo Centre

jjgle.com 家具在线

全球买家@3000制造商

出口导向 高端内销 原创设计 引领时尚

展会篇

EXHIBITION

第十九届中国国际家具展览会圆满闭幕 原创设计引领生活方式的变革

2013 年“第十九届中国国际家具展览会”（简称 FUR）于 2013 年 9 月 11-15 日在上海新国际博览中心拉开帷幕，为期 5 天。本届展会“以原创家居设计引领生活方式变革”为展览理念，在参展企业的选择上严格把关，使得展会规模及档次再次全面提升。

展后数据统计显示，本届家具展观展人数创新高，达 85313 人（不包括在吉盛伟邦举办的“第十九届全国家具展览会”的观众），较上一年增长了 18.5%。其中来自海外的观众为 21131 人次，较上一年增长了 7.3%。而家具展前 3 天观展的海外买家就达到了 12043 人，较上一年增加约 10%，海外买家来自 144 个国家和地区。

本届国际家具展汇聚了来自欧美亚 20 国的 3000 家参展企业，约有 270 家海外品牌参展，其中包括在新国际博览中心参展的法国、比利时、意大利普利亚大区、西班牙、新加坡、马来西亚、印度尼西亚、泰国展团，以及在世博展览馆参展的法国、美国、瑞典和中国台湾展团，呈现了数万款家居新品。另外，展会期间安排了多达 14 场设计类活动。

一、原创家具——贯穿设计理念

为了大力推动中国家具原创设计的进程，中国国际家具展览会从 2011 年起首辟设计馆，从最初的半个馆扩大至今年的一个半馆，主办单位作出了不懈的努力，在业界引起了强烈反响，极大地鼓舞了国内设计师的创作热情，为中国家具原创设计起到了积极的推进作用。本届展会 W4/W5 设计馆有以原创设计的家具企业约 80 家，除了中国本土知名的 acf、HC28、杜玛、多少等原创品牌外，还有来自意大利、德国、英国、澳大利亚以及新加坡、泰国、菲律宾等 13 个国家的海外设计新品，为寻求创意产品的买家提供更多的选择。

而 2013 年的“中国国际设计师作品展示交易会”（Design of Designers，简称 DOD）从上海世博展览馆移师上海新国际博览中心，在毗邻 W4/W5 设计馆的室外展馆展出。除了

上一届北京、上海和广州组成的“城市风景”外，又新添了享有“设计之都”的深圳，可谓是几乎覆盖了国内设计师活跃的中心城市。

2013 年的设计周活动以“2013—中国家具设计年”为主题，以 1 个设计展、1 场主题会议、8 项设计活动为主线，同时邀请了国内顶级设计类媒体参与合作。活动包括：中国家具设计大会、设计师之夜、设计师早午餐、家居廊咖啡、DOD 设计样板房、设计论坛等。

值得一提的是，继上一年度成功举办了“2013 家居趋势观察室”实景样板房项目之后，主办方与《诠释 TRENDS》杂志再次合作，在 N6B 室外馆推出“2014 家居趋势观察室”实景样板房，以设计师的眼光来诠释家居产品和流行趋势。由 6 位知名设计师所打造的 6 个样板间全部是客厅，彼此之间用以木栈道的形式串联起来，将开放性的休闲空间与各个主题客厅自然衔接，让观众体验移步换景的美妙感受。

二、整体家居——未来生活方式

与本届中国国际家具展览会同期举办的“中国国际办公家具展览会”及“中国国际家居饰品展览会”是展会重要的组成部分，其中家居饰品展以顺应整体家居装饰的趋势，为买家打造一站式采购平台。为此，2013 年的“中国国际家居饰品展览会”展览面积再次提升，在以前 10000 平方米的基础上扩容至 15000 平方米，有八大类展示板块，包括：整体家居、灯饰、工艺品、装饰画、地毯、家用纺织品、家居装饰品，以及为展示国际家居饰品的潮流时尚而设立的海外专区。另外，主办方计划让家居饰品展商与家具展商“联姻”，在 W1 至 W3 馆的家具展区中融入饰品元素，让家饰与家具能够完美地结合在一起，直观地表现整体家居的理念，传递出未来生活方式的信息。

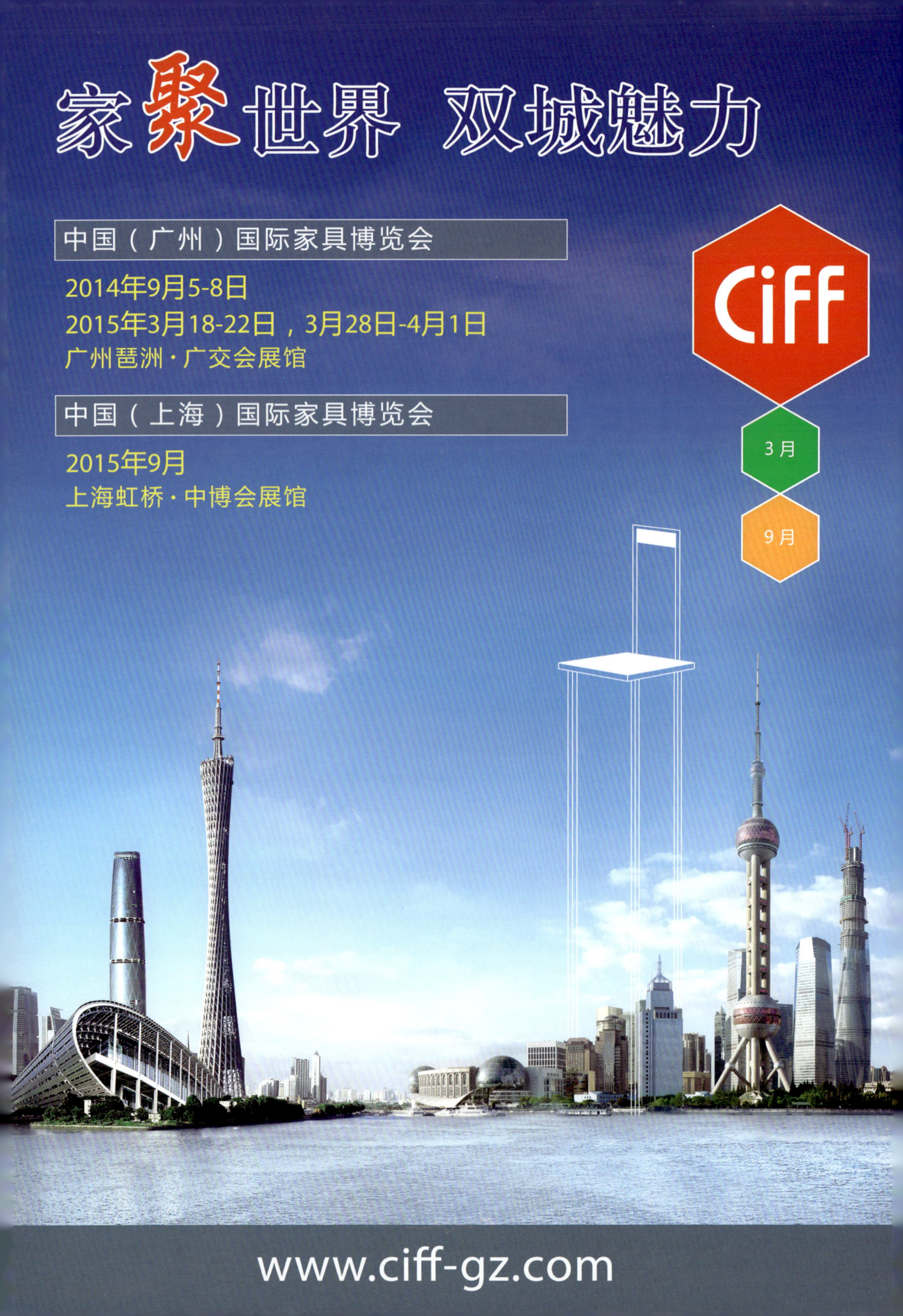
家聚世界 双城魅力
中国（广州）国际家具博览会
2014年9月5-8日
2015年3月18-22日，3月28日-4月1日
广州琶洲·广交会展馆
中国（上海）国际家具博览会
2015年9月
上海虹桥·中博会展馆
Ciff
3月
9月
www.ciff-gz.com

第33届中国（广州）国际家具博览会回顾

2014年3月18日，第33届中国（广州）国际家具博览会隆重开幕。展会分两期举行，3月18—22日为民用家具展，3月28—4月1日为办公环境展。本届展会两期总规模达68万平方米，共有来自中国、美国、德国、意大利、法国、英国、比利时、葡萄牙、印度、新加坡、泰国、澳大利亚、日本、马来西亚、土耳其等32个国家和地区的3659家企业参展，阵容鼎盛。展品涵盖民用家具、办公家具、户外家具、装饰品、家具生产设备和原辅材料及其上下游产业的全系列题材。开幕首日人头攒动、供销两旺，预计将有超过14万来自160多个国家和地区的具有商业价值的专业观众到会。

一、展会亮点

本届展会亮点纷呈，品质进一步提升。

亮点一，国际品牌馆规模进一步扩大，全球顶级奢侈品牌卡沃利、范思哲、蓝色情人闪亮登场，国际家具顶尖品牌意大利纳图兹、夏图，美国爱室丽、托马斯维尔，比利时美达龙，英国百年品牌斯林百兰、法国拉兹博格，新加坡华达利等亦齐聚广州家具展，带来国际顶级家居时尚。

亮点二，展会首次设立新锐设计馆，众多注重设计与创意的家具企业如高尚、多少、广州美院等纷纷亮相，集中推出极富设计概念与品质追求的家具产品，以设计提升贸易，以设计促进发展。展会与第六届广州家居设计展共同推动中国家居行业原创设计力量的发展与创新。

亮点三，特色展区蓬勃发展。展会首次打造纯床垫及软床展示厅，展示更科学、更舒适、更安稳的睡眠体系。新中式、红木家具展区，儿童青少年家具展区和定制家具展区也得到了市场的高度关注与肯定，众多顶级品牌纷纷进驻。

亮点四，展会及时捕捉市场变化，前瞻市场发展趋势，扩大了酒店家具馆规模，并推出了描绘“办公环境中国梦”的第五届办公环境主题馆，集中展现整个办公生态的创新成果，呈现办公家具及办公环境的发展变化。

经过多年的培育与创新，广州家具展不仅是贸易洽谈的盛会，也是品牌展示的盛会，潮流发布和行业交流的盛会。不仅在贸易成交上广泛赢得行业口碑，还凭借优良的展览环境和办展经验为行业内外人士提供了一个聚集交流的窗口。

广州家具展孜孜不倦，与行业同仁共同为家具行业的发展和品牌展览的培育做出新的贡献。本届展会成功从单期四天延长至五天，两期共十天，为行业人士提供了更充足的采购、洽谈和参展的时间，展馆内到处是流连忘返、满载而归的景象。展会期间亦举办了多场大型行业活动，如第六届广州家居设计展、第五届广州办公环境展主题馆、设计评奖活动、超过20场行业论坛等。其中，在开幕发布会上，作为中国展览业的领军企业、已有57年发展历史的中国对外贸易中心（集团）隆重发布了一条重大消息：从2015年起，将每年9月在广州举办的家具展整体迁至上海虹桥展馆举办。今后每年3月在广州举办中国（广州）国际家具博览会，每年9月在上海举办中国（上海）国际家具博览会，形成南北呼应，春华秋实的展览格局，发挥双城魅力，将为大家提供更加便捷的参展条件、更加优质的专业服务，为中国家具产业实现跨越式发展贡献力量。

二、展会背景

广州家具展年展览面积超过88万平方米，拥有超过32个国家和地区的海内外品牌参展商达4500多家，并有来自全球160多个国家

的19万有商业价值的专业观众到会，在全球拥有难以超越的行业影响力与号召力。展会始终致力于打造全球最具价值的家具与家居行业贸易平台，为行业提供最广泛的合作与贸易空间。

中国（广州）国际家具博览会的三大主导品牌——中国（广州）国际家具博览会-民用家具展、中国（广州）国际家具博览会-办公环境展、中国广州国际家具生产设备暨家具配料展览会，统领相关配套专业子展会——中国（广州）国际家居饰品/用品展览会、中国（广州）国际家用纺织品及辅料博览会、中国（广州）国际户外家具及休闲用品展览会，已涵盖了家具行业链条的上下游产业，实现了从室内家居向户外休闲生活概念的延伸，从单一家具产品展示向展示家具、饰品、家纺一体化的家居软装饰配套演化；展品从民用家居装饰领域向商用办公室内装饰领域拓展，从家具行业上游生产设备到下游家具成品一应俱全，为参与者提供了真正的中国家具全产业链“一站式”贸易、展示、交流、传播平台。

家具设计大赛篇

FURNITURE DESIGN COMPETITION

大岭山家具 Furniture DALINGSHAN

中国家具出口第一镇 | 亚太最大家具制造基地

2014-2015

大嶺山杯

金斧奖中国家具设计大赛

主办单位：中国家具协会　东莞市大岭山镇人民政府

承办单位：中国家具协会设计工作委员会　大岭山家具协会

金斧奬GOLDAXE

Furniture Design Competition China

中国家具设计大赛

2014-2015“大岭山杯”金斧奖中国家具设计大赛组委会

地址：广东省东莞市大岭山镇人民政府产业升级办203室　邮政编码：523820

联系电话：010-87732329 0769-82786833　联系人：郝媛媛　黎仲泉

参赛申请表下载地址：http://cnfa.com.cn　http//www.dolcn.cn　http://www.dlsfa.com

2012—2013“大岭山杯”金斧奖中国家具设计大赛复赛圆满闭幕

2013 年 9 月 11—15 日，2012—2013“大岭山杯”金斧奖中国家具设计大赛复赛实物作品展在上海中国国际家具展览会上成功举办，并于 11 日上午在展会现场举行了隆重的开幕仪式。

本届大赛由中国家具协会与大岭山镇人民政府联合主办，中国家具协会设计工作委员会及大岭山家具协会承办。大赛于 2012 年 3 月 18 日在广州正式启动，分院校组和专业组两个组别，主题为“木材与时尚——民用实木家具设计”，参赛设计作品范围涵盖客厅、餐厅、卧房、书房等民用实木家具作品，力求运用新思路、新理念，推陈出新，赋予木材以时尚色彩，推进民用实木家具领域设计创新。中国家具协会副理事长陈宝光，大岭山镇委副书记、镇长严继宗等领导、嘉宾以及各大新闻媒体共计 100 余人出席了本次开幕式。陈宝光副理事长、严继宗镇长等 8 位领导共同为开幕式进行了剪彩。

大赛于 2013 年 1 月进行初评，共评出 200 件入围作品，其中参展作品 100 余件。9 月 10 日下午，中国家具协会设计工作委员会的专业评委严格执行大奖赛章程和评选标准，以“公平、公正、公开”为原则，对所有参展作品进行终审，共评出金奖 2 名、银奖 4 名、铜奖 6 名及优秀奖 20 名，共计 32 件作品，专业组和院校租各占 50%，另外还在院校组中评选出 4 名优秀组织奖。总体来说，本届作品无论在数量还是质量上都达到历史新高。

9 月 13 日下午，大赛颁奖仪式在中国国际家具展览会上隆重举行，中国家具协会理事长朱长岭、副理事长陈宝光，上海博华国际展览有限公司总经理章学强等领导共同出席了颁奖仪式。中国家具协会副理事长陈宝光对本次复赛参展作品给予了高度评价。在颁奖现场，主持人公布了大赛所有获奖名单，同时还对院校组金、银、铜奖作品的指导老师进行了表彰。朱长岭理事长及陈宝光副理事长共同对两名金奖得主颁发了奖金和证书。至此，2012—2013“大岭山杯”金斧奖中国家具设计大赛正式落下帷幕。

2012-2013“大岭山杯”金斧奖中国家具设计大赛获奖名单

院校组

奖项	作者	所在院校	作品名称
金奖	孙威、葛咏	南京林业大学	墨痕
银奖	张竞翔	中南林业科技大学	积木拼拼小桌椅
	丁进静、郑慧萍、顾倩雯、钱瀛、刘天娇、唐品臻	南京林业大学南方学院	一字一椅 西
铜奖	左静	北京林业大学	Basic Change 微型书房
	方时、魏雨晗、李华慧	北京林业大学	大鱼
	李璐	北京林业大学	长颈鹿——多功能椅
优秀奖	殷敏婷	东莞市家具学校	明韵
	王金城	顺德职业技术学院	“琴”意
	姜潇硕	山东艺术学院设计学院	蝴蝶 · 椅
	刘博文、刘静、葛琳	北京林业大学	“互”椅
	曾俊、莫然	北京林业大学	空木
	吕邦耀	华南农业大学	蜘蛛椅

（续表）

奖项	作者	所在院校	作品名称
优秀奖	张倩	福建农林大学	归期
	黄毓妍	福建农林大学金山学院	典
	陈石金	南京林业大学	揽雀
	叶玉云	东北林业大学	时尚圈椅

专业组

奖项	作者	所在单位	作品名称
金奖	梁海超	佛山市顺德区乐从镇罗沙康龙家具制造有限公司	13-Q01 书桌椅
银奖	蔡树玲	佛山市尚怡家具有限公司	旋转斗柜
	唐宗越	深圳家具研究开发院	尚 · 明椅
铜奖	干珑	顺德职业技术学院	几椅
	关晖	北京金隅天坛家具股份有限公司	树 · 木
	路百刚	山东写意森林	山语
优秀奖	钟健强	东莞市家具学校	可比可椅子
	殷振钦	富运傢俬有限公司	窗花饰柜
	施海东	北京金隅天坛家具股份有限公司	五色柜
	朱来明	东莞市溢莱家居用品有限公司	MK6106 电脑桌
	黄建荣		一家欢
	卢克岩	济南天地儒风孔子文化产业有限公司	儒风方凳
	卢克岩	济南天地儒风孔子文化产业有限公司	儒风霸王凳
	张寿全	东莞市大木匠家具有限公司	休闲椅
	刘燕威	兆生家具实业有限公司	F-CHAIR
	谷建芳	深圳祥利工艺家私有限公司	明钰休闲椅

优秀组织奖获奖名单

东莞市家具学校、顺德职业技术学院、山东艺术学院、福建农林大学

优秀指导老师名单

南京林业大学——苗艳凤
中南林业科技大学——吕高潮、常霖、袁进东
北京林业大学——张帆

院校组

▪ 金奖

▪ 银奖

▪ 银奖

▪ 铜奖

▪ 铜奖

▪ 铜奖

专业组

▪ 金奖

▪ 银奖

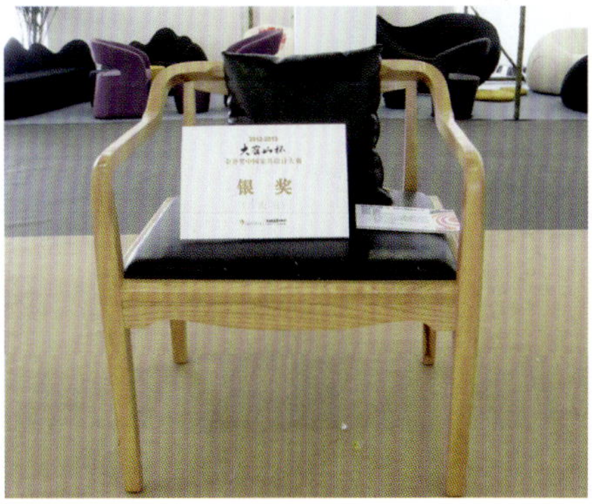

▪ 银奖

▪ 铜奖

▪ 铜奖

▪ 铜奖

電
商
坐
具
設
計
第三屆『龍』家具創意設計大賽
2013-2014
3rd "Loong" Furniture Originality and Design Competition
詳情請點擊大賽官方網站：www.yuncreat.com
主題説明
"家具電商坐具設計"，主要是針對目前和未來高速發展的家具電子商務而展開的坐具設計大賽。家具電商銷售的產品種類非常廣泛，幾乎涉及生活和工作的所有領域。爲了大賽聚焦，將大賽主題定在"適合電商的坐具設計"上。坐具是使用最普遍、用量最大的家具產品，們大多對坐具有比較深刻的感受，更適合參賽者廣泛參與。坐具，不限場合，不限風格，料和外觀裝飾手法，也不限定結構和功能。
對于家具的電子商務來講，款式和價格對消費者的吸引力最大，因此產品設計的原則時尚、好看，與其他家居融合度好，具有一定的裝飾性和個性化。其次，關鍵的是結構簡單適合工業化生產，包裝設計要巧妙，既要減少包裝體積和包裝的復雜性，還要安全防運輸中還要便于消費者易于搬抬以及拆包，自身成本和重量都要控制在合理的範圍内，同時還要提升品牌。
本次主題的家具設計大賽，是中國家具行業第一次設定爲家具電商的專題設計，是適向電子商務積極轉型的行動，也是主動去研究未來最重要的商務模式和商務過程的起點。本次大賽的初評和終評由目前家具電商排名前十名的企業營銷總監或設計總監以及國内知師組成的評審團評審，實物展出后舉行設計師和電商企業對接的活動，使本届大賽真正商業價值，并對提高對家具電商的關注度和經濟效益具有雙重收益的大賽。
獎項設置
專業組
金獎 60,000元 1名 附加獎杯與獎狀
銀獎 20,000元 2名 附加獎杯與獎狀
銅獎 10,000元 3名 附加獎杯與獎狀
優秀獎 2,000元 10名 附加獎杯與獎狀
院校組
金獎 30,000元 1名 附加獎
銀獎 10,000元 2名 附加獎
銅獎 5,000元 3名 附加獎
優秀獎 1,000元 10名 附加獎
"優秀組織獎"和"優秀指導教師獎"
優秀組織獎 3,000元 2名 附加獎杯與獎狀
優秀指導教師獎 3,000元 2名 附加獎杯與獎狀
大賽官網……………http://www.yuncreat.com
中國家具協會官網…http://www.cnfa.com.cn
設計在綫……………http://www.dolcn.com
參賽作品與報名表必須在2014年1月30日
24：00點之前發送到本次大賽的公共郵箱：
yuncreat@126.com
主辦單位：中國家具協會、廣東省家具協會
承辦單位：順德區龍江鎮人民政府
協辦單位：順德職業技術學院、順德家具研究開發院、龍江鎮家具電子商務協會、佛山市家具行業協會、順德家具協會。
支持單位：順德區經濟和科技促進局、亞洲國際家具材料交易中心
中國家具協會、龍江鎮人民政府
2013-2014第三届"龍"家具創意設計大賽組委會

龍 2012年度 家具創意設計大賽

活動背景

中國家具產業從來沒有像今天一樣面臨着巨大的國內外的競爭壓力，面臨着轉型與升級的挑戰，面臨着資源匱乏與產品低附加值的困境，面臨設計混沌和環境惡化的威脅。

這些問題都迫使我們重新思考設計、人與自然的關系。設計不再是簡單的設計一件產品或一個空間，而是對自然和人之間關系的整體意識的覺醒和構建。現實的危機喚起了人們的社會責任心和倫理道德的回歸，生態設計、可持續發展的觀念和思想應運而生。這些思想在設計中的體現已經成爲世界共同認可的評價、衡量一個設計好壞、一個設計師道德素質、能力水平的重要標準。

爲了推動中國家具產業的可持續發展，促進產業升級和轉型的深入，義不容辭擔當起『設計引領產業升級』的倡導者和引領者，由中國家具協會和廣東家具協會共同主辦，由享有『中國家具制造重鎮』和『中國家具材料之都』雙重美譽的廣東順德龍江鎮政府協辦的2012年『龍』家具創意設計大賽如期舉行。本次大賽以人類使用數量最大、種類最多、頻率最高以及使用時間最長的一類家具——椅子爲載體，舉辦主題爲『椅子、人與自然』的家具設計大賽，喚醒設計師對人與自然的關注和研究，强化對環境和可持續發展的高度責任感，使設計真正成爲家具產業轉型升級和可持續發展的源動力。

主題說明

椅子，在國家標準GB/T 28202-2011《家具工業術語》裏的定義爲『有靠背的坐具』，其中包括了扶手椅、圈椅、折疊椅、轉椅、沙發椅、溫沙椅、搖椅、躺椅、辦公椅、課椅、吧椅以及兒童椅十一個類別。因此，滿足了該定義的坐具都可以成爲參賽的對象。對于椅子的材料、結構和工藝，本次大賽不做任何限定。

本次大賽的重點希望在椅子的結構和功能方面進行突破和創新。結構是保證椅子安全、穩定、舒適、美觀和多功能最重要的要素之一，祇有巧妙和精良的結構設計才能支撑椅子獨特的功能，每一個功能的實現都需要靠結構設計來保證，每一種功能的存在與實現都是對人、自然與環境的關愛與負責。

通過對『坐』的研究，探討在不同的環境裏，不同的生活方式下，不同的使用者與椅子和環境如何和諧相處和交流的問題，讓人們坐下來休憩和享受的時候重新思考人類自己的行爲，重新認識和調整與自然的關系，重新認識自然對于人的價值和意義，在保證人們快樂、健康的同時，讓地球也健康、和諧。

報名表下載地址

大賽官網……http://www.yuncreat.com
中國家具協會官網……http://www.cnfa.com.cn
設計在綫……http://www.dolcn.com

作品發送郵箱：yuncreat@163.com
作品郵寄地址：廣東省佛山市順德區德勝東路順德職業技術學院實訓樓 龍家具設計大賽組委會 收
郵政編碼：528300

每一個設計方案須填寫一張報名表，作品名稱須與提交作品名稱一致。

參賽作品要求

一、要求參賽作者緊緊圍繞『**椅子、人與自然**』的關系進行創作，研究椅子如何給人們帶來全新的生活方式和情感體驗，滿足人們對椅子的各種需求，如辦公、休閑、休息、睡眠、交流、保健、治療、視聽以及其他特殊需求等，通過結構設計實現設定的特色功能。

二、參賽作品必須是從未公開發表、未參加過任何展覽或設計比賽；具有原創性、功能性、藝術性、商業性和環保性。

三、入圍作品必須在規定的時間內做成**一比一**的實物作品，否則視爲自動放弃終評資格。

四、椅子設計不限定材料、結構和工藝，但要滿足大賽設計的主題和重點要求。

初賽要求

一、設計作品祇需提交電子文件，電子文件含一張報名表，一張A3（大小的jpg格式的方案設計文件（文件分辨率不低于350dpi，大小不超過5M）。

二、設計圖紙包括效果圖、三視圖、材料工藝以及二百字以內的設計說明。（版面內除標注作品名稱外，不得出現作者姓名和與作者相關的其它信息，否則將被視爲違紀而撤銷參賽資格）。

三、參賽作品與報名表必須在二零一三年一月三十日零點之前發送到本次大賽的公共郵箱：yuncreat@163.com。

四、設計作品一定要具有可實施性，無法打樣……

復賽要求

一、經初審入圍的復賽作品，須按約定時間完成一比一實物制作，并按組委會指定地點提交作品參加復賽。參賽作品的制作、運輸等費用，都包含在組委會提供用于每個入圍選手實物作品的補助費（伍佰元人民幣）裏，超過部分自理。

二、大賽組委會將于二零一三年三月一日通過網絡方式公布復賽入圍作品，并以電話和電子郵件的方式通知作者進入制作階段，具體制作要求和規則將在復賽入圍公告的同時通知作者。

三、專業組和學生組作品網評得票數最高者（各一名），可以直接進入復賽。

參賽資格

國內外設計機構、院校、商業組織以及個人，均可以個人或團隊的方式報名參賽。

評審委員會

評審委員會由國內外著名設計師和專家組成，名單在媒體上公布。評審委員不得參加作品大賽。

請上『作』

上坐，尊處也。然誰做此作？此座誰坐？

二零一二年『龍』家具創意設計大賽組委會
組委會聯系人：王老師 劉老師 聯系電話：0757-22328924

大賽流程及相關活動

時間		大賽流程	內容
二零一二年	九月六日	大賽啓動	在第二十二屆『龍家具展』上舉辦新聞發布會，二零一二年『龍』家具創意大賽正式開始。
	九月七至二零一三年一月三十日	發動和完成作品徵集階段	廣泛收集符合條件的作品，設計方案提交截止時間爲二零一三年一月三十日零點之前。
二零一三年	二月二十至二月三十日	大賽評委初評參賽作品	評審專家對申報的作品進行評審，評出入圍作品各二十九名。
	二月二十至二月三十日	網上觀衆自由評審	通過在大賽官方網站 http://www.yuncreat.com 上進行作品展示，同時進行網民的自由評審，每個組票數最高者直接進入入圍作品名單。
	三月十六至三月二十一日	公布入圍名單，媒體發布和入圍作品展覽	在二十四屆『龍家具』展覽會的[illegible]和亞洲國際材料城[illegible]發布和展出入圍作品。
	三月二十二至八月十四日	制作實物階段	入圍作品一律自己完成打樣，制作比例爲一比一。組委會將補給每個入圍作品伍佰元的制作費用，組委會在收到實物作品和終評結束後，將補貼和獎金一同匯入參賽者指定的賬戶裏。
	八月十五至八月二十五日	收集入圍的實物作品	在此期間內寄到指定地點，[illegible]，其後果自負，[illegible]人負責。
	八月二十六至九月二日	實物終評	邀請國內知名家具設計大師和專家在實物現場評出獲獎選手。
	九月六日至九月九日	頒獎典禮，企業推介	在『龍』家具展期間進行作品展示，舉行頒獎儀式，并組織企業與設計師對接。

組別

本次大賽分爲**專業組**和**院校組**。專業組以國內外的設計機構和企業爲主，包括設計師、工藝師、企業家和教師。院校組以國內外的大專院校各種學歷層次的學生爲主，不包括教師。

獎項設置

【專業組】

獎項	獎金（含稅）	數量
金獎	陸萬元	一名
銀獎	貳萬元	二名
銅獎	壹萬元	三名
優秀獎	貳仟元	十名

【院校組】

獎項	獎金（含稅）	數量
金獎	叁萬元	一名
銀獎	壹萬元	二名
銅獎	伍仟元	三名
優秀獎	壹仟元	十名

『優秀組織獎』和『優秀指導教師獎』

爲鼓勵國內更多的企業與院校參與此項活動，特爲積極組織和參賽的企業與院校設立了『優秀組織獎』，并專門針對院校組設立了『優秀教師指導獎』，對那些指導學生參賽并獲得金、銀、銅獎的部分優秀指導教師給予獎勵和鼓勵：

優秀組織獎	獎金（含稅）	數量
	叁仟元	二名

優秀指導教師獎	獎金（含稅）	數量
	叁仟元	二名

評獎標準

滿足的屬性	評審標準
主題性	應符合本届大賽的主題和宗旨
創新性	所設計的產品方案應具有前瞻性和創新性
功能性	應具有良好的用户價值，包括使用的便利性、舒適性、安全性、易用性、特殊性等
可行性	在現代制造技術方面，應具有批量生產的可行性
商業性	應符合現代社會的審美趨勢，以及具有一定的市場價值
環保性	應爲綠色設計，在環保要求、節約制造成本、能耗和可回收性方面有良好表現
突破性	能在功能、結構有重要突破的，在評審時優先考慮。需要作者對作品創新情况做具體說明
著作權	有條件申報發明專利的作品，在評審時優先考慮，請作者在參賽時進行說明

組織機構

主辦單位
中國家具協會、廣東省家具協會

承辦單位
順德區龍江鎮人民政府

協辦單位
佛山市家具行業協會、順德家具協會、順德家具研究開發院、順德職業技術學院

支持單位
順德區經濟促進局、順德區文體旅游局、前進會展中心、亞洲國際家具材料交易中心

支持媒體
美家網、搜狐網、佛山搜房家居、珠江商報、消費日報、中國家具材料、亞洲大師、中國家具、家具商、深圳家具、設計風、中國家具報道、家具TIME、家具產業報、騰訊家居、家具導刊、家具商情、南方家具博覽、互訊網、中國建材報、新快報、信息時報、南方日報佛山觀察、佛山日報、廣州日報、南方都市報、羊城晚報。

提交參賽相關資料的處理和版權問題

一、所有寄送至大賽組委會的參賽作品及相關資料概不退還。

二、所有參賽作品必須具有作者獨立知識產權的、未發表過的原創作品。否則引起的法律糾紛及責任由作者本人承擔。組委會將取消作品的參賽資格。

三、謝絶一稿多投，一經發現，組委會將取消作品的參賽資格。

四、組委會有權對所有參賽作品進行在媒體上的宣傳、出版發行、展示等。

五、部分獲獎作品由龍江鎮家具博物館永久收藏。

六、大賽組委會保留對大賽條款的最終解釋權。

2012-2013 年度“龙”家具创意设计大赛

2012-2013 年度“龙”家具创意设计大赛获奖名单

院校组

获奖名次	学校	参赛者	参赛作品
金奖	福建农林大学	徐瑞	健康始于足
银奖	昆明理工大学	崔晓龙	多功能休闲购物车
	郑州轻工业学院	乌兰吉亚	相伴，成长
铜奖	华南农业大学	罗国胜	与众不同
	天津大学	姜宇轩、张筱琦	「墙角里的世界」单人休闲椅
	顺德职业技术学院	罗金胜	青花瓷
优秀奖	广东石油化工学院	刘佩君	马鞍椅
	广州美术学院	莫舒杰	墨·跃
	江汉大学	颜隽琦	喵椅
	南京林业大学	韩佳彤	宠物椅
		史书怡	方圆
	同济大学	黄恺宇	A Stool 胶合板弯木高凳
	温州职业技术学院	薛坚	“小马驹”儿童椅
	浙江农林大学	熊周莘	摇摇象
	中南林业科技大学	吕方	bambi
	山西林业职业技术学院	吕宏斌、马晓、杜雪明、任红飞	鼎盛九州椅

专业组

获奖名次	工作单位	参赛者	参赛作品
金奖	浙江师范大学（老师）	陈伟龙、朱欣子、吴维伟	自由翱翔
银奖	顺德职业技术学院（老师）	干珑	椅－构想
	中山齐家家具有限公司	冯武召	新国色—餐椅
铜奖	浙江纬五家具设计研究所	郭毅民	“小狗狗”儿童沙发
	广州市公用事业技师学院（老师）	陈力	艺绘
优秀奖	浙江师范大学（老师）	陈伟龙、朱欣子、吴维伟	重生（4）
	顺德志达家具制造有限公司	林芝全	交融
	（乐雅轩）尚怡家具有限公司	王道贵	经纶圈椅
	东莞兆生家具	刘燕威	绅士之椅
	中山齐家家具有限公司	陈伟新	青青竹简·旋转椅
	深圳奇坤电子有限公司	谢四季	摇摆椅
	杭州科沃工业设计有限公司	Collectivo 科沃工业设计	Dining chair
			Multifunction chair
	广美家具研究院	张伊婷	“隐”竹椅
	自由设计师（顺德）	杨晓岚	动平衡摇椅
	景观规划师（顺德）	曾淑华	小童马

指导教师奖

昆明理工大学　张瑞

福建农林大学　叶翠仙

优秀组织奖

南京林业大学家具学院

杭州 Collectivo 科沃工业设计工作室

院校组

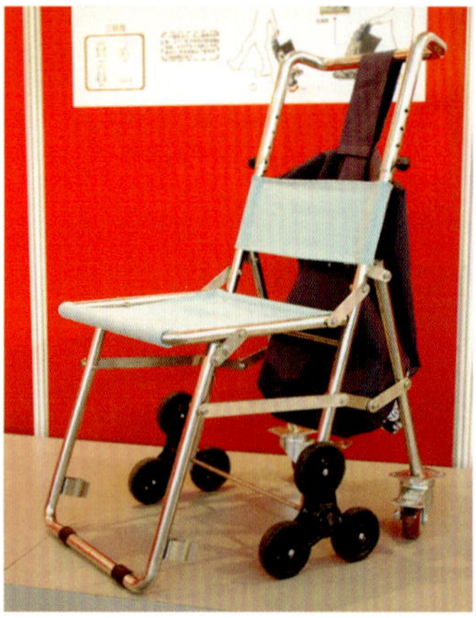

■金奖　■银奖

■铜奖

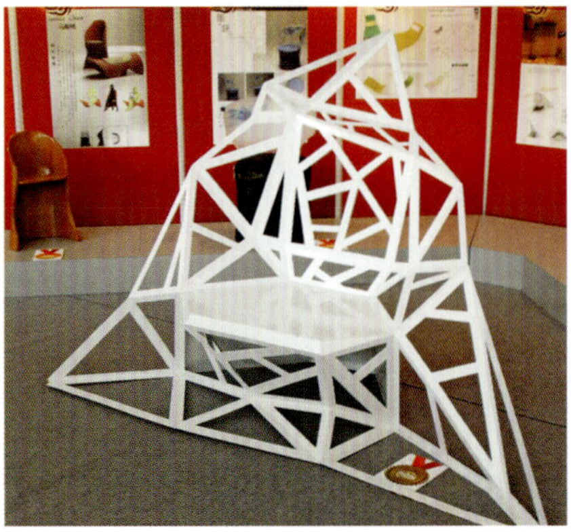

■铜奖

■铜奖

专业组

▪ 金奖

▪ 银奖

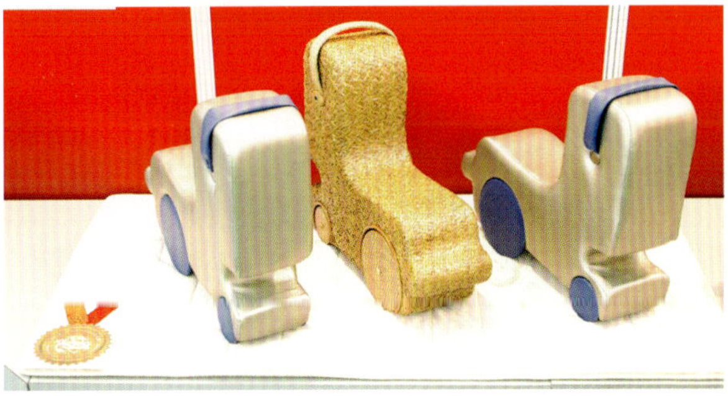

▪ 铜奖

▪ 银奖

▪ 铜奖

▪ 铜奖

2013 軒紅坊®

X·H·F

紅木家具

养生红木家具设计大赛

大赛主题：

尽享私家养生，力守国人健康

参赛对象：

专业组：1、社会在职设计师 2、家具设计师 3、专业设计教授、老师 4、从事设计相关职业的专业人员

学生组：在校学生

以上人员均可以个人或者设计团队的方式报名参赛。参赛作品以个人为单位（如有两人以上合作，必须清楚列明）。参赛作品必须是参赛者独创的作品。

大赛活动时间：

2013年3月15日于2013中国（中山）红木家具文化博览会开幕仪式上签约启动至2013年9月30日截止

参赛设计作品范围：

要求参赛作品要契合大赛主题，结合中国传统养身之道进行设计实践，以养生效用为基点，以传统文化为底蕴，结合现代人的审美和生活方式要求，用红木原材料设计凸显保健、养生效用的中国风格家具，充分体现出作品的功能美、材料美、工艺美和造型美。

家具类别：养生客厅系列、养生餐厅系列、养生书房系列、养生卧房系列家具、养生休闲系列

参赛者可挑选任一空间家具作为一参赛项目展开设计，要求空间功能完善，采用常见搭配形式。根据意愿，参赛者可多项参赛，即可提交多份参赛作品。既可对同一空间的家具进行不同方案的设计，也可对不同空间的家具展开设计。但若参赛者提交单件作品，做无效处理。

参赛作品要求：

提交参赛作品请使用彩色效果图，统一A3横向版面（420mm x 297mm），若一张不够排版，可采用多张排版。内容主要由以下内容形成：大赛标题、整体效果图、局部效果图、设计说明、作品名称（版面中不得出现作者姓名及任何标记、否则视为无效作品。文件格式为*.tif，分辨率为300dpi，以适合印刷等制版要求。若参赛者提交多份参赛作品，务必为每份参赛作品建立一个文件夹，并以参赛作品名命名文件夹，以免后期整合时遗漏。

作品提交方式：

将上面“应提交的参赛作品内容”各项内容电子版制作成光盘，与A4纸质参赛报名表一同邮寄到大赛组委会。

作品提交截止时间：

1）作品提交截止时间：2013年9月30日（以邮戳上的时间为准）

2）提交方式：邮寄时请注明为“軒紅坊”杯“中式养生红木家具设计大赛”。建议以快递方式邮寄，寄出后请及时与组委会联系确认。

主办单位：

中国家具协会设计工作委员会
南京林业大学家具与工业设计学院
中山市太兴家具有限公司

承办单位：

南京林业大学家具与工业设计学院
中山市太兴家具有限公司

奖项

学生组

金奖（1名）：20000元/名+证书
银奖（2名）：10000元/名+证书
铜奖（3名）：4000元/名+证书
优秀奖（10名）：500元/名+证书
入围奖（14名）：200元/名 + 证书
组织奖（5名）：2000元/名+证书

专业组：

金奖（1名）：20000元/名+证书
银奖（2名）：10000元/名+证书
铜奖（3名）：4000元/名+证书
优秀奖（10名）：500元/名+证书

联系电话：025-85427793、13914728698、13420277217、13813807277
传　　真：025-85427405
地　　址：江苏南京市龙蟠路159号
南京林业大学家具与工业设计学院
“軒紅坊”杯“中式养生红木家具设计大赛组委会办公室
邮政编码：210037
联 系 人：张胜欢、张佳琦、陈于书

2013年“轩红坊杯”中式养生红木家具设计大赛

2013年“轩红坊杯”中式养生红木家具设计大赛获奖名单

序号	作品编号	作品名称	作者	单位	奖项
1	434	君临天下	黄定业	肇庆学院	金
2	125	曲水流觞	张云冲	南京林业大学	银
3	440	悦韵	杨　波	南京林业大学	银
4	134	南之嘉	张佳琦	南京林业大学	铜
5	429	“依”	杨　波	南京林业大学	铜
6	432	福寿延年	王增杰	肇庆学院	铜
7	130	墨气书卷	汪　菲	南京林业大学	优秀奖
8	215	纹质彬彬	周月皓	山东艺术学院	优秀奖
9	304	东方红	张小龙	淮阴工学院	优秀奖
10	385	自然·雅致	何忠原	南京林业大学	优秀奖
11	421	合·和	李霞霞 孙　威	南京林业大学	优秀奖
12	422	兰亭叹	陈石金	南京林业大学	优秀奖
13	426	禅与茶	黄　宁	华南农业大学	优秀奖
14	431	凤朝阳	周桂艺	肇庆学院	优秀奖
15	435	太极风	侯宗波	肇庆学院	优秀奖
16	436	享寿	张佳琦	南京林业大学	优秀奖
17	073	红枫雕花	黎　迅 吕思宇	绵阳职业技术学院	入围奖
18	081	方·古味	杨沁雨	绵阳职业技术学院	入围奖
19	123	风韵	孙夫祥	南京林业大学	入围奖

（续表）

序号	作品编号	作品名称	作者	单位	奖项
20	140	明简	刘亚梅 刘伟力	中国传媒大学南广学院	入围奖
21	142	融	余　静 杨　迪 何凤芝	中国传媒大学南广学院	入围奖
22	177	简 · 艺	刘　娜	山东艺术学院	入围奖
23	187	曲 · 艺	姜潇硕	山东艺术学院	入围奖
24	369	“闲颐”休闲系列家具	汪开群	南京林业大学	入围奖
25	430	初生	常方圆	南京林业大学	入围奖
26	433	福云	李　敏	南京林业大学	入围奖
27	437	逍遥	曹亚威	南京林业大学	入围奖
28	438	玉品檀	崔蒙蒙	南京林业大学	入围奖
29	439	荷塘月色	曹亚威 崔蒙蒙	南京林业大学	入围奖
30	441	木兰瓷	王　洁	南京林业大学	入围奖

最佳组织奖

南京林业大学

山东艺术学院

福建农林大学

淮阴工学院

扬州工业职业技术学院

■ 金奖

■ 银奖

■ 银奖

■ 铜奖

■ 铜奖

■ 铜奖

五届四次理事会

FIVE FOUR COUNCIL

2013 中国家具行业年会
暨中国家具协会第五届四次理事会
在深圳召开

2013 年 12 月 13 日，中国家具行业年会暨中国家具协会第五届四次理事会在深圳召开。大会由中国家具协会主办，深圳市家具行业协会及深圳市左右家私有限公司承办。出席会议的有中国家具协会理事长朱长岭、名誉理事长贾清文、副理事长刘金良、副理事长兼秘书长张冰冰、副理事长陈宝光以及各家具企业、省市协会、产业集群、地方政府代表，全国各地的七百余名行业翘楚齐聚一堂，共同见证了 2013 年末的家具行业盛会。会议由中国家具协会副理事长兼秘书长张冰冰主持。

深圳市家具行业协会会长、深圳市左右家私有限公司总裁黄华坤首先致辞。他说，2013 年对深圳家具是充满机遇和挑战的一年，深圳家具产业涌现出了一批又影响力的企业，深圳家具企业将加快转型升级和产业转移的步伐，打响“深圳制造”的品牌。左右家私 2013 年启动了“幸福战略工程”，位于深圳及安徽的工业园陆续建设。

中国家具协会理事长朱长岭作《中国家具协会第五届四次理事会 2013 年度工作报告》。他首先介绍了近三年中国家具行业发展情况。第一，产业规模扩大，效益提高。近三年来，家具行业加快推进转型升级，积极寻求整体发展的平衡，家具行业进入了平稳增长阶段。第二，生产技术取得巨大进步。家具生产企业不断推出各种新材质、新工艺、新技术并广泛应用到家具生产中。定制家具近几年越来越受到消费者的青睐，成为了新发展方向。第三，产业集群快速发展。截至 2013 年 8 月，中国家具协会授予及共建的家具产业集群 33 个。产业集群内企业自主研发能力的加强和自主品牌的培育，实现产业集群的可持续发展。第四，全国展会健康发展。上海展经历了从量变到质变的转型升级过程，是家具展会发展的旗帜；3 月份的广东、东莞、深圳三大展会定位清晰准确，吸引了不同需求的人群参展；7 月的成都展成为中西部地区全年最重要的展会。青岛展、沈阳展、苏州展等区域性展会，有效地带

动了地方产业的发展。第五，家具行业标准深受关注。家具行业标准制修订速度明显加快，标准化体系不断完善。目前我国已发布家具标准 121 项。去年 8 月起实施的《儿童家具通用技术条件》是国内首个儿童家具强制性国家标准，标准执行还有待加强和完善。今年 2 月 1 日起实施的《红木家具通用技术条件》对红木家具生产和工艺的规范具有重要的作用。

朱理事长对家具行业发展新特点做了分析。第一，流通市场大发展、渠道多元化，电商成为热点。第二，出口格局发生变化。家具出口市场多元结构有所优化，对国际传统市场的依赖逐渐降低，新兴市场成为出口贸易的增长点，对东盟的出口占比已连续五年超过日本。第三，行业融合逐步深入。家具行业与相关产业相互渗透、交叉和重组，行业融合有深入发展趋势。第四，产学研一体化进程加快。高等院校注重与企业及行业沟通联系，逐步将理论知识与社会实践相结合，形成了“产学研一体化”发展。第五，产品设计受到空前重视，一些行业协会、媒体、政府组织的设计赛事也陆续进行。

朱理事长向大会报告了第五届理事会当选三年来协会工作情况。组织机构科学合理，管理制度更加完善；梯队建设逐步健全、人员配备更为充实；会员组织发展壮大；专业委员会工作不断拓展；加强调查研究，召开各类会议；

加强标准化工作，促进行业进步；积极培育建设产业集群；加强设计工作，促产品更新；积极组织展会工作，参与展会活动；提供信息服务、培训服务；与政府部门、社会媒体紧密联系与合作；国际交流更加密切深入；协会开展评估工作，争取国家认定。

最后，朱理事长介绍了2014年中国家具协会工作计划。2014年，中国家具协会将认真贯彻十八届三中全会精神，引导行业发展新方向，加强与政府部门交流与合作，争取在国际标准化组织中的话语权，继续搞好家具展会，搞好行业培训，争取更多进展，深入调研、说清行业，启动企业直报系统，组织大型专题会议。今后，中国家具协会将继续提升服务水平，加快引导行业朝着正确的道路发展，争取实现更高的目标。

中国家具协会副理事长陈宝光宣读了《关于共建中国（瑞丽）红木家具产业基地的决定》。朱长岭理事长与瑞丽市人民政府副市长散孟共同签署了合作协议。

中国家具协会理事长朱长岭、辽宁省家具协会会长祖树武、上海博华国际展览有限公司创始人王明亮就2014年共同主办沈阳家具展进行了三方签约。

中国家具协会副理事长刘金良宣读了《中国家具协会第五届四次理事会关于增补理事、常务理事、副理事长、特邀常务理事单位的议案》，大会审议并通过了此项议案。

中国家具协会副理事长陈宝光宣读了《关于表彰中国家具行业2013年度“优秀协会”、“优秀企业”、“优秀家具市场”、“优秀产业集群”的决定》。

中国家具协会副秘书长吴国栋宣读增补理事、常务理事、副理事长、特邀常务理事单位名单及优秀协会、优秀企业、优秀家具市场、优秀产业集群名单。大会向新当选的中国家具协会副理事长、常务理事、理事、特邀常务理事单位，优秀协会、优秀企业、优秀家具市场、优秀产业集群颁发铜牌证书。

在参会代表发言环节中，深圳市家具行业协会执行会长侯克鹏与大家分享了深圳家具产业的发展特点及今后发展方向；广东省家具协会会长王克重点分析了家具行业转型升级的重要性及发展重点；北京居然之家投资控股集团有限公司副总裁任成介绍了近年来居然之家的发展措施以及经营方式的创新模式，她表示在今天这个深刻变革的时代，只有创新才有未来；廊坊华日家具股份有限公司董事长周旭恩将自己进入家具行业几年来的感想与大家进行分享，他从修炼灵魂及扩展经营两方面谈了经营华日家具的感受；广东省宜华木业股份有限公司CEO刘壮超向大家分享了宜华木业的发展历史、发展思路和拓展国际市场的最新进展

情况；江苏斯可馨家具股份有限公司董事长胡卫东向大家介绍了斯可馨家具十几年来战略定位的调整转型、职业培训的具体措施以及成本控制、技术创新的新思路；上海博华国际展览有限公司创始人王明亮通过视频短片向大家展示了中国国际家具展览会的发展现状及今后的战略目标，简述了中国国际家具展览会的历史沉淀、打造交易平台、不断求变三大核心竞争力。

2013 年，中国家具协会的工作受到了各省市协会的支持，中国家具行业在不断变革的形势下取得了较好的成绩。党的十八届三中全会对全国政治经济工作提出了新要求，中国家具协会将按照党和国家的新要求开展各项工作，发挥更多作用，中国家具行业也将紧抓发展新机遇，不断前行。

中国家具协会第五届四次理事会关于
增补理事、常务理事、副理事长、特邀常务理事单位的议案

中家协办字（2013）40号

近儿年中国家具行业以健康平稳的速度发展，家具企业不断发展壮大，家具生产、设计水平有了很大提高，涌现出一批各方面都很优秀的家具企业，在行业发展过程中发挥了很大作用，这些企业先后向中国家具协会秘书处提出申请，积极要求作为中国家具协会理事单位。应行业发展的需要及广大会员单位的要求，根据《中国家具协会章程》规定，提名北京克拉斯家居有限公司等17家企业为副理事长单位，上海航管红木家具有限公司等24家企业为常务理事单位，北京非同家具有限公司等67家企业为理事单位，彰武县人民政府等7家单位为特邀常务理事单位。

请大会审议。

中国家具协会
2013年12月13日

关于表彰中国家具行业2013年度
“优秀协会”、“优秀企业”、“优秀家具市场”、
“优秀产业集群”的决定

中家协办字（2013）41号

2013年中国家具行业涌现出许多在转型升级工作中效益突飞猛进、发展充满活力、管理规范有序的优秀企业，在各自的领域中起到了领头作用；许多协会、产业集群也为家具行业的发展和产业结构调整做出了重要贡献。为了进一步发挥优秀企业在规范管理、诚信经营等方面的模范带头作用，经地方家具协会推荐、中国家具协会审议决定，授予深圳市家具行业协会等19家协会“中国家具行业2013年度优秀协会”的荣誉称号，授予深圳市左右家私有限公司等207家企业“中国家具行业2013年度优秀企业”的荣誉称号，授予北京居然之家投资控股集团有限公司等52家单位“2013年度优秀家具市场”的荣誉称号，授予中国红木家具生产专业镇等20个产业集群“中国家具行业2013年度优秀产业集群”的荣誉称号。

希望受表彰的企业珍惜荣誉，再接再厉，为我国的家具行业贡献力量。

中国家具协会
2013年12月13日

中国家具协会第五届四次理事会增补名单

副理事长单位名单

序号	单位名称	序号	单位名称
1	北京克拉斯家居有限公司	10	中山市太兴家具有限公司
2	震旦（中国）有限公司	11	广东罗浮宫国际家具博览中心有限公司
3	河北三江家具集团有限公司	12	广州市番禺永华家具有限公司
4	沈阳市东兴木业有限公司	13	深圳市豪迈实业发展有限公司
5	哈尔滨红旗装饰材料城有限责任公司	14	广州华尚实业有限公司
6	江苏斯可馨家具股份有限公司	15	成都好风景实业有限公司
7	安徽金宝马家具集团有限公司	16	陕西明珠家居产业有限公司
8	南康蓝天木业有限公司	17	陕西南洋迪克家具制造有限公司
9	诸城市新华宇家具有限公司		

常务理事单位名单

序号	单位名称	序号	单位名称
1	上海航管红木家具有限公司	13	江西环境工程职业学院
2	上海太亿企业股份有限公司	14	南康市家具产业促进局
3	天津弗斯特木业有限公司	15	青岛裕丰汉唐木业有限公司
4	河北依丽兰家具有限公司	16	湖南省家具行业协会
5	雨生集团有限公司	17	湖北荣星家具有限公司
6	吉林省捷亚家俱科技有限公司	18	武汉超凡家具制造有限公司
7	东阳红木家具市场	19	中山市华盛家具制造有限公司
8	浙江大风范家具有限公司	20	广州康耐登家居用品有限公司
9	杭州炬日家具工业有限公司	21	广东金公子经贸发展有限公司
10	温州市颐康家居卫生用品有限责任公司	22	中山市宝艺实业有限公司
11	好事达（福建）股份有限公司	23	广东华颂家具集团有限公司（红旗）
12	江西潘峰家居有限公司	24	陕西正大国际家具家电有限公司

理事单位名单

序号	单位名称	序号	单位名称
1	北京非同家具有限公司	26	浙江省华龙工艺品有限公司
2	北京家和家美家居市场有限公司	27	浙江卓木王红木家俱有限公司
3	清华大学美术学院环境艺术设计系	28	东阳市旭东工艺术品有限公司
4	上海强艺家具有限公司	29	东阳市振宇红木家具有限公司
5	诺梵（上海）办公系统有限公司	30	安吉中源工艺品有限公司
6	上海新冠美家具有限公司	31	浙江安吉美佳琪家居用品有限公司
7	上海玛祖铭立家具有限公司	32	宁海县花园家私有限公司
8	香河家具城金汇美家具销售处	33	浙江博泰家具有限公司
9	香河双鹤轩家具城	34	东阳市花园红木家具开发有限公司
10	内蒙古美林实业集团有限公司	35	宁波东钱湖度假区皇朝家居有限公司
11	长春市绿园区新雅家具有限公司	36	合肥情港床具有限公司
12	长春市大地家具有限公司	37	合肥鼎雅家具有限责任公司
13	长春市皇家马车家具有限公司	38	厦门市雅丽发家具设计装饰有限公司
14	吉林省宇峰家具有限公司	39	福建闽森家具有限公司
15	长春东晨实业集团有限公司	40	泉州市金榕家私有限公司
16	长春市旭光家具有限公司	41	德兴市鸿祥木业有限公司
17	哈尔滨优典家具有限公司	42	江西卓尔金属设备集团有限公司
18	江苏恒康家居科技股份有限公司	43	江西远大保险设备实业集团有限公司
19	苏州工业园区金螳螂家具设计制造有限公司	44	武汉石磊家具制造有限公司
20	苏州金利源家具博览中心有限公司	45	武汉宜欣宏欧家俱有限公司
21	义乌鼎鑫展览服务有限公司	46	湖北琪发家俱有限公司
22	浙江巧巧实业有限公司	47	武汉市金都明珠贸易有限公司
23	东阳市明堂红木家俱有限公司	48	武汉红丽居室用品有限公司
24	东阳市东艺工艺品有限公司	49	湖南森艺家具有限公司
25	浙江中信红木家具有限公司	50	嘉宝莉化工集团股份有限公司

（续表）

序号	单位名称	序号	单位名称
51	（江门市古典名城艺术家具有限公司）烜宝御品	60	中山市国景家具有限公司
52	佛山市顺德区华伦蒂诗家具有限公司	61	中山市中泰龙办公用品有限公司
53	广东龙江鸿基座椅有限公司	62	成都益豪木业有限公司
54	广州华燊家具有限公司	63	贵州嘉和家装饰家俱发展有限公司
55	佛山市澳舒健家具制造有限公司	64	贵阳南明青禾家具城有限公司
56	粤港福建家居协会有限公司	65	贵阳云岩卡罗兰整体家居
57	深圳市计量质量检测研究院	66	昆明富庆源家俱制造有限公司
58	深圳市宜雅红木家具有限公司	67	兰州民百艺族家居有限公司
59	中山市派格家具有限公司		

特邀常务理事单位名单

序号	单位名称	序号	单位名称
1	彰武县人民政府	5	瑞丽市人民政府
2	樟树市人民政府	6	仙游县人民政府
3	海虞镇人民政府	7	海安县人民政府
4	红安县人民政府		

中国家具行业 2013 年度优秀表彰名单

优秀协会名单

序号	协会名称	序号	协会名称
1	北京家具行业协会	11	湖北省家具协会
2	上海市家具行业协会	12	广东省家具协会
3	河北省家具协会	13	广州市家具协会
4	辽宁省家具协会	14	深圳市家具行业协会
5	哈尔滨市家具行业协会	15	四川省家具行业商会
6	江苏省家具行业协会	16	贵州省家具协会
7	浙江省家具行业协会	17	云南省家具行业协会
8	福建省家具协会	18	陕西省家具协会
9	江西省家具协会	19	香港家私协会
10	山东省家具协会		

优秀企业名单

序号	企业	序号	企业
1	廊坊华日家具股份有限公司	11	北京国林系统家具有限公司
2	北京金隅天坛家具股份有限公司	12	上海亚振家具有限公司
3	深圳长江家具有限公司	13	震旦（中国）有限公司
4	北京市标致家具有限责任公司	14	上海申美沙发有限公司
5	北京今圣梅家具制造有限公司	15	上海艺尊轩红木家具有限公司
6	北京黎明文仪家具有限公司	16	上海爱舒软家具有限公司
7	博洛尼家居用品（北京）股份有限公司	17	上海航管红木家具有限公司
8	强力家具集团有限公司	18	上海雅风企业发展有限公司
9	北京华威家具制造有限公司	19	上海太亿企业股份有限公司
10	北京新发盛家具有限公司	20	上海新冠美家具有限公司

（续表）

序号	企业	序号	企业
21	天津市圣斯克家俱有限公司	48	长春新元木业有限公司
22	天津查里世家家具有限公司	49	吉林省蜂巢家具有限公司
23	天津家具五厂有限公司	50	吉林省捷亚家俱科技有限公司
24	天津市嘉嘉家具有限公司	51	华鹤集团有限公司
25	天津弗斯特木业有限公司	52	七台河市双叶家具实业有限公司
26	天津市南洋胡氏家具制造有限公司	53	光明集团股份有限公司
27	天津市振兴家具有限公司	54	大兴安岭恒友家具有限公司
28	天津市瑞丰家具有限公司	55	哈尔滨飞云实业有限公司
29	重庆佳梦家具有限公司	56	苏州市浩强红木工艺家具厂
30	唐山市汇丰实业集团有限公司	57	江苏斯可馨家具股份有限公司
31	河北蓝鸟家具股份有限公司	58	南京金榜麒麟床具有限公司
32	河北喜德来家具实业有限公司	59	苏州市相城区元和新宏基木业制造厂
33	河北依丽兰家具有限公司	60	江苏恒康家居科技股份有限公司
34	山西福润家俱有限公司	61	苏州摩维天然纤维材料有限公司
35	山西锦言斋实业有限公司	62	浙江诺贝家具有限公司
36	内蒙古美林实业集团有限公司	63	浙江花为媒集团有限公司
37	沈阳宏发企业集团家具有限公司	64	东莞市城市之窗家具有限公司
38	大连金凌床具有限公司	65	浙江春光名美家具制造有限公司
39	华丰家具集团有限公司	66	顾家家居股份有限公司
40	辽宁省鞍山市港泰红木家私	67	浙江豪中豪健康产品有限公司
41	大连华夏家具有限公司	68	浙江圣奥家具制造有限公司
42	雨生家居有限公司	69	浙江卡森实业集团有限公司
43	沈阳梦宝家私有限公司	70	浙江利豪家具有限公司
44	沈阳市东兴木业有限公司	71	宁波梦神床垫机械有限公司
45	沈阳市舒丽雅家私有限公司	72	浙江年年红实业有限公司
46	沈阳艺新实业发展有限公司	73	强龙家具股份有限公司
47	吉林森工华英家俱有限责任公司	74	喜临门家具股份有限公司

（续表）

序号	企业	序号	企业
75	宁波富邦家具有限公司	102	漳州市百乐家具有限公司
76	杭州金鹭家私制造有限公司	103	好事达（福建）股份有限公司
77	浙江莫霞实业有限公司	104	闽侯闽兴编织品有限公司
78	星威国际家居有限公司	105	江西金虎保险设备集团有限公司
79	浙江荣业家具制造有限公司	106	江西一见喜家具有限公司
80	浙江永艺家具股份有限公司	107	江西阳光安全设备有限公司
81	宁波市梦莹家具制造有限公司	108	江西远洋保险设备实业集团有限公司
82	浙江恒林椅业股份有限公司	109	南康蓝天木业有限公司
83	杭州炬日家具工业有限公司	110	南康市文华家瑞家具实业有限公司
84	合肥菱湖家具有限公司	111	江西木牛家具有限公司
85	安徽龙之杰家俱制造有限责任公司	112	南昌市滨江傢俬有限公司
86	合肥蓝天家具制造有限责任公司	113	江西李氏王朝家具有限公司
87	合肥皖宝集团床垫有限公司	114	江西嘉美瑞家具有限公司
88	安徽金宝马家具集团有限公司	115	南昌东方家具有限公司
89	安徽省美佳家俱装饰有限公司	116	南康市昭玺家具有限公司
90	黄山奥菲家居有限公司	117	江西潘峰床垫家具有限公司
91	合肥情港床具有限公司	118	山东凤阳集团股份有限公司
92	诚丰家具（中国）有限公司	119	青岛一木集团有限公司
93	漳州市国辉工贸有限公司	120	山东新郎欧美尔家居置业有限公司
94	福建省漳平木村林产有限公司	121	烟台吉斯家具集团有限公司
95	泉州现代家具企业有限公司	122	青岛良木集团有限公司
96	福建安溪聚丰工艺品有限公司	123	诸城市新华宇家具有限公司
97	漳州红梅家具有限公司	124	菏泽市诚信集团有限公司
98	鸿盛家具（福建）有限公司	125	山东蓝图家具制造有限公司
99	福建攀达家居有限公司	126	山东金诺集团有限公司
100	福建森源股份有限公司	127	青岛华谊宜家家俱有限公司
101	福建永嘉家具有限公司	128	上海久典家具有限公司

（续表）

序号	企业	序号	企业
129	山东省阳信鲁木匠古典家居有限公司	157	广东龙江鸿基座椅有限公司
130	青州市双喜家具有限公司	158	佛山市美神实业发展有限公司
131	淄博万家园木业有限公司	159	广州市欧品家具有限公司
132	济南信和家具有限公司	160	佛山市澳舒健家具制造有限公司
133	济南美泺蒂家具制造有限公司	161	名辉家具（珠海）有限公司
134	济南神木家具有限公司	162	深圳市左右家私有限公司
135	胜辉木业有限公司	163	深圳市仁豪家具发展有限公司
136	山东省博兴县天龙红木家具有限公司	164	深圳雅兰家具有限公司
137	河南省雅宝家俱有限公司	165	深圳市圆方园实业发展有限公司
138	湖北海富家具有限公司	166	深圳市森堡家俬有限公司
139	湖北崇阳天森实业有限公司	167	澳达树熊涂料（惠州）有限公司
140	湖北联乐床具集团有限公司	168	深圳市美廷理创投资发展有限公司
141	武汉超凡家具制造有限公司	169	深圳市耀华宜家家具有限公司
142	湖北荣星家具有限公司	170	广州市 020F 家具科技俱乐部
143	湖南省晚安家居实业有限公司	171	佛山市富美座椅有限公司
144	湖南星港家居发展有限公司	172	中山市星美家具有限公司
145	穗宝集团	173	广州市铨鑫五金企业有限公司
146	广东联邦家私集团有限公司	174	广州市美励思家具制造有限公司
147	东莞市兆生家具实业有限公司	175	佛山市顺德区龙江镇恒金家具厂
148	广东华颂家具集团	176	广州华尚实业有限公司
149	广州市百利文仪实业有限公司	177	中山市华盛家具制造有限公司
150	广州市欧林家具有限公司	178	佛山市南海雅兰皇庭家具有限公司
151	广州市番禺永华家具有限公司	179	福建闽森家具有限公司
152	广州市至盛冠美家具有限公司	180	江门市古典名城艺术家具有限公司
153	广东优派家私集团有限公司	181	贵州大自然科技有限公司
154	鹤山市博森家具有限公司	182	贵州长田家具产业孵化园有限公司
155	佛山市鑫诺家具有限公司	183	贵州子洋家具有限公司

（续表）

序号	企业	序号	企业
185	贵州嘉和家装饰家俱发展有限公司	197	成都天骄家具有限公司
186	贵阳云岩卡罗兰整体家居	198	成都市更新家具有限公司
187	昆明市晶晶床垫家具制造有限公司	199	成都好风景实业有限公司
188	昆明新飞林（家具）有限公司	200	成都南方家俱有限公司
189	云南天悦家具制造有限公司	201	成都市双虎实业有限公司
190	福乐家具有限公司	202	成都八益大狮家具有限公司
191	陕西南洋迪克家具制造有限公司	203	成都市东金家具有限公司
192	陕西富丽家具有限公司	204	成都好迪家具有限公司
193	西安金金博士家居用品有限责任公司	205	兰州东西家具有限公司
194	陕西中瑞时代家具有限责任公司	206	敏华控股
195	成都市明珠家具（集团）有限公司	207	东莞耀邦集团有限公司
196	全友家私有限公司		

优秀产业集群名单

序号	产业集群名称	序号	产业集群名称
1	中国红木家具生产专业镇	11	中国板式家具产业基地
2	中国椅业之乡	12	中国中部家具产业基地
3	中国实木家具之乡	13	中国华中家具产业园
4	中国家具出口第一镇	14	中国家具彰武新兴产业园区
5	中国家具制造重镇	15	中国金属家具产业基地
6	中国金属玻璃家具产业基地	16	中国家具红安新兴产业园
7	中国欧式古典家具生产基地	17	中国仙作红木家具产业基地
8	中国家具商贸之都	18	中国红木（雕刻）家具之都
9	中国北方家具商贸之都	19	中国东部家具产业基地
10	中国东部家具商贸之都	20	中国苏作红木家具名镇－海虞

优秀家具市场名单

序号	企业名称	序号	企业名称
1	北京居然之家投资控股集团有限公司	27	第六空间家居发展有限公司
2	北京集美家居市场集团有限公司	28	东阳红木家具市场
3	北京克拉斯家居有限公司	29	宁波江东现代商城发展有限公司
4	北京蓝景丽家大钟寺家居广场市场有限公司	30	淮北兆基实业有限公司
5	北京城外诚家居广场	31	合肥瑶海家具世界
6	北京家和家美家居市场有限公司	32	福州喜盈门实业有限公司
7	红星美凯龙家居集团股份有限公司	33	盛捷达（南康）家居商业管理有限公司
8	上海月星控股集团有限公司	34	烟台嘉阳乐天家居有限公司
9	上海吉盛伟邦家居市场经营管理有限公司	35	山东富尔玛家居有限公司
10	上海东明家居（集团）有限公司	36	湖北鄂南腾飞家具市场有限公司
11	上海建配龙建材配送有限公司	37	襄阳世纪金源家居广场
12	上海盛地家居有限公司	38	欧亚达家居集团有限公司
13	上海曹家渡家具商城有限公司	39	武汉金马凯旋家居有限公司
14	河北东明国际家具博览有限公司	40	武汉市金鑫集团有限公司
15	香河鑫亿隆家具城	41	广东罗浮宫国际家具博览中心有限公司
16	香河县金钥匙国际家具汇展中心	42	简爱家居商业管理有限公司
17	内蒙古金锐家具汇展有限公司	43	东莞市兴业国际家具采购中心有限公司
18	赤峰白领傢俬有限责任公司	44	广州国靖办公家具有限公司
19	包头市深港家具有限责任公司	45	成都八益家具股份有限公司
20	锡林郭勒盟世纪三和家居销售有限公司	46	成都富森美家居股份有限公司
21	美克美家家具连锁有限公司	47	贵州西南国际家居装饰博览城有限公司
22	大庆市正大方盛家居博览中心有限公司	48	贵阳南明青禾家具城有限公司
23	哈尔滨红旗装饰材料城有限责任公司	49	昆明港都家具有限公司
24	江苏蠡口国际家具城有限公司	50	西安大明宫实业集团
25	东部全球家具采购中心（海安）有限公司	51	陕西三森实业集团有限公司
26	禧徕乐投资有限公司	52	兰州万佳家居有限公司

二十五周年篇

TWENTY-FIFTH ANNIVERSARY

2014 中国家具年鉴

CHINA FURNITURE YEARBOOK

CHINA NATIONAL FURNITURE ASSOCIATI
CHINA NATIONAL FURNITURE ASSOCIATI
1988-2013
桥，越通越远·路，越走越宽
中国家具协会与您一起
通向世界，走向辉煌
中国家具协会成立25周年
1988-2013
http://www.cnfa.com.cn　地址：北京市朝阳区百子湾路16号百子园5C-1203室　电话/传真：010-87766795　邮编：1001

行业巨变

20 世纪 80 年代，中国家具业进入了新的发展时期。在改革开放政策的推动下，一方面通过对外开放，引进外资；另一方面通过改革使家具业较早地从计划经济转化为市场经济。

20 世纪 90 年代是中国家具业快速全面发展的时期，是中国现代家具体系初步形成的时期，也是中国家具产品快速进入国际市场的时期。这一时期中国家具业经历了深刻的历史性变化，它主要表现在：①国际家具产业大规模地向中国大陆的转移；②家具流通领域的形成和壮大；③以展览为代表的家具服务业的兴起和自主设计方面的进步；④生产技术全面提高，产品门类走向齐全，产品品质明显提高这些主要特点。

到 1999 年，全国家具产值已达 1040 亿元，出口达 27 亿美元。企业数超过 3 万家，从业人员逾 300 万人。

2001－2010 年，家具行业规模以上

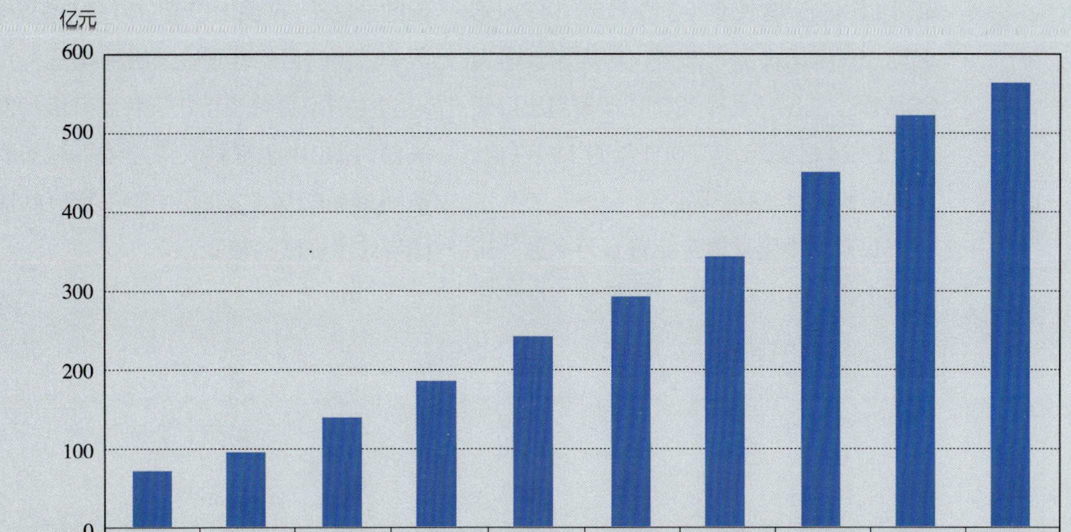

	2003 年	2004 年	2005 年	2006 年	2007 年	2008 年	2009 年	2010 年	2011 年	2012 年
系列 2	719.97	952.92	1389.04	1852.76	2416.01	2925.35	3409.11	4487.65	5195.64	5599.82

■ 2003—2012 年中国家具行业规模以上企业工业总产值变化图

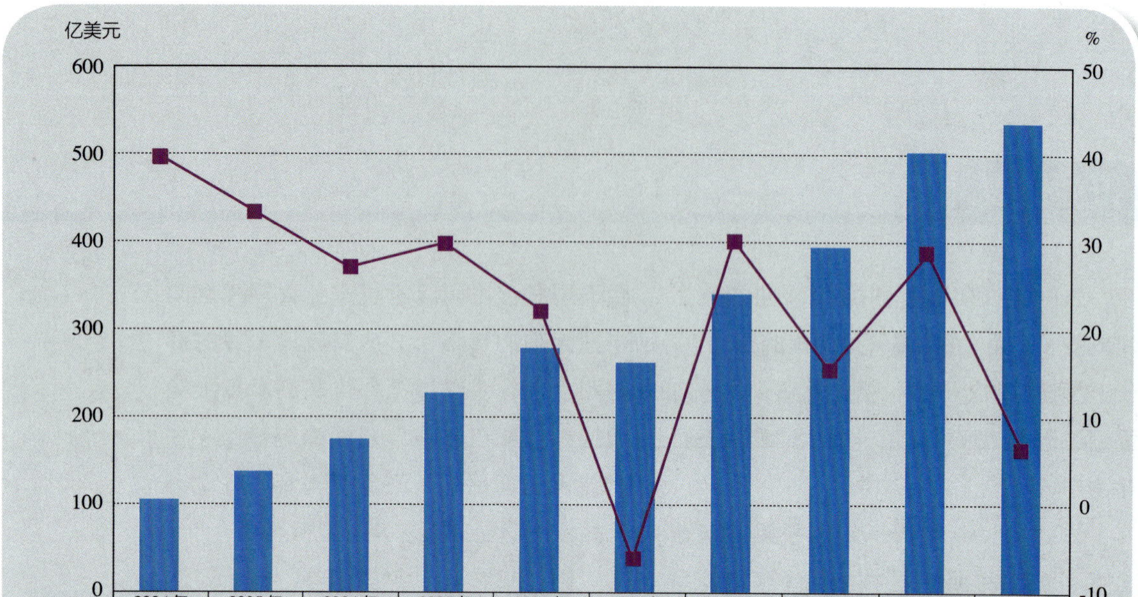

	2004年	2005年	2006年	2007年	2008年	2009年	2010年	2011年	2012年	2013年
出口	103.53	137.67	174.65	226.19	276.14	259.52	337.19	388.73	499.54	631.01
增速	39.30	32.96	26.88	29.50	21.94	-6.00	29.96	15.31	28.52	6.30

▪2004—2013年家具行业出口值与增速变化图

企业工业总产值逐年递增。从2001年的434.85亿元增长到2010年的4487.65亿元，10年增长了9.32倍，年均增长率为29.61%。从出口上看，2010年家具出口值为337.24亿美元，是2001年的13.59倍，年均增长率为33.63%。

目前，中国家具企业有6万余家，规模以上企业4000余家。我国成为世界第一大家具出口贸易国，家具出口占全国产值四分之一，产品出口至200多个国家（地区），出口目的地国最大的是美国。

中国家具行业正处于转型升级的发展关键时期，中国家具人将继续书写新的篇章铸造新的辉煌，实现中国由家具制造大国向综合强国的转变。

领导关怀

家具行业是长青行业，多年来一直备受国家和政府领导的关注。胡锦涛、江泽民、张德江、温家宝、李瑞环等国家领导都对中国家具行业行业重点企业和展会进行了视察。国家领导人对行业内的重点企业成长发展给予了明确指示，对行业未来发展提出了方向。

胡锦涛同志视察美克集团

江泽民同志参观家具展览

张德江同志视察宜华木业

温家宝同志视察美克集团

朱长岭理事长拜访李瑞环

李瑞环同志参观紫檀家具

第五届理事会 2010-2015

2010年11月，中国家具协会第五次会员代表大会在北京国家会议中心召开，大会通过了第四届理事会工作报告和会费收支报告，选举产生了第五届理事会。现有理事长1名，副理事长125名，常务理事单位254名，理事单位528名。特邀副理事长4名，特邀常务理事单位25名。

理事长　朱长岭

副理事长　刘金良

副理事长兼秘书长　张冰冰

副理事长　陈宝光

中国家具协会分支机构图

中国家具协会软垫家具专业委员会
中国家具协会厨房家具专业委员会
中国家具协会传统家具专业委员会
中国家具协会流通专业委员会
中国家具协会办公家具专业委员会
中国家具协会实木家具专业委员会
中国家具协会设计工作委员会
中国家具协会科学技术工作委员会
中国家具协会沙发专业委员会
中国家具协会金属家具专业委员会
中国家具协会经济信息委员会
中国家具协会家具制造设备专业委员会
中国家具协会原辅材料专业委员会
中国家具协会市场委员会

中国家具协会二十五年成长变化

1988 年 6 月 23 日，中国家具协会成立大会在山东省济南市召开，选举产业了第一届中国家具协会理事会，中国家具协会宣告成立。经过二十五年的成长发展，中国家具协会在各方面取得了重大飞跃。

基础设施方面：组织机构、管理制度不断调整完善，梯队建设、人员配备不断健全，净资产、独立用房都有不断增长扩增，办公设备不断充足完善，会员组织、理事会规模不断发展壮大，专业委员会工作不断拓展创新。

核心工作方面：展会活动、会议论坛、外事访问等行业活动更加丰富多彩，报刊网络、教育培训更加完善细分，标准规划、咨询服务更加专业具体，产业集群、设计创新更是取得了突飞猛进的发展。

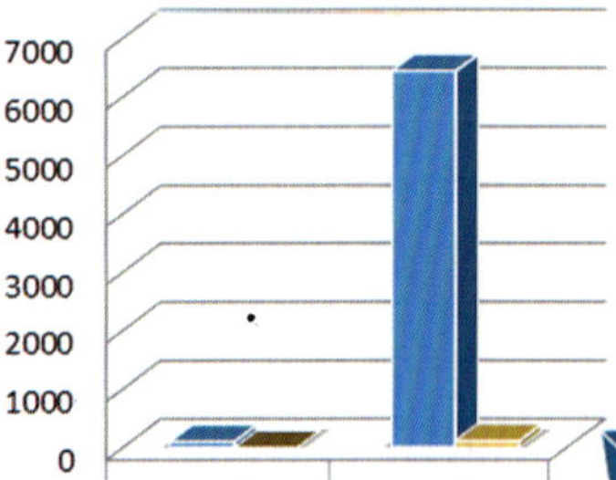

	1988年	2013年
单位会员	96	6430
个人会员	0	183

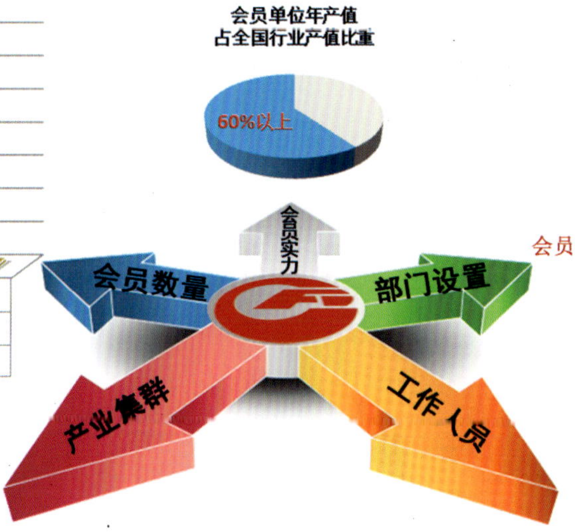

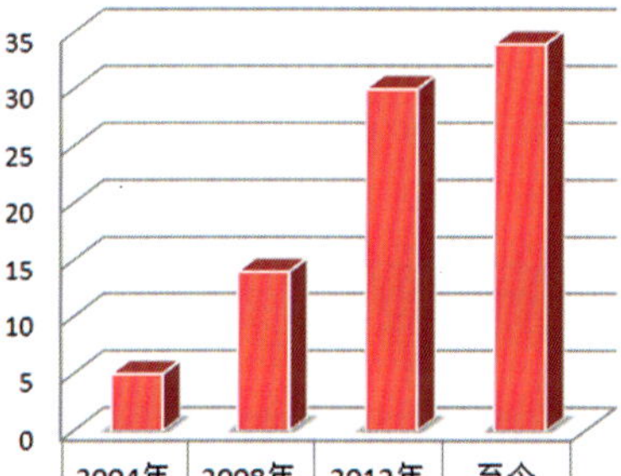

	2004年	2008年	2012年	至今
产业集群数量	5	14	30	34

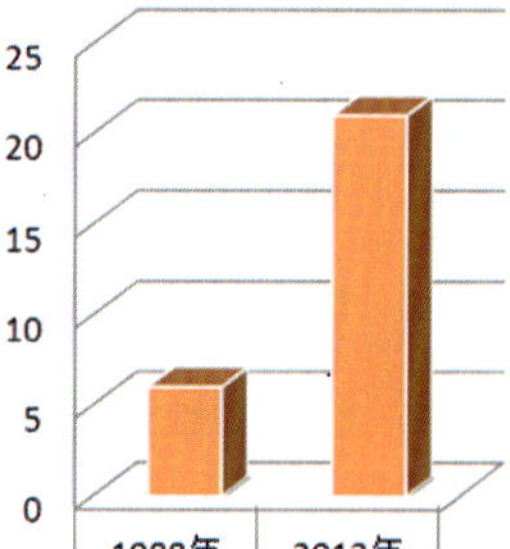

	1988年	2013年
工作人员数量	6	21

行业交流

中国家具协会以服务企业、活跃行业为首任，二十五年来，协会积极开办专业展会、组织会议论坛，并且与世界各国家具界建立了紧密联系与合作，对中国家具行业发展起到了重要的推动作用。

1. 举办专业展会 参与行业活动

家具展会工作是中国家具协会工作的核心工作之一，是协会联系企业、服务行业，促进行业经济发展的一项重要手段。

1994 年，为行业搭建贸易平台，中国家具协会率先在无锡举办“第一届全国家具展览会”，开创了中国家具展览的先河。后来，该展会在全国各省市巡回举办，极大地推动和促进了各地家具业的发展。

为促进中国家具展览业的产业升级，创建中国家具新兴会展经济。中国家具协会和上海博华国际展览有限公司共同主办“中国国际家具展览会”，如今，“中国国际家具展览会”已成功举办十九届，成为目前国内家具展中参展企业最多、参展国别最多、参观人数最多的亚洲最大规模国

▪ 中国国际家具展展馆外观图

▪首届红木家具精品评鉴会现场

▪2012 年度中国家具行业协会年会暨中国家具协会第五届三次理事会现场

▪中国（广州）国际家具博览会展馆外观图

际性家具展。它对推动国内家具企业的销售额增长和家具出口起到了重要作用，同时行业重要活动会议也在这一时间一同举行，进一步促进了国内外行业间的学习与交流。

与此同时，中国家具协会与中国对外贸易中心（集团）、香港家私装饰厂商总会、广东省家具协会共同主办“中国广州国际家具博览会”，自 1998 年开始，每年春季在广州举行。至今，“中国广州国际家具博览会”已成功举办 32 届，展会已成为中国家具业的晴雨表，直观反映国内家

■ 中国家具协会五届二次理事会会议现场

■ 第二届世界家具大会暨中国家具协会常务理事会议现场

■ “中国家具院士行”考察汇报会现场

■ 首届世界健康睡眠产业大会现场

具企业的发展情况。这两个家具展览会成为中国家具会展经济的主引擎，中国的家具会展经济从此形成规模。

除此之外，中国家具协会在第五届理事会换届之后，从 2011 年起主办“中国国际轻工消费品展览会”下的家具分展，在展会工作上取得了突破发展。

2. 组织会议论坛 探求发展之路

组织行业论坛、会议及活动是中国家具协会的核心工作之一，丰富多彩的会议论坛活动向企业传达了最新的行业政策信息，为企业搭建了统一的交流学习平台，增强了中国家具行业的凝聚力，同时引导行业朝着国家经济改革正确方向，不断探求发展之路。

2007 年月 11 月 9 日至 13 日，中国工程院、中国轻工总会、中国家具协会联合组织了“中国家具院士行”活动。考察过后，中国工程院士们向国务院提交了《工程院士建议》，该《建议》从宏观角度把家具行业定位为“常青产业”。这次“院士行”准确地把握了行业的本质，为有关政府部门制定相关政策提供了有力的依据。

■ 中国家具产业集群工作会议现场

■ 中国传统家具精英大会现场

■ 中国家具协会与意大利家具协会在北京钓鱼台签订合作条约

■ 日本访问团到访中家协

3. 建立国际合作 加强对外交流

改革开放三十年来，中国家具行业采取“走出去请进来”的方式，先后出访世界各地百十余次，与美国、加拿大、巴西、俄罗斯、英国、法国、意大利、西班牙、瑞典、丹麦、南非、韩国、日本、细腻阿婆、马来西亚、泰国等几十个国家和地区的家具协会、商会、相关组织建立了友好合作关系。2007 年 9 月 11 日，“世界家具联合会”（World Furniture Confederation，WFC）在上海成立，中国家具协会当选为副会长单位。同期，协会还承办了“第二届世界家具大会”，这是在国内召开的第一次国际性家具行业盛会。时隔五年，中国家具协会再次在上海举办了“2012 世界家具大会”，进入将行业国际合作向前推进。

■中国家具协会与新加坡家具工业理事会签订合作备忘录

■朱长岭在德国访问

■“家具行业中级营销师”黄埔职业资格考核培训班毕业合照

■全国家具行业协会工作人员培训班合影

信息纽带

收集发布行业信息是中国家具协会的核心工作之一。

1. 报刊网络

自协会成立以来，先后创办了多项刊物，并每年发表行业年度发展报告。至今，包括网站在内，已经有十多项内刊、杂志和报告向全行业发布。

《中国家具协会通讯》于 1996 年 5 月创刊，现在为每两月一期，及时通报行业重要事件，传达重要方针政策。

《中国家具》是中国家具协会与上海博华国际展览有限公司共同主办的一份公开发行的行业出版物，于 1997 年创刊，是国际家具出版物联盟（IAFP）成员之一。

《中国家具年鉴》是协会主编的重要刊物之一，它囊括了一年内的行业发展数据及各省市、各地区的行业发展状况，是行业年度数据的权威发布平台。

中国家具协会网（www.cnfa.com.cn）于 1998 年 2 月创建，是中国家具协会形象窗口，也是世界了解我国家具行业的重要途径。

另外，协会还整理编辑了多期《全国家具行业协会会员名录》及《中国家具协会理事会名录》，为行业搭建信息交流平台。

2. 信息会议

除编辑刊物网站外，中国家具协会信息部定期调查研究和发布各类经济运行分析，并通过会议、论坛发布行业信息。协会每年召开信息工作会议，并在理事会、论坛等活动上发布行业信息。

中国家具协会的教育培训工作主要分为三大部分：《国家职业分类大典》修订、《家具设计师》职业培训教材审定与出版和职业培训。各项工作在方法和成效上都取得了突破进展。

1. 2011—2013 年，中国家具协会参与国家人力资源和社会保障部组织的“修订《国家职业分类大典》”工作，承担修订“家具设计师”、“机械木工”共 2 个职业，参与修订“手工木工”等 14 个职业。2014 年 10 月，新版《国家职业分类大典》将正式发布，删除陈旧的职业工种、增加适应社会发展的新职业与工种、更新家具行业的特有工种，这将对编写家具职业标准、培训教材以及开展培训工作奠定坚实的基础。

2. 2010 年至今，组织职业技能培训——《家具设计师》国家职业标准的修订，使培训工作有标准、有执行的尺度。同步开展《家具设计师》国家职业培训教材的编写。2012 年 11 月，由中国轻工业职业技能鉴定中心组织召开了《家具设计师》国家职业培训教材的终审会议。会议决定本教材一套共 5 本——《基础知识》、《家具设计员》、《助理家具设计师》、《家具设计师》和《高级家具设计师》，由中国家具协会组织编写、中国轻工业出版社出版。分别由朱小杰、陈飞健、江敬艳、彭亮和许柏鸣主编，2014 年底能顺利出版，推动高校学生持“双证”毕业。

3. 2010 年至今，积极开展为行业、企业服务的培训。2012、2013 连续两年举办“全国家具行业协会工作人员研修班”，针对省市协会的工作人员，邀请国资委与民政部相关专家，针对国家最新政策及经济运行情况进行解读，提升协会工作人员的服务水平。

有针对性地为企业在职人员进行技能培训与考核，颁发人力资源与社会保障部相关工种的职业资格证书，提高从业者的职业技能。在北京、江西、广州、成都等地累计举办 14 期“中级营销师培训班”，共培训 500 余人；四川、山西、广东等共计 3000 余人获得“营业员”国家职业资格证书；100 余名的四川涂装工获得了“木制品涂饰工”国家职业资格证书；在江西试点的“家具设计师”职业技能鉴定，100 余名在校毕业生获得“家具设计师”职业资格证书。

教育培训工作关系到行业的进步与发

展，中国家具协会在做好职业技能培训的同时，即将开拓国家新政策解读、“家具标准”的培训与宣贯、行业最近生产工艺、技术、设备、材料的培训班，推动专业技术培训成为常态化工作，为企业提供具有专业知识的工作人员，引领行业健康发展。

■职业资格证书

■《家具导购员》培训教材

标准规划

中国家具协会作为中国家具行业的代表，多年来一直致力于行业标准化工作的开展。特别在近年来，协会加强了对标准化工作的重视程度，为完善家具标准体系作出了努力。

2009 年，牵头成立全国家具标准化技术委员会，召开全国家具行业标准化工作会议。2011 年以来，参与制定《中国家具行业标准化“十二五”发展规划》和《家具标准体系》。2012 年 6 月，中国家具协会与全国家具标准化技术委员会、中国标准出版社（现中国质检出版社）联合出版《家具标准汇编》，该书打破标准汇编的常规格式，按照家具分类将标准进行汇总，对规范行业生产起到了极大作用。

另外，中国家具协会努力适应新形势的要求，深入开展行业调查研究，先后编写了家具行业“九五”、“十五”、“十一五”、“十二五”发展规划，为行业提供了发展依据。

咨询服务

中国家具协会作为行业性组织团体，多年来一直竭尽全力地服务政府、服务企业，成为中央精神的贯彻者和企业利益的维护者。

1. 为政府和企业提供咨询

（1）先后为中国国际经济技术交流中心、商务部对外贸易局 、工信部、中国林业科学研究院等部门提供技术、经济、管理、法律和政策等方面的咨询服务并获得好评。

（2）为行业提供资质认证，新技术、新产品鉴定及推广，事故认定等服务。

（3）参与制定相关法律法规，向政府提出政策建议，为政府服务。

2. 代表本行业参与行业性集体谈判，组织“反倾销”应诉

针对美国对中国木制卧房家具的“反倾销”诉讼，2003 年 7 月 14 日，中国家具协会成立“反倾销应对办公室”。后来又组织了一系列活动，并成功地取得了该项“反倾销”的申诉抗辩，获得了较低的 A 类关税成果。

3. 配合有关部门打击假冒伪劣，维护消费者权益和行业整体利益

产业集群

中国北方家具商贸之都
河北廊坊市香河县
中国金属玻璃家具产业基地
河北廊坊胜芳镇
中国家具彰武新型产业园区
辽宁阜新市彰武县
中国实木家具产业基地
辽宁庄河市
中国家具红安新兴产业园
湖北黄冈市红安县
中国华中家具产业园
湖北潜江市
中国实木家具之乡
山东德州市宁津县
中国古典家具文化产业基地
山东滨州市阳信县
中国北方家具出口产业基地
山东胶州市杜村镇
中国苏作红木家具名镇-海虞
江苏苏州市海虞镇
中国苏作红木家具名镇-碧溪
江苏苏州市碧溪镇
中国东部家具商贸之都
江苏苏州相城区蠡口镇
中国东部家具产业基地
江苏南通市海安县
中国办公家具产业基地
浙江杭州市党山镇
中国椅业之乡
浙江湖州市安吉县
中国出口沙发产业基地
浙江海宁市
中国红木（雕刻）家具之都
浙江东阳市
中国欧式古典家具生产基地
浙江玉环县
中国仙作红木家具产业基地
福建莆田市仙游县
中国家具出口第一镇
广东东莞市大岭山镇
中国家具商贸之都
广东佛山市顺德乐从镇
中国古典家具名镇
广东中山市三乡镇
中国红木家具生产专业镇
广东中山市大涌镇
中国传统家具专业镇
广东台山市大江镇
中国家具材料之都、中国家具制造重镇
广东顺德龙江镇
中国（瑞丽）红木家具产业基地
云南瑞丽市
中国民族木雕家具产业基地
云南大理市剑川县
中国西南家具产业基地
四川成都市新都区
中国西部家具商贸之都
四川成都市武侯区
中国板式家具产业基地
四川崇州市
中国中部家具产业基地
江西南康市
中国金属家具产业基地
江西樟树市
乌鲁木齐
哈尔滨
长春
沈阳
★北京
天津
呼和浩特
石家庄
银川
太原
济南
西宁
兰州
西安
郑州
南京
上海
合肥
武汉
杭州
东北地区
拉萨
成都
重庆
长沙
南昌
福州
台北
贵阳
昆明
南宁
广州
香港
澳门
海口

我国家具生产主要集中在珠三角、长三角、环渤海、东北老工业基地和以成都为中心的西部等五大产区。在这些区域中又形成了各具特色的产业集群。从 2003 年开始，中国家具协会积极推进产业集群的工作。经过多年培育，产业集群由自然集聚转向有效聚集，集聚效应逐步释放。近两年来，家具新兴产业园区受到了地方政府的重视，总体规模增长明显。截至 2013 年 8 月，中国家具协会授予及共建的家具产业集群 34 个。

从图上可以看出，34 个产业主要分布在沿海的广东、江浙，中部的四川、湖北、江西，北部的山东、华北和辽宁一带。

2011 年 6 月，协会制定了《中国家具行业特色区域荣誉称号的管理办法（修订）》、《中国家具新兴产业园区的管理办法（试行）》，更加规范与产业集群的共建和管理。每年，协会组织专家深入各产业集群开展调研和考察，及时发现问题，提出意见和建议，加深和当地政府、产业的联系。

设计创新

设计创新是决定中国家具产业实现转型升级的重要因素之一。中国家具协会自成立以来即对推动家具设计创新工作高度重视，发动举办了多项全国设计比赛。

为了推动家具行业的设计工作开展，1994 年起，中国家具协会在“全国家具展览会”上设立产品设计奖的评比。1999 年起，在“上海中国国际家具博览会”上开始设立“中国家具设计大奖赛”和“中国家具产品设计大奖赛”两个赛事，前者鼓励在校学生和社会上的广大设计工作者参与，后者鼓励生产企业参与。此后，各展览会纷纷效尤，极大地促进了全国家具设计工作的开展。2006 年 7 月发布《中国家具设计师资格评定办法（试行）》。2006 年 9 月，中国家具协会设计工作委员会正式成立，并召开了首届“全国家具设计师代表大会”，表彰了在中国家具设计中做出杰出贡献的 8 位同志，并通过了《中国家具设计师宣言》。同年，中国家具协会主办了首届“金斧奖”中国家具设计大赛，到 2013 年底，大赛已成功举办五届。此项大赛开启了国内家具设计大赛实物制作的先河，成为中国家具行业内的最高设计赛事和最高设计奖项。

除了设计比赛，中国家协每年还组织举办了多场设计论坛及设计展会，为企业、院校、设计师三者之间搭起了桥梁，将中国设计推向世界舞台。

第一届“金斧奖”展出现场

第一届“金斧奖”部分评委及工作人员合影

■在“首届全国家具设计师代表大会”上表彰的设计师

■《中国家具设计师宣言》

■第二届全国家具设计师代表大会

中国家具协会二十五年大事记

- 1988年6月23日，中国家具协会第一次会员代表大会在济南召开，中国家具协会正式成立，陈鼎新当选为中国家具协会理事长。
- 1990年3月，中国家具协会软垫家具专业委员会成立。到2013年末中国家具协会先后成立了十四个专业委员会。
- 1993年，“第一届中国国际家具展览会”在上海举行，这是中国家具协会展会工作的开端。
- 1997年4月，由中国家具协会主办的《中国家具》杂志创刊。
- 1997年9月，在上海举行的“第三届中国国际家具展览会”吸引了近800家国外企业参展，从而使上海展逐渐成为国际性家具展览会和对外贸易的平台。
- 1998年3月19日，中国家具协会同中国对外贸易中心（集团）、广东家具协会、香港家私装饰厂商总会联合主办的“第一届中国广州国际家具博览会”在广州开幕，此后中国广州国际家具博览会每年春季在广州举行。
- 1999年中国家具协会主办第一届“中国家具设计奖”在上海成功举办。此后，“中国家具设计奖”每年定期在上海举行。
- 2003年7月14日，美国部分家具企业欲对中国出口美国的卧室家具企业提起反倾销诉讼，为应对美国反倾销诉讼，中国家具协会成立“反倾销应对办公室”，并组织了一系列应对“反倾销”活动。
- 2004年10月8日，中国家具协会第四次全国代表大会在北京人民大会堂召开，来自大陆及香港、台湾家具行业的代表近八百人出席大会，大会选举产生了中国家具协会新一届理事会和领导班子。全国人大常委会副委员长顾秀莲和全国人大常委会委员、中国轻工业联合会会长陈士能出席大会并做了重要讲话。
- 2004年10月，中国家具协会迁到新购置百子湾后现代城办公用房办公。
- 2006年9月11日，由中国家具协会主办的首届“金斧奖中国家具设计奖大赛”在上海揭晓，大赛共收到来自国内外参赛作品1200多件。评出金、银、铜以及优秀奖作品共14件。
- 2006年9月12日，“全国家具设计师代表大会”在上海召开，来自全国的家具设计师、协会、企业代表及相关专家、学者近二百人参加大会。会上对近二十年来为中国家具设计事业做出贡献的八名个人进行表彰，并向全国家具行业的同仁发出“促环保反克隆，促原创打侵权”的倡议。
- 2006年12月19日，“中国家具科学技术进步大会”在北京召开，全国人大常委会委员、中国轻工业联合会会长陈士能，博鳌亚洲论坛秘书长龙永图等嘉宾等400多人参会。大会向在中国家具科学技术进步中做出突出贡献的10位个人颁发“中国家具科学技术杰出贡献奖”。

- 2007年9月10日，“世界家具联合会成立大会”在上海国际会议中心举行，来自全球18个国家和国际家具组织的代表出席大会并在世界家具联合会章程及相关文件上签字，宣告“世界家具联合会”（WFC）正式成立。大会选举瓦伦蒂为第一届世界家具联合会主席，决定将总部设在西班牙。中国作为发起国之一承办此次大会，并用“中国家具协会”名义以创始人身份加入该组织。

- 2007年9月11日，“第二届世界家具大会”在上海国际会议中心举行，本届世界家具大会由世界家具联合会和中国家具协会共同主办，全国人大常委会副委员长顾秀莲和全国人大常委会委员、中国轻工业联合会会长陈士能出席大会并发表讲话。

- 2007年10月9日，劳动和社会保障部批复同意建立民政农业体育行业特有工种职业技能鉴定站，其中轻工行业获准建立9个“特殊工种职业技能鉴定站”。中国家具协会作为承建单位，获准新建“特殊工种职业技能鉴定站”，并将就家具设计师、制楦工、木家具手工木工等十个职业（工种）以及企业亟需的职业（工种）开展职业技能培训。

- 2007年11月，中国工程院、中国家具协会联合组织了“中国家具院士行”活动，沈国舫、张齐生、陈克复、段镇基、宋湛谦五位中国工程院院士参加此次考察活动。院士们通过对浙江、广东的家具行业的实地调研，撰写了《关于鼓励和支持家具行业及其出口的建议》刊登在中国工程院刊物《工程院院士建议》上，并递交国务院有关部门。

- 2009年6月23日，“全国家具标准化技术委员会成立大会暨第一届一次全体委员大会”在北京召开。会议选举中国家具协会副理事长朱长岭为主任。

- 2010年5月28日，国家职业技能鉴定考评员首期培训班在中国家具行业培训中心举办。

- 2010年11月19日，中国家具协会第五次会员代表大会在北京国家会议中心召开，大会选举产生了第五届理事会。全国政协委员、中国轻工业联合会会长步正发、民政部罗军副处长、国资委梁方处长等领导出席会议并讲话。

- 2010年11月28日，中国家具原辅材料品牌联盟成立大会在山东临沂召开。联盟成员有40余家企业，亚洲国际家具材料交易中心钱江任联盟主席，众望控股集团有限公司杨林山任联盟执行主席。

- 2011年7月6日，中国家具协会和新加坡家具工业理事会代表团一行对中国和新加坡的家具行业发展现状和协会工作进行交流。

- 2011年8月13日，中国家具协会协同中国汽车流通协会以及众多家具企业组织召开了座谈会并达成共识，两行业及企业代表于8月14日召开战略合作新闻发布会，同期进行了共建科宝家居战略联盟的签约仪式。

- 2011年12月22日，“融合共赢2011”中国家具协会五届二次理事会会议在广州隆重召开。大会通过了《中国家具协会第五届理事会关于增补理事、常务理事、副理事长、特约常务理事单位的议案》，并宣读了聘任吴国栋、丁勇两位同志为中国家具协会副秘书长的决定；宣读了《关于为“中国家具产业教育学院”命名的决定》并向该学院代表颁发牌匾。

- 2012年2月7日，由日本高山市市长国岛芳明及日本全国家具联盟SH会会长川崎敦将带领的日本家具产业代表团一行到访中国家具协会。

- 2012年3月28日，中国家具协会办公家具专业委员会第三届会议在广州市召开。本届会议进行了换届选举。经会议表决，推选中国家具协会理事长朱长岭为办公家具专业委员会第三届主任委员。

- 2012年9月11日，“2012第二届世界家具大会暨中国家具协会常务理事会议”在上海隆重召开。各地家具及相关行业人士以及来自世界13个国家的20多位嘉宾共约800人参与了此次盛会。

- 2012年9月12日，首届世界健康睡眠产业大会暨喜临门•中国睡眠指数调查启动仪式于上海世博展览馆召开。

- 2013年4月9日，中国家具协会理事长朱长岭访问意大利，并与意大利家具协会会长罗伯特·斯耐德罗（Robert Snaidero）和米兰国际家具展览会总裁克劳迪奥·勒提（Claudio Luti）进行了会晤。双方就双边贸易关系、合作机制以及有关知识产权保护等问题进行了深入的沟通并达成共识。

- 2013年7月18日，中国家具协会市场委员会成立大会在北京召开。大会选举中国家具协会理事长朱长岭担任中国家具协会市场委员会主任，中国家具协会副理事长兼秘书长张冰冰担任委员会秘书长，并选举19家单位为主席团成员单位、156家单位为会员单位。

- 2013年8月20日，中国家具协会理事长朱长岭前往北戴河拜访了十四届、十五届中共中央政治局常委，第八届、第九届全国政协主席李瑞环。

- 2013年11月6日，民政部社会组织评估专家组到中国家具协会实地考察，考评结束后，专家组对中国家具协会准备的详尽的评估资料表示肯定。

- 2013年12月13日，中国家具行业年会暨中国家具协会第五届四次理事会在深圳召开。中国家具协会与辽宁省家具协会、上海博华国际展览有限公司就2014年共同主办沈阳家具展进行了三方签约；对中国家具协会理事、常务理事、副理事长、特邀常务理事单位进行了增补。

中国东部家具产业基地
江苏·海安 实景呈现
300多家企业签约入驻 100多家开工建设或投产
30万㎡全球家具采购中心1号馆
即将对外营业
携手巨桑集团共建原辅材料市场
物流园开通数十条专线
江苏斯可馨、北京绿芝岛等
近百家企业开工、投产
掌上明珠、广东大明家具等
知名企业竞相抱团入驻
东部家具智慧谷开工建设
原材料采购
家具的研发
制造
销售
展示
物流
人才培训
一区四园
二十平方公里
中家协
共建项目
苏中地区公铁水综合交通枢纽
产城一体
创新模式
数千家生产型企业集聚
江苏省服务业重点工程
CEFB
中国东部家具产业基地
全|球|家|具|聚|集|地
政企商联手打造
中国东部家具产业基地
一区四园 二十平方公里规划
销售专线 0513/88278888 全球招商 0513/88279999
地址：江苏·海安经济技术开发区东部大道 网址：www.cefb.net.cn

CEFC
中国东部全球家具采购中心
产业集群·直销总站

一线大牌入驻东部家具1号馆

红苒果家具 RED APPLE
顾家工艺 KUKA TECHNICS
ZUOYOU SOFA 左右沙发
年年红 Nanaholy
CHEERS 芝華仕
QUANU 全友家居 绿色全友 温馨世界
M&Z 掌上明珠家具
CBD
de RUCCI 慕思 FRENCH DESIGN
HOO'S 南洋|胡氏
WEIYE 伟业 发展 木之家
布兰卡沙发 BULANKA SOFA
迪高樂
NINE SKY 九天家私 Since 1983
大红鹰
maiso 美迪家具
Carpenter 卡芬達
LEHOO 利豪 中国驰名商标
URANUS 尤伦斯
華源軒家具 Housen Furniture
SCIHOME 斯可馨
HUARI 華日家居
华丰木门
A-OK 多喜爱
优美家 INHOME STYLE FURNITURE
ARIS 爱依瑞斯
…… ……

中国东部全球家具采购中心

全球招商

线上全球市场
线下华东批发总部

江苏·海安

CCLFC
Founded in 2009
中国·乐从家具城商会
China · The Chamber Of Commerce Of Lecong Furniture Cities

中国家具商贸之都
广东家具国际采购中心
——乐从家具城欢迎您！
LECONG
WORLD FURNITURE KINGDOM

Tel:+86-757-28331169
Fax:+86-757-28331163 E-mail:cclfc2009@126.com
www.lcfurniture.cn

扫一扫
关注官方微信了解更多

弘扬中国家居文化 彰显家具之都风采

香河国际家具城

■ “中国香河国际家居文化节”开幕式
中国家具协会朱长岭理事长讲话

■ 香河家具城规划效果图

■ 香河家具城规划效果图

香河国际家具城地处环渤海经济圈腹地，距北京市区45公里，距天津市区70公里，位于京津冀都市圈金点之区，拥有四通八达的交通网络。目前，香河家具城由33座单体展厅组成，总面积突破300万平米，年销售额达到260亿元。城内参展企业7500多家，知名品牌1500余个，年客流量650万人次。产品除畅销北方十余个省市外，还远销东北亚、欧美和非洲等国家和地区。为了更好地适应家具市场发展、促进家具行业向多元化、高端化、数字化迈进，香河家具城正积极筹备家具电子商务营销模式。

香河家具城已经历经了十六年的跨域式发展，尤其是2012年以来，香河家具城与中国家协、河北省家协连续主办了两届国际家居文化节，汇聚7000余家国内外参展品牌的100000余种家具新产品集体亮相，吸引了来自国家相关部委、中国家协领导、河北省、市领导和亚洲家具协会、全国三十个省市家协、全国四大家具之都负责人以及美国、德国、泰国、马来西亚、日本、印尼等亚洲家具协会和欧美家具采购商、国内外主流媒体、行业权威媒体及广大消费者共计三万余人参加开幕式，极大的扩大了香河家具城的国际影响力，为打造“中国家具之都”奠定了坚实基础！

在未来发展中，香河家具城将按照“中国家具之都”的发展定位，紧紧围绕“平安、诚信、繁荣、卓越”的核心价值理念，全面推进香河家具城“二次创业”进程，通过建设大型物流园区、家具景观大道、过街天桥、快捷酒店、美食街、家居博物馆、培训学校等公共服务设施，力争把香河打造成为集购物、观光、休闲、旅游为一体的专业化家居市场，力争尽快实现“造国际影响、创世界品牌”的宏伟目标。

家和家美红木·北京吕营卖场

北京家和家美家居市场有限公司是北京市家具行业协会副会长单位、中国家协理事单位，中国家协传统家具委员会委员单位。是北京商业名牌企业，是北京商业服务名牌，北京商业诚信经营品牌，荣获北京十大商业品牌服务创新奖。是北京家具市场经营模式和服务模式的开创者。

家和家美红木·北京吕营卖场主体建筑两层，单体建筑面积50000平米，首层25000平米已于2013年11月28日试营业，整体将于2014年5月1日开业。**家和家美红木·北京吕营卖场**是北京最大的红木家具专业卖场，以“中国红木、北京卖场”为理念，以红木之尊贵定位，以文化之厚重营销。高端引领，创新发展。将开启北京红木家具规模化、专业化、品牌化发展的新篇章。打造“作派汇聚、品牌直销、原创原产原设计”的新板块，崛起红木家具经营的新商圈。

法人代表：田耘

高级经济师、工商管理硕士，高级职业经理人。

北京家具市场资深知名人士。

地址：北京市朝阳区南四环东路十八里店南桥(吕营西1-8号)

电话：010-87690559、87691559　网址：www.jhjm.cn

联乐 LIANLE
联乐床垫
好人好梦
联乐一生
中国环境标志产品 / 国家行业标准起草单位
全国服务热线：400-027-1999
地址：湖北省武汉市武昌友谊大道联盟南路联乐工业园
Http://www.lianle.com.cn E-mail:lianle@lianle.com.cn

中国·昆明
港都家具
KONGDU FURNITURE
经典传承·尊享品质
荟萃一流品牌 塑造家居文化
KONG DU
EXQUSTIE FURNTTURE
全国免费电话 4000-997-699
公司网站 http://www.kmgangdu.com
MOST LUXURIOUS LIFE TASTE
MOST HIGH WATERFRONT LIVING IN CHINA
让家更美好 让人更恋家
In the history of the peaks of new mainstream glory illustrious life
Sixty years ago, from Ming dynasty began, celebrities in the mountain magi has written the history of today.
Enterprise of hidden the virtuous mountain, only the colony of ancient hermits sanctuary, which contains the original spirit of mellow wisdom.
请扫描二维码关注港都动态
世博店（古典家具） 0871-63822555 地址：昆明市白龙路399号港都大厦
华洋店（经典家具） 0871-67260666 地址：昆明市关上雨龙路华洋家居广场
红星店 0871-64622246 地址：昆明市广福路318号红星美凯龙